Cahier de FRANÇAIS 2de

Violaine Carry
Certifiée de Lettres modernes
Collège Notre-Dame de Lourdes (Paris)

Cécile de Cazanove
Agrégée de Lettres modernes
Collège Pierre de Ronsard (Paris)

Florence Renner
Agrégée de Lettres modernes
Institut Notre-Dame (Meudon)

Anne Revert
Agrégée de Lettres modernes
Lycée Saint-Exupéry (Saint-Raphaël)

Nathan

Sommaire

Sur les rabats
- Frise chronologique
- Les genres littéraires
- Les figures de style

Étude de la langue

EXO Quiz

Les objets d'étude

EXO Quiz

© Nathan 2020 - 92 avenue de France - 75013 Paris - ISBN : 978 209 172098-2 – ISBN : version professeur : 313 309 118107 9

Les épreuves du Bac

Tuto BAC

Le commentaire

La contraction de texte

La dissertation

L'essai

L'épreuve orale

Méthodes de travail

Méthode

TOUTES LES RESSOURCES, 2 POSSIBILITÉS D'ACCÈS

Nathan Live l'application gratuite | **Site compagnon cahier-francais.nathan.fr**

Les ressources numériques de votre cahier

Quiz

Quiz

Pour vérifier vos connaissances de la langue et des objets d'étude

Vidéos d'analyses d'œuvres d'art

Histoire des arts

Des analyses complètes d'œuvres patrimoniales, qui vous aideront à construire votre culture artistique et à apprendre à analyser une œuvre d'art

Tutoriels BAC

Tuto BAC

Des tutos efficaces pour acquérir une bonne méthodologie pour le Bac

Cartes mentales à remplir

Méthode

Des cartes mentales à télécharger et à compléter, pour réviser les notions importantes du programme et apprendre à apprendre

Nathan live! Comment accéder aux ressources ?

1. **Téléchargez l'application gratuite Nathan live** disponible dans tous les stores sur votre smartphone ou votre tablette
2. **Scannez** les pages du cahier en plaçant votre appareil au-dessus de la page.
3. **Accédez** directement à la ressource disponible !

EXO Quiz

1 Revoir les classes de mots

Observer

1 **Le fiacre sortit** des grilles, et bientôt, **arrivé** sur le Cours, **trotta** doucement, au milieu des grands ormes.

Flaubert, *Madame Bovary*, 1857.

a. **Transformez le texte en commençant par « Deux fiacres ».**

....

....

b. **Quelles modifications faites-vous sur les mots en gras ?**

....

....

c. **Les mots en rouge ont-ils été changés ? Pourquoi ?**

....

....

....

Retenir

LES MOTS VARIABLES

- **Nom**
  - Commun : *table*
  - Propre : *Nice*
- **Déterminant**
  - article : *le, un*
  - dét. possessif : *mon, ta*
  - dét. démonstratif : *ce, cette*
  - dét. indéfini : *chaque*
  - dét. numéral : *deux*
  - dét. exclamatif ou interrogatif : *quel*
- **Adjectif qualificatif**
  - *grand, rouge*
- **Pronom**
  - personnel : *je, lui*
  - démonstratif : *celui-ci*
  - possessif : *le mien*
  - relatif : *qui, lequel*
  - indéfini : *certains, personne*
  - interrogatif : *qui, que*
- **Verbe**
  - *arriver, applaudir, voir*

LES MOTS INVARIABLES

- **Préposition**
  - *à, de, avec*
- **Adverbe**
  - *très, prudemment*
- **Conjonction**
  - de coordination : *mais, ou, et...*
  - de subordination : *que, quand...*
- **Interjection**
  - *Eh ! Oh !*
- **Onomatopée**
  - *Crac ! Chut !*

S'approprier

Reconnaître les classes de mots variables

2 **Soulignez les mots variables dans le texte suivant.**

De grâce, si l'on sait des nouvelles de mon voleur, je supplie que l'on m'en dise. N'est-il point caché parmi vous ? Ils me regardent tous, et se mettent à rire. Vous verrez qu'ils ont part sans doute au vol que l'on m'a fait. Allons vite, des commissaires, des archers, des prévôts[1], des juges, des gênes[2], des potences et des bourreaux.

Molière, *L'Avare*, acte IV, scène 7, 1668.

1. Officiers de police. – 2. Instruments de torture.

3 **Dans les extraits suivants, soulignez les mots de la classe indiquée.**

a. **Verbes**

Vint le moment où la souffrance des autres ne leur suffit plus ; il leur en fallut le spectacle. Aucune qualification n'était nécessaire pour être arrêté. Les rafles se produisaient n'importe où : on emportait tout le monde, sans dérogation possible. Être humain était le critère unique.

Amélie Nothomb, *Acide sulfurique*, © Albin Michel, 2005.

b. **Noms**

Rica à Rhédi

À Venise

Je trouve les caprices de la mode, chez les Français, étonnants. Ils ont oublié comment ils étaient habillés cet été ; ils ignorent encore plus comment ils le seront cet hiver : mais, surtout, on ne saurait croire combien il en coûte à un mari pour mettre sa femme à la mode.

Montesquieu, *Lettres persanes*, lettre VI, 1721.

c. **Adjectifs**

Comme un vol de gerfauts hors du charnier natal,
Fatigués de porter leurs misères hautaines,
De Palos, de Moguer, routiers et capitaines
Partaient, ivres d'un rêve héroïque et brutal.

José de Heredia, « Les Conquérants », *Les Trophées*, 1893.

d. Pronoms

Le maître chat, qui allait toujours devant, rencontra des moissonneurs, et leur dit : « Bonnes gens qui moissonnez, si vous ne dites que tous ces blés appartiennent à monsieur le marquis de Carabas, vous serez tous hachés menu comme chair à pâté. »

Charles Perrault, *Le Chat botté*, 1695.

e. Déterminants

Elles étaient là, ces maisons, blotties dans ce ravin couvert d'herbe et d'ajonc, derrière la courbe qui avait fait nommer ce lieu Tournevent. Elles semblaient avoir chercher un abri dans ce trou comme les oiseaux qui se cachent dans les sillons les jours d'ouragan.

Guy de Maupassant, *Toine*, 1885.

4 Repérez les déterminants dans les phrases suivantes et classez-les.

a. Je voudrais que ce roman obtienne le prix Goncourt des lycéens.

b. Chaque semaine, Mali emprunte deux livres à la bibliothèque.

c. Tous les vendredis, je vais à un cours de gymnastique rythmique et sportive. C'est mon loisir préféré. Et toi ? Quel sport pratiques-tu ?

Articles : ....

Dét. possessif : ....

Dét. démonstratif : ....

Dét. indéfinis : ....

Dét. numéral : ....

Dét. interrogatif : ....

5 Même exercice avec les pronoms.

a. Ce n'est pas une surprise : tous ont répondu présents et ils sont venus t'aider.

b. Que fais-tu demain ? Je te propose de nous retrouver pour préparer le contrôle que nous aurons mercredi prochain.

c. Ton commentaire composé est fini, le mien à peine commencé.

Pr. personnels : ....

Pr. démonstratif : ....

Pr. possessif : ....

Pr. relatif : ....

Pr. indéfini : ....

Pr. interrogatif : ....

Reconnaître les classes de mots invariables

6 Soulignez les mots invariables dans le texte suivant.

ARNOLPHE. – Ah ! c'est que vous l'aimez, traîtresse !
AGNÈS. – Oui, je l'aime.
ARNOLPHE. – Et vous avez le front de le dire à moi-même ?
AGNÈS. – Et pourquoi, s'il est vrai, ne le dirais-je pas ?

Molière, *L'École des femmes*, acte V, scène 4, 1662.

7 Barrez l'intrus dans les listes suivantes et justifiez votre choix.

a. autrement – soulèvement – aimablement – tranquillement

....

....

b. quand – puisque – quoique – mais

....

....

c. de – pour – si – avec

....

....

8 Classez les mots en gras selon leur classe.

a. **Quand** [Frollo] tira cet enfant du sac, il le trouva **bien** difforme en effet. Le pauvre petit diable avait une verrue **sur** l'œil gauche, la tête **dans** les épaules, la colonne vertébrale arquée, le sternum proéminent, les jambes torses ; **mais** il paraissait vivace ; **et quoiqu**'il fût impossible **de** savoir quelle langue il bégayait, son cri annonçait quelque force et quelque santé.

Victor Hugo, *Notre-Dame de Paris*, 1831.

Prépositions : ....

Adverbe : ....

Conjonctions de coordination : ....

Conjonctions de subordination : ....

b. **Tac ! Tac ! Pan !** Les coups **de** fusil, la canonnade. **Au-dessus de** nous, **partout**, ça crépite **ou** ça roule, **par** longues rafales ou par coups séparés. Le sombre **et** flamboyant orage **ne** cesse **jamais**, jamais.

Henri Barbusse, *Le Feu*, 1916.

Prépositions : ....

Adverbes : ....

Conjonctions de coordination : ....

Onomatopées : ....

9 Cochez la bonne réponse.

a. Viens **près de** moi.
❑ Adverbe ❑ Préposition

Le lycée est tout **près**.
❑ Adverbe ❑ Préposition

b. **Si** tu sors avant 5h, préviens-moi.
❑ Adverbe ❑ Conjonction de subordination

Je suis **si** contente que tu aies réussi !
❑ Adverbe ❑ Conjonction de subordination

c. J'espère **que** tout ira bien.
❑ Pronom relatif ❑ Conjonction de subordination

Je te fais suivre le mail **que** je viens de recevoir.
❑ Pronom relatif ❑ Conjonction de subordination

10 Vers la question de langue — oral du BAC

La phrase suivante vous donne la liste des 10 prépositions les plus fréquentes. Retrouvez-les !

Adam part pour Anvers avec deux cents sous.

....

EXO Quiz

2 Revoir les fonctions

Observer

1 La nuit tiède descendait **lentement**. Les femmes étaient restées **dans le salon de la villa**. Les hommes, assis ou à cheval sur les chaises du jardin, fumaient, devant la porte, en cercle autour d'une table ronde chargée de tasses et de petits verres.

Guy de Maupassant, *L'Horrible*, 1884.

a. Quelle est la fonction commune aux mots en orange ?

....

b. De quels mots les groupes en gras sont-ils les compléments ?

....

....

c. De quel mot dépend le groupe en vert ?

....

Retenir

1. Fonctions dans la phrase

- **Sujet** (avant ou après le verbe)
  Lucie prépare un exposé. Quand aura-t-elle fini ?
- **Attribut du sujet** (introduit par un verbe attributif : *être, paraître, sembler, venir, devenir, rester, demeurer, avoir l'air…*)
  Hugo a l'air **content**.
- **Complément d'objet**
  - **Complément d'objet direct (COD)**
    J'ai écouté **ses explications**. Je **les** ai écoutées.
  - **Complément d'objet indirect (COI)**
    Il a parlé **à son professeur**. Il **lui** a parlé.
- **Complément circonstanciel** (lieu, temps, moyen, manière, cause, conséquence, but)
  Il a été remarqué **pour son attitude.** (CC de cause)
  Il crie **à en perdre la voix.** (CC de conséquence)
  Pour réussir (CC de but), il faut travailler.

2. Fonctions dans le GN

- **Adjectif épithète** (placé directement à côté du nom)
  C'est un endroit **agréable.**
- **Complément du nom** (introduit par une préposition)
  J'ai enregistré ton numéro **de portable.**
- **Complément de l'adjectif**
  Je suis content **de te voir.**
- **Complément de l'antécédent**
  Le numéro **que j'ai enregistré** n'est pas le tien.

S'approprier

Reconnaître les fonctions dans la phrase

2 **Surlignez les verbes conjugués et soulignez leur sujet.**

La porte s'ouvrit presque aussitôt, et il se trouva en présence d'un valet en habit noir, grave, rasé, si parfait de tenue que Duroy se troubla de nouveau sans comprendre d'où lui venait cette vague émotion : d'une inconsciente comparaison peut-être, entre la coupe de leurs vêtements. Ce laquais, qui avait des souliers vernis, demanda, en prenant le pardessus que Duroy tenait sur son bras par peur de montrer les taches : « Qui dois-je annoncer ? »

Guy de Maupassant, *Bel-Ami*, 1885.

3 **Dans les textes suivants, encadrez les compléments d'objet et soulignez les attributs du sujet.**

a. Il voyait de ravissants boutons sur des chemises étincelantes de blancheur, la sienne était rousse ! Tous ces élégants gentilshommes étaient merveilleusement gantés, et il avait des gants de gendarme !

Honoré de Balzac, *Illusions perdues*, 1837.

b. Le voyage sera longtemps agréable. Vers midi, ils se dirigeront, d'un pas nonchalant, vers le wagon-restaurant. Ils s'installeront près d'une vitre, en tête à tête. Ils commanderont deux whiskies. Ils se regarderont, une dernière fois, avec un sourire complice. Le linge glacé, les couverts massifs, marqués aux armes des wagons-lits, les assiettes épaisses écussonnées sembleront le prélude d'un festin somptueux. Mais le repas qu'on leur servira sera franchement insipide.

Georges Perec, *Les Choses*, © Julliard, 1965.

4 **Classez les groupes en gras selon leur fonction.**

Quand j'ai connu **la Vérité**,
J'ai cru que c'était **une amie** ;
Quand je **l'**ai comprise et sentie,
J'en étais déjà dégoûté.
Et pourtant elle est **éternelle**,
Et ceux qui se sont passés **d'elle**
Ici-bas ont **tout** ignoré.

Alfred de Musset, *Poésies nouvelles*, 1840.

Attribut du sujet : ....

COD : ....

COI : ....

5 **Trouvez les groupes qui correspondent aux fonctions indiquées.**

En faudrait-il conclure que de certaines coutumes sont moins ridicules ? On serait porté à penser quelquefois qu'elles ont été établies par des gens qui avaient lu le livre entier de la vie et qu'elles sont jugées par des gens qui, malgré leur esprit, n'en ont lu que quelques pages.

Chamfort, *Maximes et Pensées*, 1795 (posth.).

2 compléments d'objet indirect : ....

CC de temps : ....

CC d'opposition : ....

6 **Précisez entre parenthèses la circonstance des compléments en gras.**

a. **Alors** (CC de ....), il se rappela un crépuscule d'hiver, où, **sur le même trottoir** (CC de ....), Mme Arnoux marchait **ainsi** (CC de ....) **à son côté** (CC de ....) ; et ce souvenir l'absorba **tellement qu'il ne s'apercevait plus de Rosanette** (CC de ....) et n'y songeait pas.

Gustave Flaubert, *L'Éducation sentimentale*, 1869.

b. Le bonhomme, **après avoir pris son chocolat** (CC de ....), sortit **pour aller chercher son cheval** (CC de ....), et, **comme il passait sous un berceau de roses** (CC de ....), il se souvint que la Belle lui en avait demandé, et cueillit une branche où il y en avait plusieurs. **En même temps** (CC de ....), il entendit un grand bruit, et vit venir une Bête **si** horrible **qu'il fut tout prêt de s'évanouir** (CC de ....).

Mme Leprince de Beaumont, *La Belle et la Bête*, 1757.

c. Certain roi qui régnait **sur les rives du Tage**
(CC de ....),
Et que l'on surnomma le sage,
Non **parce qu'il était prudent** (CC de ....),
Mais **parce qu'il était savant** (CC de ....),
Alphonse, fut **surtout** (CC de ....) un habile astronome.

Claris de Florian, *Fables*, 1792.

Reconnaître les fonctions dans le GN

7 **Classez les groupes en gras selon leur fonction.**

Quand je n'ai rien à faire, et qu'à peine un nuage
Dans les champs **bleus du ciel**, flocon **de laine**, nage,
J'aime à m'écouter vivre, et, libre **de soucis**,
Loin des chemins **poudreux**, à demeurer assis
Sur un **moelleux** tapis **de fougère** et **de mousse**,
Au bord des bois **touffus où la chaleur s'émousse**.

Théophile Gautier, *Poésies*, 1830-1831.

Épithète : ....

Complément du nom : ....
....

Complément de l'adjectif : ....

Complément de l'antécédent : ....

8 **Soulignez les adjectifs épithètes, surlignez les compléments de nom et relevez les propositions relatives compléments de l'antécédent.**

C'était une jeune femme blonde qui avait des cheveux magnifiques et l'air dédaigneux : elle venait voir défiler le régiment. Toutes les idées tristes de Lucien s'envolèrent à l'aspect de cette jolie figure ; son âme en fut ranimée. Les murs écorchés et sales des maisons de Nancy, la boue noire, l'esprit envieux et jaloux de ses camarades, les duels nécessaires, le méchant pavé sur lequel glissait la rosse[1] qu'on lui avait donnée, peut-être exprès, tout disparut.

Stendhal, *Lucien Leuwen*, 1894.

1. Mauvais cheval.

Proposition relative 1 : ....
....

Proposition relative 2 : ....

Proposition relative 3 : ....
....

9 **Vers la question de langue** — oral du BAC

Voici un extrait de la didascalie initiale de Ruy Blas, *de Victor Hugo (1838).*

Le salon de Danaé dans le palais du roi, à Madrid. Ameublement magnifique dans le goût demi-flamand du temps de Philippe IV. À gauche, une grande fenêtre à châssis dorés et à petits carreaux. Des deux côtés, sur un pan coupé, une porte basse donnant dans quelque appartement intérieur. Au fond, une grande cloison vitrée à châssis dorés s'ouvrant par une large porte également vitrée sur une longue galerie. Cette galerie, qui traverse tout le théâtre, est masquée par d'immenses rideaux qui tombent du haut en bas de la cloison vitrée.

a. **Soulignez les mots ou groupes de mots épithètes, compléments du nom, de l'adjectif ou compléments de l'antécédent.**

b. **Que remarquez-vous ? Expliquez.**

....
....
....
....

EXO Quiz

3 Maîtriser les accords dans le groupe nominal

Observer

1 Cette nuit-là, des pêcheurs avaient quitté le port pour jeter leurs filets au large, et ramaient, quand ils entendirent **une mélodie douce, hardie et vive**, qui courait au ras des flots.

Tristan et Iseut, XIIe siècle, trad. et adapt. J. Bédier.

a. Récrivez le groupe nominal en gras en remplaçant « mélodie » par « air ».

....

b. Expliquez les changements que vous avez faits.

....

....

Retenir

1 L'accord des déterminants

→ Le déterminant s'accorde en **genre** et en **nombre** avec le **nom** auquel il se rapporte.

• Dét. démonstratif *ce*	Se change en ***cet*** devant un nom masculin qui commence par une voyelle ou un *h* non aspiré.	**Cet** homme ≠ **ce** héros
• Dét. possessif *leur*	Accord avec le nom : – au **singulier** si un **seul objet** est possédé ; – au **pluriel**, quand **plusieurs objets** sont possédés.	J'ai lu **leurs** romans. *(Si plusieurs auteurs et plusieurs romans)* J'ai lu **leur** roman. *(Si plusieurs auteurs qui ont écrit un roman ensemble.)*
• Dét. indéfinis *aucun, chaque, nul*	Toujours au **singulier**	**À chaque** jour suffit sa peine.
• Dét. indéfinis *tout, autre, même* ; • Dét. exclamatif ou interrogatif *quel*	Accord avec le **nom**	**Tous** les auteurs, les **mêmes** auteurs. **Quelle** attitude adopter dans ce cas ?
• Dét. numéraux *mille, cent, vingt*	*Mille* est **invariable**.	Deux **mille** soldats arrivaient.
	Cent et vingt **s'accordent** quand ils sont **multipliés** par un **nombre sans être suivis** par un autre nombre.	Cette veste coûte trois **cents** euros ! Ce livre compte trois **cent** quatre pages.

2 L'accord des adjectifs : particularités

→ **Rappel :** l'adjectif s'accorde en **genre** et en **nombre** avec le nom qu'il **qualifie**. Lorsqu'un adjectif qualifie un nom masculin et un nom féminin, il s'accorde au masculin pluriel.

Adjectifs de couleur

- S'accordent quand ils sont **employés seuls**. La couleur **verte**
- Si la couleur est **précisée** par un **autre adjectif ou un nom**, les deux sont **invariables** : La couleur **vert foncé, vert émeraude**

Beau, fou, nouveau, vieux

Se changent en ***bel, fol, nouvel, vieil*** devant un nom masculin qui commence par une voyelle ou un *h* non aspiré.

Un **fol** amour, le **nouvel** an ≠ un **nouveau** héros

S'approprier

Accorder les déterminants

2 Entourez la bonne réponse.

a. Je respecte **leur / leurs** décision et ne ferai **nulle / nul** commentaire.

b. Le destin de **cet / cette** héroïne m'a fait réfléchir à la vie au XIXe siècle. Partagez-vous **cet / cette** avis ?

c. Ce monsieur prétend avoir lu plus de deux **cent / cents** romans d'aventures dans sa vie. Pourquoi pas deux **mille / milles**, tant qu'il y est !

d. La documentaliste distribue aux élèves **tout / tous leur / leurs** manuels en réclamant **leur / leurs** attention.

e. Assonances et allitérations enrichissent **chaque / chaques** vers.

f. Le Mont-Blanc culmine à plus de **quatre / quatres mille / milles** mètres. Jusqu'à **quel / quelle** altitude peut-on aller sans bouteille de gaz ?

g. Ce sont toujours les **même / mêmes** joueurs qui gagnent et les **autre / autres** participants perdent courage.

3 Complétez le texte par les déterminants demandés.

Ainsi (*déterminant démonstratif*) .... beau philosophe, (*article indéfini*) .... voleur, (*article indéfini*) .... destructeur aurait été (*article défini*) .... bienfaiteur du genre humain ; et il aurait fallu punir (*article indéfini*) .... honnête homme qui aurait dit à (*déterminant possessif*) .... enfants : « Imitons (*déterminant possessif*) .... voisin ; il a enclos (*déterminant possessif*) .... champ, (*article défini*) .... bêtes ne viendront plus le ravager. »

Voltaire, *Dictionnaire philosophique*, « Homme », 1764.

Accorder les adjectifs

4 Recopiez les phrases en faisant les accords dans les groupes nominaux en vert.

a. Sarah porte une jupe et un pull assorti.

....

b. Quel chaussure comptes-tu mettre ce jour-là ? tes chaussures rouge, noir ou bleu marine ?

....

....

c. Les langues italien et espagnol sont des langues roman.

....

d. « À quelle distance se trouve le cinéma ? mille mètre ? cinq cent mètre ?
– À trois cent quatre-vingt mètre, d'après le GPS. »

....

....

....

5 Décryptez ce message codé de la Résistance distribué en juin 1941. Vous écrirez les adjectifs trouvés en les accordant aux noms.

La Nation ABC ....
La Gloire FAC ....
Les places fortes OQP ....
Les provinces CD ....
Le Peuple EBT ....
Les lois LUD ....
La justice FMR ....
Les prix des denrées LV ....
La ruine HEV ....
La honte VQ ....
Mais l'Espoir RST ....

6 Justifiez l'orthographe des adjectifs en gras, en précisant leur genre et leur nombre.

Elle se promettait quelque robe de flanelle **voyante**, de cotonnade à ramages ou de popeline **écarlate**. Parfois même, elle choisissait dans les vitrines, parmi les coupons **plissés** et avantagés par la main des commis, une soie tendre, **bleu ciel** ou **vert pomme**, qu'elle rêvait de porter avec des rubans **roses**.

Émile Zola, *Le Ventre de Paris*, 1873.

Voyante ....
Écarlate ....
Plissés ....
Bleu ciel, vert pomme ....
....
Roses ....

7 Vers le bac

Ainsi vu d'en haut, le paysage tout entier avait l'air immobile comme une peinture ; les navires à l'ancre se tassaient dans un coin ; le fleuve arrondissait sa courbe au pied des collines vertes, et les îles, de forme oblongue, semblaient sur l'eau de grands poissons noirs arrêtés. Les cheminées des usines poussaient d'immenses panaches bruns qui s'envolaient par le bout. [...] Les arbres des boulevards, sans feuilles, faisaient des broussailles violettes au milieu des maisons, et les toits, tout reluisant de pluie, miroitaient inégalement, selon la hauteur des quartiers.

Gustave Flaubert, *Madame Bovary*, 1857.

Vers le commentaire. À quoi le paysage est-il comparé ? Soulignez les adjectifs de couleur qui justifient cette comparaison.

....

....

8 Vers la question de langue oral du BAC

Armande a conseillé à sa sœur Henriette de laisser le mariage « aux gens grossiers, aux personnes vulgaires ». Voici la réponse de celle-ci.

Habitez, par l'essor d'un grand et beau génie,
Les hautes régions de la philosophie,
Tandis que mon esprit se tenant ici-bas,
Goûtera de l'hymen[1] les terrestres appas.
Ainsi dans nos desseins l'une à l'autre contraire,
Nous saurons toutes deux imiter notre mère ;
Vous, du côté de l'âme et des nobles désirs ;
Moi, du côté des sens et des grossiers plaisirs.

Molière, *Les Femmes savantes*, acte I, scène 1, 1672.

1. Mariage.

Encadrez les adjectifs. Montrez qu'ils s'opposent et traduisent deux conceptions de la vie.

....

....

....

....

EXO Quiz

4 Maîtriser les accords entre le sujet et le verbe

Observer

1 Vous qui, déshéritant le fils de Claudius,
Avez nommé César l'heureux Domitius[1] ?
Tout lui parle, Madame, en faveur d'Agrippine :
Il vous doit son amour.

Jean Racine, *Britannicus*, acte I, scène 1, 1669.

1. Premier nom de Néron.

a. Pourquoi le verbe en gras est-il à la 2e personne du pluriel ?

....

b. Ligne 3, remplacez « tout » par « tous » et récrivez le vers.

....

c. Pourquoi le verbe souligné ne s'accorde-t-il pas avec « vous » ?

....

Retenir

1 Cas général

Le verbe **s'accorde avec son sujet en personne, en nombre et parfois en genre.**
Le sujet n'est **pas toujours placé juste avant le verbe.** Il peut être :
- **après le verbe** : c'est alors un sujet inversé. Pourquoi regardent-ils dehors ?
- **séparé du verbe** par un pronom personnel. **Tu** m'interroges. **Je** les accepte.

2 Cas particuliers d'accord avec un seul sujet

Pronom relatif *qui* → Accord en personne, en nombre et en genre avec l'antécédent de ce pronom → « **Toi qui** entres ici… » (Dante)

on, personne, rien, chacun, aucun → Accord au singulier → **Chacun** voit midi à sa porte…

peu, beaucoup, trop, la plupart, plusieurs → Accord au pluriel → **Peu de romans** soulignent…

3 Cas particuliers d'accord avec plusieurs sujets

Les sujets sont
- **à différentes personnes**
  - La **1re personne** l'emporte sur les autres. **Toi et moi** lisons vite. **Lucie et moi** lisons vite.
  - La **2e personne** l'emporte sur la 3e. **Lucie et toi** lisez vite.
- **résumés en un mot**
  - Accord avec le **dernier mot.** « Le Roi, la Reine, Monsieur, toute la cour, tout le peuple, **tout** est abattu. » (Bossuet)

S'approprier

Accorder dans les cas généraux

2 Soulignez les sujets des verbes en gras. Certains sont inversés…

« Écoutez, **reprit** Madeleine, il y a encore assez de place sous la voiture pour qu'un homme s'y glisse et la **soulève** avec son dos. Rien qu'une demi-minute et l'on **tirera** le pauvre homme. Y a-t-il ici quelqu'un qui **ait** des reins et du cœur ? Cinq louis d'or à gagner ! » Personne ne **bougea** dans le groupe. […]
« Ce n'est pas la bonne volonté qui leur **manque** », **dit** une voix.

M. Madeleine se retourna et **reconnut** Javert. Il ne l'**avait** pas **aperçu** en arrivant.

Victor Hugo, ***Les Misérables,*** 1862.

3 Récrivez le texte suivant en remplaçant « il » et « Duroy » par « je ». Vous soulignerez les changements qui vous avez faits.

Il montait lentement les marches, le cœur battant, l'esprit anxieux, harcelé surtout par la crainte d'être ridicule ; et soudain, il aperçut en face de lui un monsieur en grande toilette qui le regardait. Ils se trouvaient si près l'un de l'autre que Duroy fit un mouvement en arrière, puis il demeura stupéfait : c'était lui-même, reflété par une haute glace en pied qui formait sur le palier du premier étage une longue perspective de galerie. Un élan de joie le fit tressaillir, tant il se jugea mieux qu'il n'aurait cru.

Guy de Maupassant, *Bel-Ami*, 1885.

....

....

....

....

....

....

....

....

....

....

4 Conjuguez les verbes entre parenthèses au présent après en avoir cherché les sujets.

C'(*être*) .... l'appel.

Tous les blocks (*rendre*) .... leurs ombres. Avec des mouvements gourds de froid et de fatigue une foule (*tituber*) .... vers la *Lagerstrasse*. La foule (*s'ordonner*) .... par rangs de cinq dans une confusion de cris et de coups. Il faut longtemps pour que (*se ranger*) .... toutes ces ombres qui (*perdre*) .... pied dans le verglas, dans la boue ou dans la neige, toutes ces ombres qui (*se chercher*) .... et (*se rapprocher*) .... pour être au vent de moindre prise possible.

Puis le silence (*s'établir*) ....

Le cou dans les épaules, le thorax rentré, chacune (*mettre*) .... ses mains sous les bras de celle qui (*être*) .... devant. Au premier rang, elles ne (*pouvoir*) .... le faire, on les (*relayer*) ....

Charlotte Delbo, *Aucun de nous ne reviendra*, © Éd. de Minuit, 1965.

Accorder dans les cas particuliers

5 Expliquez l'accord des verbes en gras.

Pour moi, qui ne **vois** rien, dans le trouble où je suis,
Qu'un gouffre de malheurs, qu'un abîme d'ennuis,
Attendant qu'en plein jour ces vérités **paraissent**,
J'en laisse la vengeance aux dieux qui les **connaissent**,
Et **vais** sans plus tarder…

Pierre Corneille, *Rodogune*, acte V, scène 4, 1645.

....

....

....

....

6 Soulignez le sujet et barrez la forme verbale qui ne convient pas.

a. Je les **regarde/regardes** attentivement et ne leur **trouve/trouvent** aucun défaut.

b. Toi et moi **faisons/font** une bonne équipe, mais Lucas et toi en **font/faites** une encore meilleure.

c. Demain **paraîtra/paraîtront** les résultats de l'examen et nous les **annonceront/annoncerons.**

d. On **félicite/félicitent** toujours ceux qui **écoute/écoutent** les consignes.

e. La plupart des auteurs **aime/aiment** la célébrité, mais chacun **réagit/réagissent** différemment.

7 Soulignez les sujets et recopiez les phrases en conjuguant les verbes à l'imparfait.

a. La plupart des candidats (**être surpris**) par les sujets qui (**paraître**) pourtant faciles.

....

....

b. Trop d'informations (**nuire**) au moral de celles et ceux qui (**attendre**).

....

....

c. Ta sœur et toi (**apprendre**) la nouvelle en même temps.

....

d. Chaque livre (**être étiqueté**) et on les (**remettre**) dans les rayonnages.

....

....

e. Balzac et Flaubert (**écrire**) des journées et des nuits entières.

....

....

8 Vers la question de langue oral du BAC

Mais en revenant du fond de la chambre que Fabrice, grâce à sa position plus élevée, apercevait fort bien, Clélia ne put s'empêcher de le regarder du haut de l'œil, tout en marchant, et c'en fut assez pour que Fabrice se crût autorisé à la saluer. […] Sur ce salut, la jeune fille resta immobile et baissa les yeux : puis Fabrice les lui vit relever fort lentement ; et, évidemment, en faisant un effort sur elle-même, elle salua le prisonnier avec le mouvement le plus grave et le plus distant, mais elle ne put imposer le silence à ses yeux.

Stendhal, *La Chartreuse de Parme*, 1839.

a. Soulignez les verbes conjugués et surlignez les sujets.

b. Quelle remarque pouvez-vous faire sur le choix des sujets ? Commentez.

....

....

....

5 Maîtriser l'accord des participes passés

Observer

1 Il n'est pas besoin de prévenir le lecteur sur le mérite et la beauté des contes qui sont **renfermés** dans cet ouvrage. Ils portent leur recommandation avec eux : il ne faut que les lire pour demeurer d'accord qu'en ce genre on n'a rien vu de si beau jusqu'à présent dans aucune langue.

A. Galland, Préface des *Mille et Une Nuits*, 1704.

a. Expliquez l'accord du participe passé en gras.

....

....

b. Récrivez le passage souligné en remplaçant « on » par « nous ».

....

c. Le participe passé « vu » a-t-il été modifié ? Justifiez.

....

....

Retenir

➜ Le participe passé peut être employé :

comme adjectif

Accord avec **le nom auquel il se rapporte.**
Des films **vus** et **revus**.

avec l'auxiliaire *être*

Accord avec **le sujet.**
Cette série télévisée a été **appréciée**.

Pour les **verbes pronominaux :**
– accord avec le sujet pour les verbes toujours pronominaux.
Ils se sont **enfuis**.
– accord avec le pronom réfléchi s'il est COD.
Ils se sont **préparés**. (se = COD)
Ils se sont **préparé** un repas. (se = COI)

avec l'auxiliaire *avoir*

Accord avec **le COD** s'il est placé **avant le verbe.**
Les films **que** j'ai **vus** m'ont plu.
Je **les** ai **aimés**.

Pas d'accord avec *en*.
Des films, j'**en** ai **vu** beaucoup.

Pas d'accord pour le participe passé du verbe *faire* suivi d'un infinitif.
Nous les avons **fait** enregistrer.

S'approprier

Comprendre l'accord des participes passés

2 Expliquez l'accord des participes passés en gras.

D'abord elle ne vit rien parce que les fenêtres étaient **fermées** ; après quelques moments elle commença à voir que le plancher était tout **couvert** de sang caillé, et que dans ce sang se miraient les corps de plusieurs femmes mortes et **attachées** le long des murs (c'étaient toutes les femmes que la Barbe bleue avait **épousées** et qu'il avait **égorgées** l'une après l'autre).

Charles Perrault, *La Barbe bleue*, 1697.

Fermées ....

....

Couvert ....

....

Attachées ....

....

Épousées, égorgées ....

....

....

3 Soulignez le ou les mots qui entraînent éventuellement l'accord du participe passé et barrez la forme qui ne convient pas.

a. Quelle surprise avons-nous **eu/eue** quand nous avons **entendu/entendus** sa voix !

b. Les spectateurs ont **applaudi/applaudis** à tout rompre et l'actrice principale a été **ému/émue** par cet accueil.

c. La promenade que j'ai **préféré/préférée** est celle qui nous a **conduit/conduits** sur les bords du lac de Genève.

d. Elle n'a pas **reconnu/reconnue** ses cousins qu'elle n'avait pas **vu/vus** depuis plusieurs années.

4 Recopiez ces phrases en conjuguant le verbe entre parenthèses au temps composé indiqué.

a. Mon amie (***aller*, passé composé**) à la montagne et elle (***passer*, passé composé**) des vacances reposantes.

....

....

b. George Sand (***inviter*, passé composé**) souvent Flaubert dans sa maison de Nohant qu'elle (***aménager*, plus-que-parfait**) à sa convenance.

....

....

....

c. Quand Lucie (***classer*, passé antérieur**) ses cours et qu'elle les (***ranger*, passé antérieur**), elle comprit qu'elle (***faire*, plus-que-parfait**) un travail utile.

....

....

....

d. Avant qu'ils (***comprendre*, subjonctif passé**), de l'eau (***couler*, futur antérieur**) sous les ponts !

....

....

....

e. Quelle peur j'(***avoir*, passé composé**) ! Je n'arrivais pas à retrouver les exercices que j'(***finir*, plus-que-parfait**).

....

....

Comprendre l'accord du participe passé des verbes pronominaux

5 Les pronoms soulignés sont-ils COD ou COI ? Surlignez la bonne réponse et accordez ou pas les participes passés.

a. Elle <u>s'</u>est longuement regardé.......... dans le miroir. **COD / COI**

b. Les deux amies <u>s'</u>étaient confié......... leurs secrets. **COD / COI**

c. Après beaucoup d'hésitation, ils <u>se</u> sont lancé.......... dans cette aventure. **COD / COI**

d. Les joueurs <u>se</u> sont lancé........ des défis. **COD / COI**

e. Pierre et Lola <u>se</u> sont approché.......... du précipice. **COD / COI**

Maîtriser l'accord des participes passés

6 Accordez ou pas les participes passés en gras.

Chez tous les conviés la joie est **redoublé**.......... ;
Et la troupe à l'instant, cessant de fredonner,
D'un ton gravement fou s'est **mis**.......... à raisonner,
Le vin au plus muet fournissant des paroles,
Chacun a débité ses maximes frivoles,
Réglé........ les intérêts de chaque potentat,
Corrigé........ la police, et **réformé**........ l'État :
Puis, de là s'embarquant dans la nouvelle guerre,
A **vaincu**....... la Hollande ou **battu**....... l'Angleterre.
Enfin, laissant en paix tous ces peuples divers,
De propos en propos on a **parlé**........ de vers.
Là, tous mes sots, **enflé**.......... d'une nouvelle audace,
Ont **jugé**........ des auteurs en maîtres du Parnasse.

Nicolas Boileau, « Un repas ridicule », *Satire III*, 1666.

7 Récrivez le texte en conjuguant les verbes entre parenthèses au passé composé. Attention aux accords des participes passés.

Je (*fouiller*) dans ma poche, à la recherche de la lettre et je la lui (*tendre*).
– Il me parlait toujours de vous… Mélanie par-ci, Mélanie par-là… Tenez, c'est pour vous…
Elle la (*prendre*) en tremblant, (*regarder*) fixement la tache brune, sur l'enveloppe, et (*soulever*) la languette en s'aidant de la pointe de l'ongle. La lecture des mots ultimes de Griffon lui (*arracher*) un cri aussi horrible que ceux que poussent les hommes blessés à mort lors de l'assaut. Elle (*s'écrouler*), en proie à des convulsions, et l'autre fille (*se mettre*) à genoux pour tenter de la calmer. Je (*ramasser*) la lettre, et je (*lire*) à mon tour.

D. Daeninckx, « Le Monument », *Le Dernier Guerillero*, © Éditions Verdier, 2005.

....

....

....

....

....

....

....

....

....

....

....

....

8 Vers la question de langue oral du BAC

Ils se lèvent en riant pour passer à table. Paul assoit Emma à côté de lui. Louise se précipite dans la cuisine et elle est accueillie par des bravos en entrant dans le salon, son plat à la main. « Elle rougit », s'amuse Paul, d'une voix trop aiguë. Pendant quelques minutes, Louise est au centre de toute l'attention.

Leïla Slimani, *Chanson douce*, © Éditions Gallimard, 2016.

a. Transposez ce texte au passé composé.

....

....

....

....

....

....

....

b. Quel est l'effet créé par l'emploi du présent de l'indicatif dans le texte de Leïla Slimani ?

....

....

EXO Quiz

6 Les valeurs du présent

Observer

1 La raison du plus fort est toujours la meilleure,
Nous l'allons[1] montrer tout à l'heure.
Un agneau se désaltérait[2]
Dans le courant d'une onde[3] pure.
Un loup survient à jeun, qui cherchait aventure,
Et que la faim en ces lieux attirait.
« Qui te rend si hardi de troubler mon breuvage ? »
Dit cet animal plein de rage[4] […].

Jean de La Fontaine,
« Le Loup et l'Agneau », *Fables,* I, 10, 1668.

1. Nous allons le. – **2.** Buvait. – **3.** Eau. – **4.** Cruauté.

a. Surlignez la morale de cette fable. À quel temps est-elle ? Pourquoi ?

....

....

b. Soulignez un présent qui exprime le moment présent.

c. Encadrez un présent dans la partie narrative. Par quel temps pourrait-il être remplacé ?

....

d. Vers 2 : identifiez le temps employé. Qu'exprime-t-il ?

....

....

Retenir

Le présent peut être :

- **d'actualité ou d'énonciation :** Exprime le moment présent.
  Il est 10h : je suis attentivement le cours de français.
- **de description :** Suspend l'action, le récit, pour décrire un élément, une personne.
  Le Mont-Blanc domine Chamonix et pointe fièrement son sommet vers le ciel.
- **de passé proche :** Exprime un fait qui vient d'arriver. Elle sort à l'instant.
- **de futur proche :** Exprime un fait sur le point de se produire. Elle revient demain.
- **d'habitude ou de répétition :** Exprime une action qui se répète. Il mange des céréales le matin.
- **de narration (ou historique) :** Exprime un fait passé au présent pour l'actualiser ou le dramatiser.
  Le 14 juillet 1789, les insurgés prennent la Bastille.
- **d'injonction :** Remplace un impératif. Maintenant, tu te tais et tu écoutes !
- **de vérité générale :** Présente le fait comme toujours vrai. Le Soleil se lève à l'est.

S'approprier

Identifier la valeur d'un verbe au présent

2 Indiquez la valeur du présent des verbes en gras.

a. Que **fais**-tu le mercredi après-midi ?

....

b. Pour faire cette rédaction, vous **lisez** attentivement le sujet, puis vous **suivez** la méthode vue en classe.

....

c. Le participe passé **s'accorde** avec le sujet quand il **est employé** avec l'auxiliaire *être*.

....

d. Harry ? Il **est** en cours de maths.

....

e. Cet été, nous **allons** au Maroc.

....

f. Louise **prend** le bus 60 pour venir au lycée.

....

g. La Terre **tourne** autour du soleil.

....

h. Billy The Kid et Bob La Terreur se faisaient face. Alors, un coup de feu retentit : La Terreur **tombe**…

....

Comprendre un texte par les valeurs du présent

3 Lisez le texte suivant.

Quel que soit le sein que j'ai mordu, je ne **me rappelle** pas une caresse du temps où j'étais tout petit […]. Ma mère dit qu'il ne **faut** pas gâter les enfants, et elle me **fouette** tous les matins […].
Lorsque [Mlle Balandreau] **entend** ma mère me dire :

« Jacques, je vais te fouetter !
– Madame Vingtras, ne vous donnez pas la peine, je vais faire ça pour vous.
– Oh ! chère demoiselle, vous **êtes** trop bonne ! »
Mademoiselle Balandreau m'emmène ; mais, au lieu de me fouetter, elle **frappe** dans ses mains ; moi, je crie. Ma mère remercie, le soir, sa remplaçante.

Jules Vallès, ***L'Enfant,*** 1881.

a. Indiquez la valeur du présent des verbes en vert.

Me rappelle (l. 1) : ....

Faut (l. 3) : ....

Fouette (l. 4) : ....

Entend (l. 5) : ....

Êtes (l. 9) : ....

Frappe (l. 11) : ....

b. La méthode d'« éducation » de Mme Vingtras vous paraît-elle efficace ?

....

....

....

Interpréter l'usage du présent dans un récit de voyage

4 Lisez le texte suivant et surlignez les verbes au présent de description.

Rica, un voyageur persan à Paris, écrit à son ami Ibben.

Nous sommes à Paris depuis un mois, et nous avons toujours été dans un mouvement continuel. […]
Paris est aussi grand qu'Ispahan : les maisons y sont si hautes, qu'on jurerait qu'elles ne sont habitées que par des astrologues. Tu juges bien qu'une ville bâtie en l'air, qui a six ou sept maisons bâties les unes sur les autres, est extrêmement peuplée ; […].

Montesquieu, ***Lettres persanes,*** XXIV, 1721.

Interpréter l'usage du présent dans la littérature d'idées

5 Lisez le texte suivant et justifiez l'emploi des temps dans la première phrase.

En 1814, dans un traité avec l'Angleterre, on stipule que pendant 5 ans encore, les Français pourront faire la traite des Nègres […].
Notre intérêt, disent les Colons, n'est-il pas de ménager nos esclaves ? Les charretiers de Paris tiennent précisément le même langage en parlant de leurs chevaux qui, par une mort anticipée, périssent excédés d'inanition, de fatigue et de coups. […] Quels moyens de raisonner avec des hommes qui, si l'on invoque la religion, la charité, répondent en parlant de cacao, de balles de coton, de balance du commerce […] ?

L'abbé Grégoire, ***De la traite et de l'esclavage des Noirs,*** 1815.

....

....

....

6 a. Dans cet extrait, surlignez les verbes au présent de vérité générale.

Après un procès retentissant qui accusait Flaubert d'atteinte à la morale et aux bonnes mœurs dans Madame Bovary, *le verdict tombe…*

« Attendu que Gustave Flaubert […] a eu le tort seulement de perdre parfois de vue les règles que tout écrivain qui se respecte ne doit jamais franchir, et d'oublier que la littérature, comme l'art, pour accomplir le bien qu'elle est appelée à produire, ne doit pas seulement être chaste et pure dans sa forme et dans son expression ;
« Dans ces circonstances, attendu qu'il n'est pas suffisamment établi que Pichat, Gustave Flaubert et Pillet se soient rendus coupables des délits qui leur sont imputés ;
« Le tribunal les acquitte de la prévention portée contre eux et les renvoie sans dépens. »

Gazette des tribunaux, 8 février 1857.

b. Quelle est la valeur des autres verbes au présent ?

....

Interpréter l'usage du présent dans un texte théâtral

7 a. Soulignez les verbes au présent et identifiez leur valeur des vers 1 à 6. Pourquoi est-elle si ambigüe ?

Trahie par Jason, son époux, Médée envisage de tuer ses propres enfants pour se venger de leur père…

Mais quoi ! j'ai beau contre eux[1] animer mon audace,
La pitié la combat, et se met en sa place :
Puis, cédant tout à coup la place à ma fureur,
J'adore les projets qui me faisaient horreur :
De l'amour aussitôt je passe à la colère,
Des sentiments de femme aux tendresses de mère. […]
Je n'exécute rien, et mon âme éperdue
Entre deux passions demeure suspendue.
N'en délibérons plus, mon bras en résoudra.

Pierre Corneille, ***Médée,*** acte V, scène 2, 1635.

1. Médée parle de ses enfants.

....

....

....

....

b. Expliquez pourquoi « exécute » et « demeure » sont au présent d'énonciation.

....

....

....

....

EXO Quiz

7 Les valeurs de l'imparfait et du passé simple

Observer

1 *Désespérée, la Maheude se rend chez les Grégoire pour demander l'aumône, accompagnée de ses enfants.*

Des flaques trouaient la chaussée, elle se retroussait, avec la peur d'arriver trop sale. Trois fois, elle faillit tomber, tant ce sacré pavé était gras. Et, comme ils **débouchaient** enfin devant le perron, deux chiens énormes se jetèrent sur eux […].

Émile Zola, *Germinal*, 1885.

a. **Surlignez deux imparfaits qui décrivent le décor.**

b. **Justifiez le passé simple ligne 2.**

c. **L'action en gras est-elle achevée ou inachevée ?**

Retenir

→ Dans un récit, l'imparfait et le passé simple expriment **une antériorité par rapport au moment de l'énonciation** (le présent). Ils peuvent aussi exprimer les **aspects** suivants :

IMPARFAIT

Aspect inachevé d'une action

- une action **en train de se produire :** Je l'**attendais**.
- un arrière-plan ;
- **des événements qui se cumulent** ou qui ne sont pas finis : La foule **hurlait** et **faisait** la ola.

Aspect répétitif d'une action

- un événement **qui se répète ;**
- une **habitude :** Le dimanche, elle **faisait** la grasse matinée.

PASSÉ SIMPLE

Aspect achevé d'une action

- un événement **borné dans le temps :** Je l'**attendis** pendant une heure.
- une **succession d'actions :** La foule **hurla** et **fit** la ola.

Aspect unique d'une action

Qui ne correspond pas à une habitude, par opposition à l'imparfait. Un dimanche, elle **se leva** à l'aube.

L'imparfait présente les valeurs modales suivantes :	Exemples
– **historique** : il permet de relater des événements historiques comme si on y assistait.	Le 14 juillet 1789, les insurgés **prenaient** la Bastille.
– **de politesse** : il sert à atténuer son propos.	Je **voulais** vous demander si vous connaissiez cet homme.
– **de narration** : il remplace un passé simple.	« Elle le vit, se montra, sourit. Le soir même, il **était** son amant. » (Maupassant)
– **hypothétique** : il indique qu'on se situe dans l'irréel.	Si **j'étais** roi, tu serais ma reine.
– au **style indirect (et indirect libre)**, il est utilisé pour signifier que ce sont des paroles rapportées.	Il lui expliqua qu'il ne **comprenait** pas.

S'approprier

Identifier la valeur aspectuelle d'un temps

2 **Indiquez la valeur aspectuelle des temps dans les phrases suivantes. Justifiez l'emploi de ces temps.**

a. **Nous nous aimions.**

b. Il appuya sur l'interrupteur : la lumière l'aveugla. L'espace d'un instant, il ne sut plus où il était.

c. Il prenait des céréales au petit-déjeuner.

d. Pendant longtemps, je bus du café quatre fois par jour.

e. Je lisais le dernier chapitre de mon roman quand quelqu'un m'interpella.

f. Alphonse fumait sa pipe, Mathias jouait du piano et le petit Norbert jouait avec ses cubes.

....

....

3 Expliquez les différents emplois des temps dans les phrases suivantes.

a. Quand Maxime rentrait chez lui, son chien aboyait.

....

b. Quand Maxime rentra chez lui, son chien aboya.

....

....

c. Quand Maxime rentra chez lui, son chien aboyait.

....

....

Identifier la valeur d'un verbe à l'imparfait

4 Précisez la valeur modale de l'imparfait dans les phrases suivantes.

a. Elle partit comme une flèche en sortant du téléphérique ; trois heures plus tard, elle **avait** le pied dans le plâtre.

....

b. Alicia s'abîma dans ses pensées. Comment voulaient-ils qu'elle fasse ? **Était**-ce vraiment à sa portée ? Non, ils ne **comprenaient** pas sa situation. Il **fallait** qu'elle leur parle.

....

c. Sans vous, j'**étais** perdu.

....

d. Si vous **décoriez** un peu votre appartement, il serait plus agréable.

....

e. Je **cherchais** un bureau de change : pourriez-vous me renseigner, s'il vous plaît ?

....

Interpréter les valeurs des temps

5 a. Quelle est la valeur du passé simple dans l'extrait A ? de l'imparfait dans l'extrait B ?

Extrait A

Ce fut midi. Les voyageurs montèrent dans l'autobus. On fut serré. Un jeune monsieur porta sur sa tête un chapeau entouré d'une tresse, non d'un ruban. Il eut un long cou. Il se plaignit auprès de son voisin des bousculades que celui-ci lui infligea. Dès qu'il aperçut une place libre, il se précipita vers elle et s'y assit. Je l'aperçus plus tard devant la gare Saint-Lazare. Il se vêtit d'un pardessus et un camarade qui se trouva là lui fit cette remarque : il fallut mettre un bouton supplémentaire.

Raymond Queneau, ***Exercices de style*****, « passé simple »,** © Éditions Gallimard, 1947.

Extrait B

C'était midi. Les voyageurs montaient dans l'autobus. On était serré. Un jeune monsieur portait sur sa tête un chapeau qui était entouré d'une tresse et non d'un ruban. Il avait un long cou. Il se plaignait auprès de son voisin des bousculades que ce dernier lui infligeait. Dès qu'il apercevait une place libre, il se précipitait vers elle et s'y asseyait.

Je l'apercevais plus tard, devant la gare Saint-Lazare. Il se vêtait d'un pardessus et un camarade qui se trouvait là lui faisait cette remarque : il fallait mettre un bouton supplémentaire.

R. Queneau, ***Exercices de style*****,** « imparfait », © Éd. Gallimard, 1947.

....

....

....

b. En quoi s'agit-il d'un « exercice de style » ?

....

....

....

6 Comment l'emploi de l'imparfait et du passé simple dramatise-t-il la scène ?

La nuit tiède descendait lentement.

Les femmes étaient restées dans le salon de la villa. Les hommes, assis ou à cheval sur les chaises du jardin, fumaient, devant la porte, en cercle autour d'une table ronde chargée de tasses et de petits verres.

Leurs cigares brillaient comme des yeux, dans l'ombre épaissie de minute en minute. On venait de raconter un affreux accident arrivé la veille : deux hommes et trois femmes noyés sous les yeux des invités, en face, dans la rivière.

Le général de G... prononça :

Guy de Maupassant, ***L'Horrible*****,** 1884.

....

....

....

....

7 Quel effet produit l'emploi du passé simple et de l'imparfait ?

Les canons renversèrent d'abord à peu près six mille hommes de chaque côté ; ensuite, la mousqueterie ôta du meilleur des monde environ neuf à dix mille coquins qui en infectaient la surface. La baïonnette fut aussi la raison suffisante de la mort de quelques milliers d'hommes. Le tout pouvait bien se monter à une trentaine de mille âmes.

Voltaire, ***Candide*****,** 1759.

....

....

....

....

....

8 Les valeurs des temps composés

EXO Quiz

Observer

1 J'étudiais un jour seul ma leçon dans la chambre contiguë à la cuisine. La servante avait mis sécher à la plaque les peignes de Mlle Lambercier. Quand elle revint les prendre, il s'en trouva un dont tout un côté de dents était brisé. À qui s'en prendre de ce dégât ? personne autre que moi n'était entré dans la chambre.

J.-J. Rousseau, *Les Confessions*, 1782-89.

a. **Quel est le temps, le mode et la voix de « était brisé » (l. 6) ?**

....

b. **Avec quoi pourrait-on confondre ?**

....

c. **Surlignez les verbes au plus-que-parfait.**

d. **Pourquoi a-t-on utilisé ce temps ?**

....

....

....

Retenir

1 La formation des temps composés

→ Un **temps composé** se construit à partir du **temps simple qui lui correspond.**

Temps composé = Auxiliaire conjugué au temps simple qui lui correspond + Participe passé du verbe

- Attention ! Ne confondez pas l'imparfait à la voix **passive** (Il **était entouré** de ses amis) et le plus-que-parfait, à la voix **active** (Ses amis **l'avaient entouré**).
- Elle **jouait**. → Elle **avait joué**.
  Imparfait Plus-que-parfait

2 Les valeurs des temps composés

→ Les temps composés expriment une **antériorité** par rapport aux temps simples qui leur correspondent :

Le passé composé →	Permet d'exprimer une action qui s'est déroulée avant une autre action, exprimée au **présent**. →	Pascal **est parti** pour un long voyage. Depuis, son amie **est** triste.
Le futur antérieur →	Permet d'exprimer une action qui s'est déroulée avant une autre action, exprimée au **futur**. →	Il **partira** dimanche prochain. Elle **aura** tout **fait** pour le retenir.
Le plus-que-parfait →	Permet d'exprimer une action qui s'est déroulée avant une autre action, exprimée à l'**imparfait** (ou au **passé simple**). →	Il **partit** sereinement ; il **se sentait** prêt, car il **avait** bien **préparé** ses bagages.
Le passé antérieur →	Permet d'exprimer une action qui s'est déroulée avant une autre action, exprimée au **passé simple**. →	Dès qu'il **eut avalé** son repas, il **repartit** sur les routes.

→ Les temps composés présentent également l'action comme **accomplie** (aspect perfectif) : **l'action est achevée**, et le locuteur met l'accent sur **le résultat**. Il est parti. → sous-entendu : il n'est plus là.

S'approprier

Identifier un temps composé

2 **Surlignez les verbes conjugués à un temps composé. Attention à la voix passive !**

J'attends mon frère avec impatience. Je suis émue : il n'est pas venu à Paris depuis des mois. Il m'a manqué. Mais demain, nous irons nous promener sur les quais. Nous aurons pique-niqué au jardin des Tuileries et serons passés voir la pyramide du Louvre.

3 **Reliez les temps simples aux temps composés qui leur correspondent.**

a. J'aime •	• **1.** J'aurai aimé
b. J'aimerais •	• **2.** J'eus aimé
c. J'aimerai •	• **3.** J'avais aimé
d. J'aimai •	• **4.** J'aurais aimé
e. J'aimais •	• **5.** J'ai aimé

4 Complétez par le temps simple ou composé correspondant.

Nous avons travaillé → Nous ....

Je mangerai → J'..........

Il eut bougé → Il ....

Vous dormiriez → Vous ....

Tu tins → Tu ....

5 Identifiez le temps des verbes en gras.

Samira ne comprenait pas comment Damien **avait résolu** (..........) le problème. « Il n'a pourtant pas **été aidé** (..........)... pensait-elle. Il n'**aura** tout de même pas **triché** (..........)? ». Elle finit par lui demander la solution, mais celui-ci haussa les épaules.

Reconstituer la chronologie des événements

6 Soulignez les verbes conjugués et retrouvez l'ordre des événements en les plaçant sur la frise.

J'ai écrit ces pages en novembre 1996. Les journées sont souvent pluvieuses. Demain, nous entrerons dans le mois de décembre et cinquante ans auront passé depuis la fugue de Dora.

Patrick Modiano, *Dora Bruder*, © Éd. Gallimard, 1997.

1946 — Fugue de Dora

Novembre 1996 — ....

30 novembre 1996 — Moment de l'écriture : ....

Décembre 1996 — ....

Interpréter l'emploi d'un temps composé

7 Lisez le texte suivant.

Je hais les voyages et les explorateurs. Et voici que je m'apprête à raconter mes expéditions. Mais que de temps pour m'y résoudre ! Quinze ans ont passé depuis que j'ai quitté pour la dernière fois le Brésil et, pendant toutes ces années, j'ai souvent projeté d'entreprendre ce livre ; chaque fois, une sorte de honte et de dégoût m'en ont empêché.

Claude Lévi-Strauss, *Tristes Tropiques*, © Plon, 1955.

a. Surlignez les verbes conjugués à un temps composé.

b. Parmi ces verbes, quels sont ceux qui mettent plutôt l'accent sur l'aspect perfectif ? Justifiez.

....

....

....

....

8 Quel effet produit le plus-que-parfait (en gras) dans ce passage ?

Goujet fait visiter à Gervaise la fabrique de boulons et rivets où il travaille.

Elle s'accoutumait à l'ombre, voyait des enfoncements où des hommes immobiles réglaient la danse haletante des volants [...]. Et, malgré elle, c'était toujours au plafond qu'elle revenait, à la vie, au sang même des machines, au vol souple des courroies, dont elle regardait, les yeux levés, la force énorme et muette passer dans la nuit vague des charpentes.

Cependant, Goujet **s'était arrêté** devant une des machines à rivets. Il restait là, songeur, la tête baissée, les regards fixes. [...] Ça lui causait un gros chagrin, même quand il se raisonnait, en se disant que la chair ne pouvait pas lutter contre le fer. Un jour, bien sûr, la machine tuerait l'ouvrier ; déjà leurs journées **étaient tombées** de douze francs à neuf francs, et on parlait de les diminuer encore.

Émile Zola, *L'Assommoir*, 1877.

....

....

....

....

....

....

....

9 Observez les temps composés dans cet extrait : en quoi renforcent-ils l'aspect dramatique du texte ?

LE MÉDECIN. – [...] Il y a deux jours, les miliciens ont pendu trois adolescents réfugiés qui se sont aventurés en dehors des camps. Pourquoi les miliciens ont-ils pendu les trois adolescents ? parce que deux réfugiés du camp avaient violé et tué une fille du village de Kfar Samira. Pourquoi ces deux types ont-ils violé cette fille ? Parce que les miliciens avaient lapidé une famille de réfugiés. Pourquoi les miliciens l'ont-ils lapidée ? Parce que les réfugiés avaient brûlé une maison près de la colline du thym. Pourquoi les réfugiés ont-ils brûlé la maison ? Pour se venger des miliciens qui avaient détruit un puits d'eau foré par eux. Pourquoi [...] ? Il y a certainement une raison, ma mémoire s'arrête là.

W. Mouawad, *Incendies, Le Sang des promesses*, © Éd. Actes Sud, 2003.

....

....

....

....

....

....

....

....

....

9 Les valeurs du conditionnel et du futur

EXO Quiz

Observer

1 *Seul rescapé d'une épidémie de rhinocérite, Béranger tente de se transformer en rhinocéros, comme tous les autres.*

BÉRANGER. – [...] Comme j'ai mauvaise conscience, j'aurais dû les suivre à temps. Trop tard maintenant ! Hélas, je suis un monstre, je suis un monstre. Hélas, jamais je ne deviendrai rhinocéros, jamais, jamais ! Je ne peux plus changer. Je voudrais bien, je voudrais tellement, mais je ne peux pas.

Eugène Ionesco, *Rhinocéros*, acte III, © Éditions Gallimard, 1959.

a. Surlignez les verbes au conditionnel présent et encadrez celui au conditionnel passé.

b. Parmi ces verbes, relevez celui qui indique...

– un souhait : ....

– un regret : ....

c. Soulignez la phrase qui explique le désespoir de Béranger. En quoi son temps verbal justifie-t-il ce désespoir ?

....

....

Retenir

1 La valeur temporelle

Le futur et le conditionnel expriment la postériorité :

– soit par rapport **au moment de l'énonciation** (futur) :
Viens ! On **prendra** un café pour discuter. *« prendra » se produit après le moment de l'énonciation.*

– soit par rapport **au moment de référence** (conditionnel) :
Il a dit que tu **serais** en retard... *« serais » se passe après « a dit », moment de référence du récit.*

2 Les valeurs modales

Le futur

- **La certitude** : présente les faits comme arrivant de façon certaine.
  Je **viendrai** samedi.
- **L'injonction** : exprime un ordre, un conseil ou une interdiction.
  Tu **battras** les œufs en omelette avant de rajouter le sucre.
- **Le futur historique** : dans un récit au passé, évoque un fait passé postérieur à un autre fait passé.
  Le 14 juillet 1789, les insurgés **prendront** la Bastille.

Le conditionnel présent

- **Le doute** : présente les faits comme probables, mais pas certains.
  Alice **arriverait** lundi.
- **Le souhait** : présente les faits comme possibles.
  J'**irais** bien en Grèce.
- **L'imaginaire, le rêve** : présente les faits comme fictifs, irréalisables.
  Les arbres **donneraient** des fromages et les rivières **sentiraient** l'ananas.
- **La politesse** : atténue une demande.
  Je **voudrais** vous demander si cette maison est louée.

Le conditionnel passé

- **Le doute** : les faits passés sont présentés comme incertains.
  Le malfaiteur **aurait utilisé** un double des clefs pour entrer.
- **Le regret, l'impossibilité** : exprime un fait qui ne peut plus se produire dans la réalité.
  J'**aurais** bien **mangé** une glace tout à l'heure.

S'approprier

Interpréter l'emploi de différents temps

2 Lisez le texte suivant.

Quand vous serez bien vieille, au soir, à la chandelle,
Assise auprès du feu, dévidant et filant[1],
Direz, chantant mes vers, en vous émerveillant :
Ronsard me célébrait du temps que j'étais belle.

Ronsard, *Les Amours, Sonnets pour Hélène*, Livre II, 1578.

1. Préparant votre fil de laine.

a. Soulignez les verbes conjugués et donnez leur temps.

....

....

b. Comment ces deux temps servent-ils le propos du poète ?

....

....

....

Interpréter les valeurs du futur

3 Lisez le texte suivant.

Le réaliste, s'il est artiste, cherchera, non pas à nous montrer la photographie banale de la vie, mais à nous en donner la vision plus complète, plus saisissante, plus probante que la réalité même.
Raconter tout serait impossible, […].
Voilà pourquoi l'artiste, ayant choisi son thème, ne prendra dans cette vie encombrée de hasards et de futilités que les détails caractéristiques utiles à son sujet, et il rejettera tout le reste, tout l'à-côté.

Guy de Maupassant, préface de *Pierre et Jean*, 1888.

a. Justifiez l'emploi du futur dans ce texte.

b. Pourquoi Maupassant n'a-t-il pas employé le futur ligne 5 ?

4 Lisez le texte suivant.

Scapin tente de convaincre Argante de payer le frère de la mariée pour stopper le mariage de son fils.

Scapin. – Et ! Monsieur, de quoi parlez-vous là, et à quoi vous résolvez-vous ? Jetez les yeux sur les détours de la justice : […] Un sergent baillera de faux exploits, sur quoi vous serez condamné sans que vous le sachiez. Votre procureur s'entendra avec votre partie, et vous vendra à beaux deniers comptants. Votre avocat gagné de même, ne se trouvera point quand on plaidera votre cause […].

Molière, *Les Fourberies de Scapin*, acte II, scène 5, 1671.

En quoi le futur sert-il l'argumentation de Scapin ?

Interpréter les valeurs du conditionnel

5 Pour chaque extrait, indiquez la valeur du conditionnel.

a. Ils décachetteraient leur courrier, ils ouvriraient les journaux. Ils allumeraient une première cigarette. Ils sortiraient. Leur travail ne les retiendrait que quelques heures, le matin. Ils se retrouveraient pour déjeuner, d'un sandwich ou d'une grillade, selon leur humeur ; ils prendraient un café à une terrasse, puis rentreraient chez eux, à pied, lentement.

Georges Perec, *Les Choses*, © Julliard, 1965.

b. Ils auraient aimé être riches. Ils croyaient qu'ils auraient su l'être. Ils auraient su s'habiller, regarder, sourire comme des gens riches. Ils auraient eu le tact, la discrétion nécessaire. Ils auraient oublié leurs richesses, auraient su ne pas l'étaler. Ils ne s'en seraient pas glorifiés. Ils l'auraient respirée. Leurs plaisirs auraient été intenses.

Ibid.

6 Le Prologue. – Voilà. Ces personnages vont vous jouer l'histoire d'Antigone. Antigone, c'est la petite maigre qui est assise là-bas, et qui ne dit rien. […] Elle pense qu'elle va mourir, qu'elle est jeune et qu'elle aussi, elle aurait bien aimé vivre. Mais il n'y a rien à faire. Elle s'appelle Antigone et il va falloir qu'elle joue son rôle jusqu'au bout… […] La vieille dame qui tricote, à côté de la nourrice qui a élevé les deux petites, c'est Eurydice, la femme de Créon. Elle tricotera pendant toute la tragédie jusqu'à ce que son tour vienne de se lever et de mourir. […] Ce garçon pâle, là-bas, au fond, qui rêve adossé au mur, solitaire, c'est le Messager. C'est lui qui viendra annoncer la mort d'Hémon tout à l'heure. C'est pour cela qu'il n'a pas envie de bavarder ni de se mêler aux autres. Il sait déjà…

Jean Anouilh, *Antigone*, © Éditions de La Table ronde, 1946.

a. Surlignez un verbe au conditionnel passé et donnez sa valeur.

b. Soulignez les verbes au futur. Pourquoi ce temps est-il souvent employé dans le registre tragique ?

EXO Quiz

10 Les valeurs du subjonctif

Observer

1 *Jason reproche à Médée, son ancienne amante et alliée, le meurtre de leurs enfants.*

Ah ! C'est trop en souffrir ; il faut qu'un prompt supplice
De tant de cruautés à la fin te punisse.
Sus, sus, brisons la porte, enfonçons la maison ;
Que des bourreaux soudain m'en fassent la raison.

Corneille, *Médée*, acte V, scène 6, 1635.

a. Soulignez un verbe au subjonctif employé dans une proposition subordonnée.

b. Qu'exprime le verbe de la principale ?

....

c. Surlignez un verbe au subjonctif dans une indépendante.

d. Qu'exprime cette proposition ?

....

Retenir

1 Les temps du subjonctif

→ Le mot « **subjonctif** » signifie « sous le joug de » : ce mode est généralement employé dans des propositions **subordonnées** qui **dépendent d'une proposition principale.** Ce mode décrit les **actions** comme **possibles** ou **incertaines,** soumises à la subjectivité de l'énonciateur.

→ Il comprend **quatre temps** :
– le subjonctif **présent** (que j'aime) et **passé** (que j'aie aimé) sont employés couramment. Le premier exprime la simultanéité ou la postériorité par rapport à la principale ; le second l'antériorité.
– le subjonctif **imparfait** (que j'aimasse) et **plus-que-parfait** (que j'eusse aimé) sont utilisés dans le langage soutenu et à l'écrit. Le premier exprime la simultanéité ou la postériorité par rapport à la principale quand celle-ci est au passé ; le second l'antériorité.

2 Les valeurs du subjonctif

→ Le subjonctif permet d'exprimer :

en proposition indépendante

Le souhait, le regret Que cette année **soit** bonne ! Pourvu qu'ils **arrivent** à temps…	**L'étonnement, l'indignation** Quoi ! Que je **fasse** ton travail à ta place !
L'injonction (ordre, interdiction) Qu'ils **entrent** ! Que personne ne **bouge** !	**La condition** (potentiel, irréel) **Soit** une droite AB…

en proposition subordonnée

La volonté J'exige qu'il **parte**.	**Un sentiment** Je suis heureux qu'il **vienne**.
L'incertitude Je crains qu'il ne **vienne** pas.	**Le jugement, l'opinion** Ça m'étonne qu'il ne **vienne** pas.
La restriction Il n'y a rien qui **soit** anormal. La Callas était la plus grande soprano qui **fût**.	**Un fait envisagé** Je cherche quelqu'un qui **puisse** m'aider. Quel que **soit** son niveau, il peut réussir. Jouons avant que la nuit ne **tombe**.
La condition Qu'ils **approchent**, et ils verront !	**La concession** Bien qu'il **fasse** beau, je ne veux pas sortir.

S'approprier

Reconnaître un verbe au subjonctif

2 Surlignez les verbes au subjonctif dans cet extrait.

PHILINTE
Mais, sérieusement, que voulez-vous qu'on fasse ?
ALCESTE
Je veux qu'on soit sincère, et qu'en homme d'honneur,
On ne lâche aucun mot qui ne parte du cœur. […]
Quel avantage a-t-on qu'un homme vous caresse,
Vous jure amitié, foi, zèle, estime, tendresse,
Et vous fasse de vous un éloge éclatant,
Lorsque au premier faquin[1] il court en faire autant ?
Non, non, il n'est point d'âme un peu bien située
Qui veuille d'une estime ainsi prostituée ; […]
PHILINTE
Mais quand on est du monde, il faut bien que l'on rende
Quelques dehors civils que l'usage demande

ALCESTE

[…] Je veux que l'on soit homme, et qu'en toute rencontre
Le fond de notre cœur dans nos discours se montre,
Que ce soit lui qui parle, et que nos sentiments
Ne se masquent jamais sous de vains compliments.

Molière, *Le Misanthrope*, acte I, scène 1, 1666.

1. Personne de peu de valeur.

Identifier la valeur d'un verbe au subjonctif

3 Dans les extraits de poésies suivants, surlignez les verbes au subjonctif et indiquez ce qu'ils expriment.

a. Il faut finir mes jours en l'amour d'Uranie !
L'absence ni le temps ne m'en sauraient guérir,
Et je ne vois plus rien qui me pût secourir,
Ni qui sût rappeler ma liberté bannie.

Vincent Voiture, « Sonnet d'Uranie », 1648.

b. *Coligny accueille ses assassins, soldats comme lui :*
« Compagnon, leur dit-il, achevez votre ouvrage, […]
Frappez, ne craignez rien, Coligny[1] vous pardonne ;
Ma vie est peu de chose, et je vous l'abandonne…
J'eusse aimé mieux la perdre en combattant pour vous… »

Voltaire, *La Henriade*, 1728.

1. Chef protestant, assassiné durant la Saint-Barthélémy.

Interpréter l'usage du subjonctif

4 *Cléonte, aidé de Covielle, exploite le désir de noblesse de M. Jourdain pour obtenir la main de sa fille.*

CLÉONTE *en Turc, avec trois pages portant sa veste,*
MONSIEUR JOURDAIN, COVIELLE, *déguisé.*

CLÉONTE. – *Ambousahim oqui boraf, iordina salamalequi.*

COVIELLE. – C'est-à-dire : « Monsieur Jourdain, [que] votre cœur soit toute l'année comme un rosier fleuri. » Ce sont façons de parler obligeantes de ces pays-là.

MONSIEUR JOURDAIN. – Je suis très humble serviteur de Son Altesse Turque.

COVIELLE. – *Carigar camboto oustin moraf.*

CLÉONTE. – *Oustin yoc catamalequi basum base alla moran.*

COVIELLE. – Il dit : « que le Ciel vous donne la force des lions, et la prudence des serpents ».

MONSIEUR JOURDAIN. – Son Altesse Turque m'honore trop, et je lui souhaite toutes sortes de prospérités.

COVIELLE. – *Ossa binamen sadoc babally oracaf ouram.*

CLÉONTE. – *Bel-men.*

COVIELLE. – Il dit que vous alliez vite avec lui vous préparer pour la cérémonie, afin de voir ensuite votre fille, et de conclure le mariage.

MONSIEUR JOURDAIN. – Tant de choses en deux mots ?

COVIELLE. – Oui, la langue turque est comme cela, elle dit beaucoup en peu de paroles. Allez vite où il souhaite.

Molière, *Le Bourgeois gentilhomme*, acte IV, scène 4, 1670.

a. Surlignez les trois verbes au subjonctif. Qui les emploie ?

b. Quelle est leur valeur ?

5 Soulignez les verbes au subjonctif dans le texte suivant. En quoi le subjonctif souligne-t-il ici la délicatesse de Dorval ?

DORVAL, *d'un ton un peu ému.* – Permettez, mademoiselle, qu'avant mon départ (*à ces mots Rosalie paraît étonnée*) j'obéisse à un ami, et que je cherche à lui rendre auprès de vous un service qu'il croit important. Personne ne s'intéresse plus que moi à votre bonheur et au sien, vous le savez. Souffrez donc que je vous demande en quoi Clairville a pu vous déplaire, et comment il a mérité la froideur avec laquelle il est traité.

ROSALIE. – C'est que je ne l'aime plus. […]

DORVAL. – Rosalie… si par malheur il était arrivé… que votre cœur surpris… fût entraîné par un penchant… dont votre raison vous fit un crime… J'ai connu cet état cruel !…

Denis Diderot, *Le Fils naturel*, acte II, scène 2, 1755.

6 Soulignez les verbes au subjonctif dans le texte suivant. Comment le subjonctif sert-il le plaidoyer de Camus contre l'arme nucléaire ?

En attendant, il est permis de penser qu'il y a quelque indécence à célébrer ainsi une découverte qui se met d'abord au service de la plus formidable rage de destruction dont l'homme ait fait preuve depuis des siècles. Que dans un monde livré à tous les déchirements de la violence, incapable d'aucun contrôle, indifférent à la justice et au simple bonheur des hommes, la science se consacre au meurtre organisé, personne sans doute, à moins d'idéalisme impénitent, ne songera à s'en étonner.

Albert Camus, éditorial de *Combat*, 8 août 1945.

11 Les relations entre les propositions : juxtaposition, coordination, subordination

EXO Quiz

Observer

1 D'ailleurs ce roi est un grand magicien : il exerce son empire sur l'esprit même de ses sujets ; il les fait penser comme il veut. S'il n'a qu'un million d'écus dans son trésor et qu'il en ait besoin de deux, il n'a qu'à leur persuader qu'un écu en vaut deux, et ils le croient. S'il a une guerre difficile à soutenir, et qu'il n'ait point d'argent, il n'a qu'à leur mettre dans la tête qu'un morceau de papier est de l'argent, et ils en sont aussitôt convaincus.

Montesquieu, *Lettres persanes*, lettre XXIV, 1721.

a. Séparez d'un trait les trois propositions de la 1re phrase. Par quels signes de ponctuation ces parties sont-elles liées ?

....

....

b. Les deux phrase en vert ont la même structure. Quelle est-elle ?

Proposition 1 : ....

Proposition 2 : ....

Proposition 3 : ....

Retenir

- Une phrase est une **unité de sens** et se termine par un **signe de ponctuation fort**. Elle peut être **verbale** (avec un verbe conjugué) ou **non verbale** (sans verbe conjugué). Les phrases non verbales sont rares et créent un effet de surprise, soulignent une émotion.
- Une **proposition** est un ensemble de mots organisé autour d'un verbe. Une **phrase simple** est construite avec un seul verbe conjugué. Elle est, en général, brève et fait avancer l'action.
- Une phrase complexe comprend plusieurs propositions avec trois constructions possibles :

La juxtaposition	La coordination	La subordination
Un **signe de ponctuation** faible (virgule, point-virgule, deux points) sépare les propositions. D'ailleurs ce roi est un grand magicien : il exerce son empire sur l'esprit même de ses sujets.	Une **conjonction ou un adverbe de coordination** relie les propositions. D'ailleurs ce roi est un grand magicien car il exerce son empire sur l'esprit même de ses sujets.	**Une conjonction de subordination, un pronom relatif ou un mot interrogatif** introduit la proposition subordonnée et la relie à la principale. D'ailleurs ce roi est un grand magicien parce qu'il exerce son empire sur l'esprit même de ses sujets.

S'approprier

Identifier les différentes propositions

2 Dans ces phrases de J.-J. Rousseau, les propositions en gras sont-elles juxtaposées, coordonnées ou subordonnées ?

a. Je coûtai la vie à ma mère **et ma naissance fut le premier de mes malheurs.** ....

b. Il fallut que sa passion fût vive, **puisque au bout de trente ans je l'ai vu s'attendrir en parlant d'elle.**

....

c. Ma mère avait plus que de la vertu pour s'en défendre ; **elle aimait tendrement son mari.** ....

d. T'aimerais-je ainsi **si tu n'étais que mon fils ?**

....

e. Remplis le vide **qu'elle a laissé dans mon âme.**

....

Interpréter l'emploi des propositions dans un texte

3 a. Dans les textes suivants, séparez d'un trait les différentes propositions.

b. Dans chaque texte, précisez la nature de la majorité d'entre elles : juxtaposées, coordonnées ou subordonnées et interprétez leur emploi.

Texte 1

Jacques fuyait dans la nuit mélancolique. Il monta au galop le sentier d'une côte, retomba au fond d'un étroit vallon. Des cailloux roulant sous ses pas l'effrayèrent, il se lança à gauche parmi des broussailles, fit un crochet qui le ramena à droite, sur un plateau vide. Brusquement, il dévala, il buta contre la haie du chemin de fer : un train arrivait, grondant, flambant ; et il ne comprit pas d'abord, terrifié.

Zola, *La Bête humaine*, 1890.

....
....
....

Texte 2

Ma seule consolation, quand je montais me coucher, était que maman viendrait m'embrasser quand je serais dans mon lit. Mais ce bonsoir durait si peu de temps, elle redescendait si vite, que le moment où je l'entendais monter, puis où passait dans le couloir à double porte le bruit léger de sa robe de jardin en mousseline bleue, à laquelle pendaient de petits cordons de paille tressée, était pour moi un moment douloureux.

Marcel Proust, ***Du côté de chez Swann***, 1906.

....
....
....

Texte 3

Paix je ne trouve et ne suis pas en guerre ;
Et je tremble et j'espère, et brûle et suis de glace ;
Et vole dans le ciel, et gis à terre ;
Et n'étreins rien, et le monde entier embrasse.

Pétrarque, ***Canzoniere***, Sonnet CXXXIV, 1342-1374.

....
....
....

4 *Henriette d'Angleterre, mariée au frère de Louis XIV, avait 26 ans quand elle mourut en quelques heures. La brutalité de cette mort frappa la cour.*

Ô nuit désastreuse ! ô nuit effroyable où retentit tout à coup, comme un éclat de tonnerre, cette étonnante nouvelle : Madame se meurt ! Madame est morte ! Qui de nous ne se sentit frappé à ce coup, comme si quelque tragique accident avait désolé sa famille ? **Au premier bruit d'un mal si étrange, on accourut à Saint-Cloud de toutes parts ; on trouve tout consterné, excepté le cœur de cette princesse. Partout on entend des cris ; partout on voit la douleur et le désespoir, et l'image de la mort. Le Roi, la Reine, Monsieur, toute la cour, tout le peuple, tout est abattu, tout est désespéré.**

Bossuet, ***Oraison d'Henriette d'Angleterre***, 1670.

a. **Quelle est la caractéristique de la 1re phrase ? Quel est l'effet produit ?**

....
....
....

b. **Comment sont construites les phrases en gras ? Pourquoi ?**

....
....
....

5

PHÈDRE
Ah ! Cruel, tu m'as trop entendue !
Je t'en ai dit assez pour te tirer d'erreur.
Eh bien ! Connais donc Phèdre et toute sa fureur.
J'aime. Ne pense pas qu'au moment que je t'aime,
Innocente à mes yeux, je m'approuve moi-même,
Ni que du fol amour qui trouble ma raison,
Ma lâche complaisance ait nourri le poison.
Objet infortuné des vengeances célestes,
Je m'abhorre encor plus que tu ne me détestes.
Les dieux m'en sont témoins, ces dieux qui dans mon flanc
Ont allumé le feu fatal à tout mon sang ;

Jean Racine, ***Phèdre***, acte II, scène 5, 1677.

a. **Soulignez les phrases simples et surlignez les phrases complexes. Que remarquez-vous ?**

....
....

b. **Comment expliquez-vous ce changement ?**

....
....
....
....
....
....

6 **Vers la question de langue** — oral du BAC

Elle avait pris ce pli dans son âge enfantin
De venir dans ma chambre un peu chaque matin.
Je l'attendais ainsi qu'un rayon qu'on espère.
Elle entrait et disait : « Bonjour, mon petit père »,
Prenait ma plume, ouvrait mes livres, s'asseyait
Sur mon lit, dérangeait mes papiers, et riait,
Puis soudain s'en allait comme un oiseau qui passe.

Victor Hugo, ***Les Contemplations***, IV, v, 1856.

a. **Comptez le nombre de propositions par phrase. Que remarquez-vous ? Interprétez.**

....
....
....
....
....

b. **Quel est le lien dominant entre les propositions : juxtaposition, coordination ou subordination ? Expliquez ce choix.**

....
....
....
....
....

12 Les propositions subordonnées complétives

EXO Quiz

Observer

1 [Lucien] frissonna en pensant **qu'il fallait un capital énorme pour exercer l'état de joli garçon !** […] Lucien se voyait séparé de ce monde par un abîme, il se demandait **par quels moyens il pouvait le franchir.**

Balzac, ***Illusions perdues***, 1837.

a. De quels mots dépendent les propositions subordonnées en gras ?

....

b. Quelle est leur fonction ?

....

....

Retenir

1 Les subordonnées complétives conjonctives

- Les propositions complétives conjonctives dépendent :
  - d'un verbe de **pensée** (*croire, estimer…*) ;
  - d'un verbe de **parole** (*dire, affirmer, annoncer, déclarer…*) ;
  - d'un verbe de **volonté** (*vouloir, exiger, souhaiter…*) ;
  - d'un verbe de **sentiment** (*regretter, craindre, se réjouir, s'étonner…*).
- Elles sont toujours introduites par la conjonction de subordination « que ».
- Elles sont le plus souvent COD.

Avec un verbe de pensée ou de parole
- À la **forme affirmative**, le **verbe** de la subordonnée est **à l'indicatif**. → Je crois qu'il **sera** là bientôt.
- À la forme **négative** ou **interrogative**, le **verbe** de la subordonnée est :
  - **à l'indicatif** quand le fait est **certain**. → Je ne crois pas qu'il viendra. = il ne viendra pas.
  - **au subjonctif** quand le fait est **incertain**. → Je ne crois pas qu'il vienne. = il viendra peut-être.

Avec un verbe de sentiment ou de volonté
- À la forme **affirmative** ou **négative**, le **verbe** de la subordonnée est **au subjonctif**. → Je veux qu'il **vienne**.

2 Les subordonnées complétives interrogatives indirectes

- Les propositions subordonnées **complétives interrogatives indirectes** complètent **un verbe qui exprime une interrogation** (*se demander, ne pas savoir, ignorer…*).
- Elles sont toujours **COD**.
- Elles sont introduites par des **mots interrogatifs** : *si, où, pourquoi, quand, quel, qui, ce qui, ce que*.
- Elles sont à l'**indicatif** : Je me demande quand il **viendra**. J'ignore s'il **fera** beau demain.

S'approprier

Identifier les propositions subordonnées complétives

2 Les propositions en gras sont-elles des subordonnées conjonctives (qui dépendent d'un verbe) ou des subordonnées relatives (qui dépendent d'un nom) ? Encadrez la bonne réponse.

a. Les médecins pensent **qu'il est indispensable de faire du sport.**

Conjonctive / Relative

b. Tes parents voudraient **que tu comprennes la situation.**

Conjonctive / Relative

c. Je ne recommencerai pas l'erreur **que j'avais faite il y a deux ans.**

Conjonctive / Relative

d. Vous vous demandez parfois **ce que l'avenir vous réserve.**

Conjonctive / Relative

e. L'envie **que j'ai** d'aller voir ce film ne me fait pas oublier **que je dois auparavant finir mon travail.**

1. Conjonctive / Relative

2. Conjonctive / Relative

3 Soulignez les propositions subordonnées interrogatives indirectes.

a. Je me demande où se trouve la gare routière.

b. Personne ne sait s'il a réussi son examen ou s'il doit le repasser l'année prochaine.

c. J'ignore quand il reviendra.

d. Explique-moi pourquoi il a cette attitude.

e. Peux-tu me dire comment il va et s'il vit toujours à Bordeaux ?

Maîtriser la formation des propositions subordonnées complétives

4 Mettez les verbes entre parenthèses au mode qui convient et justifiez votre choix. Dans deux phrases, deux solutions sont possibles. Expliquez la différence de sens.

a. Je veux que tu (*sortir*) ....

b. Je crois qu'il ne (*dire*) .... rien.

c. Penses-tu qu'il (*être*) .... à l'heure ?

d. Je regrette que tu (*partir*) .... déjà.

e. Je ne crois pas qu'il nous (*mentir*) ....

5 Remplacez les groupes nominaux en gras par une proposition subordonnée complétive conjonctive.

a. J'attends **notre rencontre** pour prendre une décision.

b. Mon professeur exige **une présentation parfaite des copies.**

c. Souhaitez-vous **une réponse rapide de notre part** ?

d. Je regrette **votre départ précipité.**

e. Je suis étonnée **de la réaction violente de Noé.**

6 Remplacez les paroles au discours direct par des propositions subordonnées interrogatives indirectes.

a. « Quelle heure est-il ? »
→ Mon voisin me demande ....

b. « Est-il possible de réserver des places pour ce concert ? »
→ Je vais téléphoner pour savoir ....

c. « Est-ce que je peux arriver vers 21 h ? »
→ Emma voulait savoir si ....

d. « Pourquoi n'as-tu pas posé la question tant qu'il était encore temps ? »
→ Je me suis toujours demandé ....

e. « Que fait-il et où habite-t-il depuis un an ? »
→ Personne ne sait ....

7 Vers la question de langue — oral du BAC

Voici des extraits d'un discours prononcé par Victor Hugo aux députés de l'Assemblée législative en 1849.

La misère, messieurs, j'aborde ici le vif de la question, voulez-vous savoir jusqu'où elle est, la misère ? Voulez-vous savoir jusqu'où elle peut aller, jusqu'où elle va, je ne dis pas en Irlande, je ne dis pas au Moyen Âge, je dis en France, je dis à Paris, et au temps où nous vivons ? Voulez-vous des faits ? […]

Eh bien, messieurs, je dis que ce sont là des choses qui ne doivent pas être ; je dis que la société doit dépenser toute sa force, toute sa sollicitude, toute son intelligence, toute sa volonté, pour que de telles choses ne soient pas ! Je dis que de tels faits, dans un pays civilisé, engagent la conscience de la société tout entière ; que je me sens, moi qui parle, complice et solidaire, et que de tels faits ne sont pas seulement des torts envers l'homme, que ce sont des crimes envers Dieu !

Victor Hugo, « **Discours sur la misère** », 9 juillet 1849.

a. Soulignez les propositions subordonnées complétives dans le texte.

b. Dans le premier paragraphe, sont-elles des conjonctives ou des interrogatives indirectes ? Et dans le deuxième paragraphe ?

c. Interprétez ce changement.

13 Les propositions subordonnées conjonctives : les circonstancielles

EXO Quiz

Observer

1 Marquise, **si mon visage**
A quelques traits un peu vieux,
Souvenez-vous qu'à mon âge
Vous ne vaudrez guère mieux. […]
Pensez-y, belle marquise.
<u>Quoiqu'un grison[1] fasse effroi,</u>
Il vaut bien qu'on le courtise
<u>Quand il est fait comme moi.</u>

Corneille, *Stances à Marquise*, 1658.

1. Homme aux cheveux gris.

a. De quel mot dépend la proposition subordonnée en gras ? Et celles qui sont soulignées ?

....

....

b. Quelle est la classe de ces subordonnées ?

....

c. Précisez leur fonction.

....

....

Retenir

→ Les subordonnées conjonctives circonstancielles expriment différents liens logiques :

	Le temps		La cause (raison d'un fait)	La conséquence (résultat d'un fait)	
Conjonctions de subordination	*Quand, lorsque, pendant que, comme, dès que, après que, tandis que, au moment où…*	*Avant que, jusqu'à ce que, en attendant que…*	*Parce que, comme, puisque, étant donné que, du fait que, sous prétexte que, vu que, du moment que…*	*De façon que, de sorte que, si bien que, au point que, si… que, tant… que, tellement que…*	*Assez… pour que, trop… pour que…*
Mode du verbe de la subordonnée	Indicatif	Subjonctif	Indicatif	Indicatif	Subjonctif

	Le but (résultat attendu)	L'opposition/ la concession		La condition		
Conjonctions de subordination	*Pour que, afin que, de manière que, de crainte que, de peur que…*	*Bien que, quoique, sans que…*	*Alors même que, même si, si ce n'est que…*	*Si, même si, comme si, selon que, suivant que…*	*À condition que, à moins que, à supposer que, pourvu que, pour peu que, soit que… soit que…*	*Au cas où, dans la mesure où, quand bien même…*
Mode du verbe de la subordonnée	Subjonctif	Subjonctif	Indicatif	Indicatif	Subjonctif	Conditionnel

S'approprier

Maîtriser la formation des propositions conjonctives circonstancielles

2 **Replacez les conjonctions ou locutions conjonctives à l'endroit qui convient : *au cas où, bien qu', pourvu qu', sans que, pour que.***

a. Je vais vous expliquer ce qui s'est passé .... vous compreniez ma réaction.

b. .... il arrive à temps pour l'enregistrement des bagages.

c. Je t'appellerai, ... tu oublierais de souhaiter son anniversaire à Sarah.

d. Il est parti .... personne ne s'en aperçoive.

e. Ma voisine a pris le temps de me demander des nouvelles, ... elle soit très pressée.

3 **Précisez le lien logique implicite qui existe entre les deux propositions juxtaposées et remplacez la deuxième proposition par une proposition subordonnée conjonctive circonstancielle.**

a. Elle s'est fait teindre les cheveux en blond ; je ne la reconnais plus.

Lien logique : ....
....
....

b. Mon frère est gaucher ; je suis droitière.

Lien logique : ....
....

c. L'arbitre a sifflé une pénalité ; un joueur avait agrippé le maillot de son adversaire pour le retarder dans sa course.

Lien logique : ....
....
....
....

d. Les spectateurs sont entrés ; la sonnerie a retenti.

Lien logique : ....
....
....

4 Remplacez les groupes nominaux en gras par une proposition subordonnée circonstancielle.

a. **Malgré le froid**, il a couru deux heures ce matin.

....

b. On a reporté la réunion **du fait de l'absence de la majorité des copropriétaires.**

....
....

c. **En cas de retard du train**, appelle-moi.

....

d. Thomas se lève d'un bond **dès la première sonnerie de son réveil.**

....
....

Identifier les différentes propositions subordonnées

5 Indiquez la classe des propositions subordonnées soulignées : subordonnées complétives, subordonnées conjonctives circonstancielles ou subordonnées relatives.

Ses deux filles aînées répondirent qu'elles ne voulaient pas quitter la ville (..), et qu'elles avaient plusieurs amants (...), qui seraient trop heureux de les épouser (..), quoiqu'elles n'eussent plus de fortune (..) ; les bonnes demoiselles se trompaient : leurs amants ne voulurent plus les regarder, quand elles furent pauvres (..). Comme personne ne les aimait à cause de leur fierté (..), on disait : « Elles ne méritent pas qu'on les plaigne (..) [...] ».

Madame Leprince de Beaumont, *La Belle et la Bête*, 1757.

Identifier la fonction des propositions conjonctives circonstancielles

6 Soulignez les subordonnées conjonctives circonstancielles et donnez leur fonction.

J'avais déjà près de neuf ans lorsque je tombai amoureux pour la première fois. [...] Elle avait huit ans et elle s'appelait Valentine. Je pourrais la décrire longuement et à perte de souffle, et si j'avais une voix, je ne cesserais de chanter sa beauté et sa douceur. [...] Je ne puis décrire l'émoi qui s'empara de moi : tout ce que je sais, c'est que mes jambes devinrent molles et que mon cœur se mit à sauter avec une telle violence que ma vue se troubla. [...] Je restai là, les yeux levés vers le soleil, jusqu'à ce que mon visage ruisselât de larmes, mais la cruelle, pendant tout ce temps-là continua à jouer avec sa balle, sans paraître le moins du monde intéressée. [...] Complètement décontenancé par cette indifférence, alors que tant de belles dames, dans le salon de ma mère, s'étaient dûment extasiées devant mes yeux bleus, à demi aveugle et ayant ainsi, du premier coup, épuisé, pour ainsi dire, mes munitions, j'essuyai mes larmes...

Romain Gary, *La Promesse de l'aube*, © Éditions Gallimard, 1960.

....
....
....
....

7 Vers la question de langue oral du BAC

Pour qu'un État monarchique pût être bien gouverné, il faudrait que sa grandeur ou son étendue fût mesurée[1] aux facultés de celui qui gouverne. [...] Pour peu qu'un État soit grand, le Prince est presque toujours trop petit. Quand, au contraire, il arrive que l'État est trop petit pour son chef, ce qui est très rare, il est encore mal gouverné, parce que le chef, suivant toujours la grandeur de ses vues, oublie les intérêts des peuples.

Rousseau, *Du contrat social*, 1762.

1. Proportionnelle.

a. **Quels liens logiques expriment les mots soulignés ?**

....

b. **Pourquoi les liens logiques sont-ils aussi nombreux ?**

....
....
....
....

14 Les propositions subordonnées relatives

EXO Quiz

Observer

1 Camusot, **qui pleurait à chaudes larmes**, jura solennellement à Lucien d'acheter un terrain à perpétuité et d'y faire construire une colonnette **sur laquelle on graverait : CORALIE, et dessous : Morte à dix-neuf ans (août 1822).** Lucien demeura seul jusqu'au coucher du soleil, sur cette colline **d'où ses yeux embrassaient Paris.**

Honoré de Balzac, *Illusions perdues*, 1837.

a. De quels noms dépendent les propositions subordonnées en gras ?

....

....

....

b. Par quels mots ces propositions subordonnées sont-elles introduites ? À quelle classe grammaticale ces mots appartiennent-ils ?

....

Retenir

1 Une expansion du groupe nominal

- **La proposition subordonnée relative** apporte des précisions sur un nom, un groupe nominal ou un pronom, appelé **antécédent**. → • L'ensemble de la proposition relative a pour fonction : **complément de l'antécédent**. → Regarde le roman **que je lis**. → **complément de l'antécédent « roman »**

2 Les pronoms relatifs

- La relative est introduite par :
  - • **un pronom relatif simple** : *qui, que, quoi, dont, où.*
  - • **un pronom relatif composé** : *lequel, auquel, duquel…*

  → Le **pronom relatif composé** s'accorde avec son **antécédent**. → Le livre auquel je pense est en réédition.

- Pour **déterminer la fonction du pronom relatif** dans la subordonnée relative, il faut d'abord **identifier le mot que le pronom relatif remplace**.

→ Le pronom relatif a **la fonction du mot qu'il remplace**. Il peut être :

Fonctions	Exemples
Sujet *qui*	Voici les affaires **qui** t'appartiennent. ***qui*** *= sujet de « appartiennent »*
COD *que*	Le téléphone **que** j'ai est tout neuf. ***que*** *= COD de « ai »*
COI *dont, duquel, auquel, lequel ;* après une préposition : *qui, quoi.*	Le stylo **dont** tu te sers est sur la table. ***dont*** *= COI de « te sers »*
Complément circonstanciel après une préposition : *où, lequel, qui, quoi*	Tu connais l'endroit **vers lequel** je vais. ***vers lequel*** *= CC de lieu de « vais »*
Complément du nom *dont, duquel*	Le vélo **dont** je suis le propriétaire est bleu. ***dont*** *= complément du nom de « propriétaire »*

S'approprier

Identifier les propositions relatives

2 Encadrez les pronoms relatifs et soulignez les propositions subordonnées relatives dans le texte suivant.

Je contemple mon frère qui regarde la place. Le soleil se couche doucement. J'ai vingt-cinq ans. Le reste de ma vie va se dérouler dans un lieu dont je ne sais rien, que je ne connais pas et que je ne choisirai peut-être pas. Nous allons laisser derrière nous la tombe de nos ancêtres. Nous allons laisser notre nom, ce beau nom qui fait que nous sommes ici des gens que l'on respecte.

Laurent Gaudé, *Eldorado*, © Éditions Actes Sud, 2006

3 Les propositions subordonnées en gras sont-elles des propositions relatives ou conjonctives ? Entourez la bonne réponse.

a. J'ai bien écouté les paroles **que tu as prononcées.**
relative / conjonctive

b. On sait tous **que tu vas réussir ton oral.**
relative / conjonctive

c. Tu veux vraiment savoir **qui va venir à ce spectacle** ?
relative / conjonctive

d. Le député a dit avec force **que la situation allait s'améliorer.**
relative / conjonctive

e. Ce blouson n'est pas celui **que j'aurais choisi.**
relative / conjonctive

4 Donnez la fonction des propositions subordonnées en gras.

Un soir, à l'heure **où l'on ne voit plus rien** (...), je fumais, appuyé sur le parapet du quai, lorsqu'une femme, remontant l'escalier **qui conduit à la rivière** (..), vient s'asseoir près de moi. Elle avait dans les cheveux un gros bouquet de jasmin, **dont les pétales exhalent le soir une odeur enivrante** (..). [...] En arrivant auprès de moi, ma baigneuse laissa glisser sur ses épaules la mantille[1] **qui lui couvrait la tête** (..), et, à l'obscure clarté **qui tombe des étoiles** (..), je vis **qu'elle était petite, jeune, bien faite** (...) et **qu'elle avait de très grands yeux** (...).

Prosper Mérimée, ***Carmen*****,** 1847.

1. Voile de dentelle drapé sur la tête.

Employer le pronom relatif qui convient

5 Complétez les phrases suivantes avec le pronom relatif qui convient.

a. Je viens de lire le roman .... a obtenu le prix Goncourt.

b. Le professeur .... tu me parles n'enseigne plus au lycée depuis la rentrée.

c. Donne-moi le titre d'un film .... je pourrais aller voir ce week-end.

d. La compétition à .... il participera sera très disputée.

e. Les événements .... tu fais allusion se sont passés il y a deux ans.

6 Replacez les pronoms relatifs suivants aux endroits qui conviennent : ***où, que, qui*** **(2 fois),** ***dont*** **(2 fois).**

Il regardait d'un œil effaré ces ornières de char creusées dans le pavage cyclopéen des rues et .... paraissent dater d'hier tant l'empreinte en est fraîche [...] ; ces maisons aux toits effondrés laissant pénétrer d'un coup d'œil tous ces mystères d'intérieur, tous ces détails domestiques .... négligent les historiens et .... les civilisations emportent le secret avec elles ; ces fontaines à peine taries, ce forum surpris au milieu d'une réparation par la catastrophe, et .... les colonnes, les architraves[1] toutes taillées, toutes sculptées, attendent dans leur pureté d'arête qu'on les mette en place ; ces temples voués à des dieux passés à l'état mythologique et .... alors n'avaient pas un athée ; ces boutiques .... ne manque que le marchand [...].

Théophile Gautier, ***Arria Marcella*****,** 1852.

1. Élément d'architecture horizontal se situant sur les colonnes.

7 a. Soulignez les propositions subordonnées relatives.
b. Donnez la fonction des pronoms relatifs en gras.

a. Les comédies **dont** Molière est l'auteur sont les pièces les plus jouées dans les théâtres français.

....

b. Molière a joué dans les pièces **qu'**il a écrites.

....

c. La Comédie-Française **qui** programme souvent des pièces de Molière a engagé un nouveau sociétaire.

....

d. Quel est le titre de la pièce de Molière dans **laquelle** le valet est Sganarelle ?

....

Construire des subordonnées relatives

8 Transformez les deux phrases en une seule : la deuxième deviendra une proposition subordonnée relative.

a. Cet oiseau se pose souvent sur le rebord de ma fenêtre. Je dépose des graines sur le rebord de ma fenêtre.

....

....

b. La seule solution, c'est de partir dans une heure. J'envisage une seule solution. ....

....

c. Je n'aime pas ce film. Ce film a pourtant remporté plusieurs Oscars. ....

....

d. Dans la maison de Balzac, on peut voir un bureau. Sur ce bureau l'auteur du *Père Goriot* a écrit plusieurs de ses romans.

....

....

9 Vers la question de langue — oral du BAC

Il entrevoyait l'amorce de la terrasse agrémentée de parasols rouges sous **lesquels** des couples prenaient gaiement leur petit-déjeuner. Il y avait des hommes en salopette bleue, des soldats en uniforme kaki, quelques enfants qui se poursuivaient en criant autour des tables, mais surtout des femmes, dont une blonde au verbe haut qui ressemblait – sans l'égaler – à celle de la Land Rover.

Michel Tournier, ***La Goutte d'or*****,** © Éditions Gallimard, 1985.

a. Soulignez les propositions subordonnées relatives.

b. Expliquez l'accord du pronom relatif en gras.

....

c. Pourquoi les propositions subordonnées relatives sont-elles aussi nombreuses ?

....

....

15 La formation des mots

EXO Quiz

Observer

1 Le patois avait été l'unique langue de mes grands-parents. Il se trouve des gens pour apprécier le « pittoresque du patois » et du français populaire. Ainsi Proust relevait avec ravissement les incorrections et les mots anciens de Françoise. Seule l'esthétique lui importe parce que Françoise est sa bonne et non sa mère. Que lui-même n'a jamais senti ces tournures lui venir aux lèvres spontanément.

Annie Ernaux, ***La Place***, © Éd. Gallimard, 1983.

a. « grands-parents » est-il un mot à part entière ? Justifiez.

....

....

....

b. Comment le mot « incorrections » (l. 6) est-il formé ?

....

....

c. Relevez deux mots qui partagent le même suffixe.

....

Retenir

→ Les mots peuvent être :

simples
On ne peut les décomposer : table

complexes

mots composés
Ils comportent **au moins 2 radicaux** et peuvent être :
– reliés par un **trait d'union** : coffre-fort ;
– **juxtaposés** : portefeuille ;
– reliés par la **préposition** *de/la* : fil de fer ;
– **recomposés** à l'aide de **deux radicaux** latins/ grecs : chronologie ;
– des **mots-valises** : franglais.

mots dérivés
Ils sont formés d'un radical + préfixe / suffixe.
dévoiler, inégalable, ornement.

Les mots peuvent être :	Exemples
Des sigles et des acronymes	E.P.S., O.N.U., CEDEX…
Des emprunts	Celtique (soc, lieue, chemin), gréco-latin (doigt, fille, temps, chronique), arabe (zéro)…
Des abréviations	Profs, bac, manif, ciné…

S'approprier

Repérer le radical d'un mot

2 a. Surlignez tous les mots issus de ***vox, vocis*** **(« la voix ») dans le texte ci-dessous.**

Le jury, convoqué pour au moins deux semaines d'instruction, écoutait d'une oreille attentive l'avocat du prévenu. Celui-ci faisait visiblement son métier par vocation. Il invoqua des circonstances atténuantes pour son client après avoir évoqué son enfance difficile.

b. Quelles sont les deux formes du radical ?

....

3 En latin, ***patior*** **signifie « souffrir, endurer » et a formé les radicaux** ***-pati-*** **et** ***-pass-*****. Complétez les phrases suivantes avec des mots formés sur ces radicaux.**

a. On appelle .... les personnes qui consultent un médecin, non parce qu'elles .... avant dans une salle d'attente, mais parce qu'elles souffrent d'un mal.

b. Être .... n'a pas toujours été positif : avant, cela signifiait être en proie à ses ...., en souffrir.

4 Dans chaque liste, surlignez l'intrus.

a. Infamant – affamé – fameux – diffamation.
b. Maniable – maniement – manier – manie.

Comprendre le rôle des préfixes et des suffixes

5 Classez les suffixes suivants en fonction de la classe grammaticale qu'ils imposent :

-i/uple, - isme, -iser, -tion, -ble, -ment, -oyer, -erie, -ité, -esque, -ifier.

Nom : ....

Adjectif : ....

Adverbe : ....

Verbe : ....

6 **Ajoutez à chaque mot le suffixe adéquat pour correspondre à sa définition :**

a. Conducteur dangereux : chauff.. .
b. D'un jaune passé ou laid : jaun.. .
c. Méchante belle-mère : mar.. .
d. Très célèbre : célébr.. .
e. Petit diable : diabl.. .
f. Contenu d'un bol : bol.. .
g. Pleurer pour rien : pleur.. .

7 **Lisez le texte suivant.**

Amelette Ronsardelette,
Mignonnelette doucelette,
Treschere hostesse de mon corps,
Tu descens là-bas foiblelette,
Pasle, maigrelette, seulette,
Dans le froid Royaume des mors :
Toutesfois simple, sans relors
De meurtre, poison, ou rancune,
Méprisant faveurs et tresors
Tant enviez par la commune.
Passant, j'ay dit, suy ta fortune
Ne trouble mon repos, je dors.

Ronsard, *Derniers Vers*, « À son âme », 1586.

a. **Quel suffixe donne le ton du poème ?**

....

b. **Quelle valeur a-t-il aux vers 1-2 ?**

....
....

c. **Et aux vers 4-5 ?**

....
....

8 **Parmi les mots suivants, surlignez ceux pour lesquels le préfixe *in-* exprime un mouvement vers l'intérieur, et non une négation.**

Immersion, innommable, interner, inouï, imparfait, immoral, inspecter, immatériel, imbiber, imbuvable, imploser, impasse, infortuné, inoculation.

9 **Parmi les mots suivants, surlignez ceux pour lesquels le préfixe *a-* exprime la privation, et non un mouvement vers.**

Abolir, aggraver, attabler, anonyme, apolitique, accalmie, affranchir, accompagner, accueillir, accommodant, approcher, arrivage, accourir, assoiffé, aborder, anarchie, accroissement, amovible.

10 **Parmi les mots suivants, surlignez ceux pour lesquels le préfixe *dé-* exprime l'intensité, et non la privation.**

Désenchanter, déférer, déferrer, dépeindre, décharger, déplaire, dégoûter, dénier, dédire, déambuler, décapiter, déplorer, dégrader, défaire, déjeuner.

Comprendre comment évolue la langue

11 a. **On doit à Raymond Queneau de nombreux néologismes. Surlignez-les dans les extraits suivants.**

b. **Expliquez leur formation et proposez-en une définition.**

Extrait 1

Il travaille donc, il travaille, il travaille. Mieux ! il phosphore il rupine à bloc et un jour brraoumm il eurêkate ça y est il a trouvé.

Queneau, *Loin de Rueil*, © Éditions Gallimard, 1944.

....
....
....
....
....
....

Extrait 2

C'est un presquiste, risqua Valentin… Allez grouille, presque-père, dit Valentin en l'entraînant.

Queneau, *Le Dimanche de la vie*, © Gallimard, 1951.

....
....
....
....
....

Utiliser la formation des mots en étude de texte

12 Quel que soit le sein que j'ai mordu, je ne me rappelle pas une caresse du temps où j'étais tout petit ; je n'ai pas été dorloté, tapoté, baisoté ; j'ai été beaucoup fouetté.

Jules Vallès, *L'Enfant*, 1881.

a. **Quel suffixe est répété dans cet extrait ?**

....

b. **Quel est l'intérêt de sa répétition dans l'extrait ?**

....
....
....

13 **Comment ce quatrain invite-t-il à revisiter le radical des mots ?**

Et la mer et l'amour ont l'amer pour partage,
Et la mer est amère, et l'amour est amer,
L'on s'abîme en l'amour aussi bien qu'en la mer,
Car la mer et l'amour ne sont point sans orage.

Pierre de Marbeuf, « Et la mer et l'amour… », 1628.

....
....

16 Synonymes, antonymes, hyperonymes

EXO Quiz

Observer

1 *Ruy Blas a engagé un duel contre Don Salluste, dont il est le valet.*

RUY BLAS

Marquis ! Tu railles[1] !
Maître ! Est-ce que je suis un gentilhomme, moi ?
Un duel ! Fi donc ! Je suis un de tes gens à toi,
Valetaille[2] de rouge et de galons vêtue,
Un maraud[3] qu'on châtie et qu'on fouette, – et qui tue !
Oui, je vais te tuer, monseigneur, vois-tu bien ?
Comme un infâme ! Comme un lâche ! Comme un chien !

Victor Hugo, *Ruy Blas*, acte V, scène 3, 1838.

1. Tu plaisantes. – **2.** Ensemble des valets (péjoratif).
3. Insulte désignant un homme du peuple.

a. Cherchez le sens premier de « gentilhomme ».

....

b. Relevez deux autres termes qui traduisent les origines nobles de Don Salluste.

....

c. Soulignez deux noms de sens contraire à « gentilhomme ».

d. Quel sens a le mot « chien », dans ce contexte ?

....

e. Surlignez tous les termes qui renvoient à l'idée de classe sociale.

Retenir

Synonymes	Antonymes	Hyperonymes
• **Mots de même sens** et de **même classe grammaticale.** *vaste et étendu* • Permettent d'**éviter les répétitions.** • Certains mots peuvent avoir des synonymes très différents en fonction du contexte. Elle <u>met</u> un pull. → Synonyme de « mettre » : *enfiler, se vêtir de.* Il <u>met</u> le plat sur la table. → Synonyme de « mettre » : *poser.*	• **Mots de sens contraire** et de **même classe grammaticale.** *monter et descendre* • **Mettent en évidence les contrastes,** les **oppositions**, les **contradictions.** • Fonctionnent parfois sur seulement **une dimension du mot.** *voiture* et *vélo* peuvent être antonymes si le contexte met l'accent sur leur **connotation** écologique (ou antiécologique !).	• L'hyperonyme d'un mot **est un mot de sens plus large** et de **même classe grammaticale.** • L'hyperonyme englobe des **hyponymes**, qui sont eux, de sens plus précis. *véhicule est un hyperonyme de voiture, moto, vélo, qui sont, eux, des hyponymes.* • Donne l'illusion d'une **vue d'ensemble**, d'une **généralisation du propos.**

→ Le **champ sémantique** d'un mot est l'**ensemble des significations que peut avoir ce mot**. Quand un mot a au moins deux significations différentes, on dit aussi qu'il est **polysémique.**

→ Un **champ lexical** est l'**ensemble de mots qui renvoient au même thème**. Ces termes sont parfois synonymes ou de sens proche, parfois antonymes, sans forcément appartenir à la même classe grammaticale.

S'approprier

Manipuler synonymes, antonymes et hyperonymes

2 Proposez un synonyme des mots en gras dans les phrases suivantes.

a. J'ai **appris** qu'il n'y aurait pas de cantine aujourd'hui. .... – Bastien **apprend** sa leçon sérieusement. .... – L'institutrice **apprend** aux enfants à lire. ....

b. Elle a bien **gagné** ses vacances ! .... – Ce film a **gagné** le prix du jury. .... – Le feu **gagne** dangereusement sur la vallée. ....

c. Elle nous a **dit** que vous nous quittiez. .... – Il nous a **dit** toutes les merveilles qu'il avait vues en Asie. .... – Je vous **dis** de vous taire ! ....

3 Complétez les phrases suivantes par un hyperonyme des mots soulignés pour éviter les répétitions.

a. Tous les <u>mugs</u> sont à la machine : je n'ai plus de .... pour mon café !

b. Un <u>sonnet</u> est composé de deux quatrains et d'un sizain. Ce .... se termine également par une pointe.

c. Les <u>paysans</u>, les <u>artisans</u>, les <u>mendiants</u>, les <u>bourgeois</u> aussi ; bref, ... se réunissait devant les fenêtres du roi.

4 Proposez trois hyponymes pour chaque hyperonyme.

a. Écrivain : ....

b. Œuvre : ....

c. Mot : ....

d. Strophe : ....

5 Reliez chaque mot de la liste A à son antonyme de la liste B.
Liste A : vie, retenir, biaisé, morne, antipathique.
Liste B : affable, mort, gai, oublier, objectif.

....

....

Analyser l'emploi des synonymes et antonymes

6 *Angèle, femme de Saccard, meurt devant lui.*
Elle s'éteignit doucement, sans le quitter du regard, et à mesure qu'il pâlissait, ce regard prenait plus de douceur. Elle pardonna au dernier soupir. Elle mourut comme elle avait vécu, mollement, s'effaça dans la mort, après s'être effacée dans la vie. Saccard demeura frissonnant devant ses yeux de morte, restés ouverts, et qui continuaient à le poursuivre dans leur immobilité.

Émile Zola, *La Curée*, chap. II, 1871.

a. Soulignez les synonymes du verbe *mourir* dans cet extrait.
b. Quelle nuance apportent-ils ?

....

....

c. Surlignez les mots qui justifient cette nuance.
d. Que traduisent-ils de la personnalité d'Angèle ?

....

7 Entre colonisateur et colonisé, il n'y a de place que pour la corvée, l'intimidation, la pression, la police, l'impôt, le vol, le viol, les cultures obligatoires, le mépris, la méfiance, la morgue[1], la suffisance, la muflerie, des élites décérébrées, des masses avilies.

Aucun contact humain, mais des rapports de domination et de soumission qui transforment l'homme colonisateur en pion, en adjudant, en garde-chiourme, en chicote[2] et l'homme indigène en instrument de production.

À mon tour de poser une équation : *colonisation = chosification.*

Aimé Césaire, *Discours sur la colonisation*,
© Présences Africaines Éditions, 1955.

1. Attitude méprisante. – **2.** Fouet.

a. Surlignez des synonymes de la ligne 2 à la ligne 4.
b. Quelle est leur fonction ?

....

c. Relevez des couples d'antonymes.

....

....

d. En quoi ces antonymes expliquent-ils finalement le couple de synonymes colonisation/chosification ?

....

....

....

Analyser l'emploi des hyponymes et hyperonymes

8 SGANARELLE. – Ah ! Monsieur, c'est un spectre : je le reconnais au marcher.
DOM JUAN. – Spectre, fantôme, ou diable, je veux voir ce que c'est.
Le Spectre change de figure, et représente le temps avec sa faux à la main.
SGANARELLE. – Ô Ciel ! voyez-vous, Monsieur, ce changement de figure ?
DOM JUAN. – Non, non, rien n'est capable de m'imprimer de la terreur, et je veux éprouver avec mon épée si c'est un corps ou un esprit.

Molière, *Dom Juan*, acte V, scène 5, 1665.

a. Relevez l'hyperonyme correspondant aux hyponymes surlignés.

....

b. Quel est l'intérêt de l'énumération d'hyponymes ?

....

c. En quoi la première réplique de Sganarelle est-elle comique et justifie-t-elle la dernière de Dom Juan ?

....

....

Repérer et interpréter un champ lexical dominant

9 a. Quels sont les deux champs lexicaux qui s'opposent dans cette lettre ? Surlignez le premier, soulignez le deuxième.

....

Le vicomte de Valmont à la Présidente de Tourvel.
Lettre XLVIII
C'est après une nuit orageuse, et pendant laquelle je n'ai pas fermé l'œil ; c'est après avoir été sans cesse ou dans l'agitation d'une ardeur dévorante, ou dans l'entier anéantissement de toutes les facultés de mon âme, que je viens chercher auprès de vous, Madame, un calme dont j'ai besoin, et dont pourtant je n'espère pas pouvoir jouir encore. En effet, la situation où je suis en vous écrivant me fait connaître, plus que jamais, la puissance irrésistible de l'amour ; […]. Croyez-moi, Madame, la froide tranquillité, le sommeil de l'âme, image de la mort, ne mènent point au bonheur ; les passions actives peuvent seules y conduire ; et malgré les tourments que vous me faites éprouver, je crois pouvoir assurer sans crainte, que, dans ce moment même, je suis plus heureux que vous.

Laclos, *Les Liaisons dangereuses*, partie I, lettre XLVIII, 1782.

b. Que veut mettre en évidence le vicomte de Valmont par ces champs lexicaux ?

....

....

17 L'expression de la condition

EXO Quiz

Observer

1 *Roberto Zucco, parricide, s'est échappé de prison. Sa mère lui refuse l'entrée du domicile familial.*

ZUCCO. – Si je donne un coup dans la porte, elle tombe, tu le sais bien, ne fais pas l'idiote.

LA MÈRE. – Eh bien fais-le donc, malade, cinglé, fais-le et tu réveilleras les voisins. Tu étais plus à l'abri en prison, car s'ils te voient ils te lyncheront : on n'admet pas ici que quelqu'un tue son père.

B.-M. Koltès, *Roberto Zucco*, © Les Éditions de Minuit, 1990.

a. **Surlignez deux conditions introduites par « si », et leur conséquence possible.**

b. **La conséquence vous paraît-elle certaine, possible, ou impossible ?** ……………………………

c. **Soulignez une autre condition dans l'extrait, exprimée à l'impératif.**

Retenir

1 Qu'exprime la condition ?

Un **système hypothétique** rend compte d'une **condition**, et du **niveau de probabilité** que celle-ci soit remplie. On distingue :

L'éventuel	Le potentiel	L'irréel du présent	L'irréel du passé
Si la condition est remplie, la conséquence est vraie. → *si* + **indicatif présent**, principale à l'indicatif présent/futur. Si tu **as** des arguments solides, tu le convaincras	**La condition a encore la possibilité d'être remplie.** → *si* + **indicatif imparfait**, principale au conditionnel présent. S'il **acceptait** les remarques, il progresserait.	**La condition ne peut être remplie.** → *si* + **indicatif imparfait**, principale au conditionnel présent. Si nous **étions** grecs, nous comprendrions mieux les enjeux de cette mesure.	**La condition ne peut plus être réalisée.** → *si* + **plus-que-parfait**, principale au conditionnel passé. Si elle **avait suivi** le GPS plutôt que son intuition, elle n'aurait pas trouvé le site.

2 Comment exprimer la condition ?

La condition, l'hypothèse, peut être exprimée par…

Une proposition subordonnée circonstancielle

Introd. par *si, même si, excepté si, comme si…*	Introd. par *à condition que, en supposant que, à moins que, pourvu que, pour peu que…*	Introd. par *au cas où, dans l'hypothèse où, dans la mesure où, selon que, quand (bien même)…*
+ ind. Il a agi **comme si** je n'**étais** pas là.	+ subj. Je les laisse sortir le soir, **pourvu que** je **sache** où et avec qui.	+ cond./ ind. **Dans le cas où** vous ne **pourriez** pas être présente, qui pourrait vous remplacer ?

Autres moyens

Une **première proposition** à l'**impératif** ou au **subjonctif**, juxtaposée ou coordonnée à la suivante.	Un **groupe adjectival**, ou **verbal au participe** + **conditionnel**.	Un **groupe verbal au gérondif**.	Un **groupe prépositionnel** introd. par *en cas de, avec, moyennant, sans, à condition de…*
Qu'il vienne et il connaîtra ma colère.	**Plus attentifs**, ils **auraient évité** ce piège.	**En prenant le bus précédent**, tu éviteras les bouchons.	**En cas de problème**, nous sommes disponibles 24 h/24 !

S'approprier

Repérer les systèmes hypothétiques

2 **Dans les phrases suivantes, indiquez si le système hypothétique exprime l'éventuel, le potentiel, l'irréel du présent ou l'irréel du passé.**

a. Tu étais étonné de ne point trouver en moi les transports de l'amour : si tu m'avais bien connue, tu y aurais trouvé toute la violence de la haine.

Montesquieu, *Lettres persanes*, 1721.

……………………………………………………………

b. Qu'on lise le roman avec soin, on verra que chaque chapitre est l'étude d'un cas curieux de physiologie.

Émile Zola, Préface à *Thérèse Raquin*, 1868.

……………………………………………………………

c. Les loges, encore, nous pourrions nous en contenter, faire contre mauvaise fortune bon cœur, si seulement nous jouions dans de vrais théâtres, avec de vrais décors et non pas sur cette scène misérable sur laquelle on ne peut pas bouger et s'exprimer véritablement !

J.-L. Lagarce, *Nous, les héros*, Éd. Les Solitaires Intempestifs, 1997.

....

3 Surlignez le système hypothétique qui exprime le potentiel, soulignez celui qui exprime l'irréel du présent. Attention ! Une des conditions est exprimée par un groupe prépositionnel.

Père et Mère Ubu imaginent le coup d'État de père Ubu.

MÈRE UBU. – Qui t'empêche de massacrer toute la famille et de te mettre à leur place ?

PÈRE UBU. – Ah ! Mère Ubu, vous me faites injure et vous allez passer tout à l'heure par la casserole.

MÈRE UBU. – Eh ! pauvre malheureux, si je passais par la casserole, qui te raccommoderait tes fonds de culotte ?

PÈRE UBU. – Eh vraiment ! et puis après ? N'ai-je pas un cul comme les autres ?

MÈRE UBU. – À ta place, ce cul, je voudrais l'installer sur un trône. Tu pourrais augmenter indéfiniment tes richesses, manger fort souvent de l'andouille et rouler carrosse par les rues.

Alfred Jarry, ***Ubu roi***, I, 1, 1896.

Identifier les modes d'expression de la condition

4 Surlignez les différentes expressions de la condition dans l'extrait suivant.

La présidente de Tourvel remet en question l'amour que le vicomte de Valmont dit lui porter.

Supposé que vous m'aimiez véritablement […], les obstacles qui nous séparent en seraient-ils moins insurmontables ? […] Vous convenez vous-même que ce sentiment est pénible quand l'objet qui inspire ne le partage point. Or, vous savez assez qu'il m'est impossible de le partager, et quand même ce malheur m'arriverait, j'en serais plus à plaindre, sans que vous en fussiez plus heureux.

Laclos, ***Les Liaisons dangereuses***, lettre LVI, 1782.

5 Si, par impossible, la nature avait fait de l'homme un animal exclusivement industrieux et sociable, et point guerrier, il serait tombé dès le premier jour, au niveau des bêtes […] ? **Vivant en communauté pure**, notre civilisation serait une étable. Saurait-on ce que vaut l'homme, **sans la guerre** ? Saurait-on ce que valent les peuples et les races ? Serions-nous en progrès ? Aurions-nous seulement cette idée de *valeur*, **transportée de la langue du guerrier dans celle du commerçant** ?…

Proudhon, ***La Guerre et la Paix***, 1861.

a. Quel système hypothétique est employé dans ce texte ?

....

b. Les groupes de mots en gras sont des conditions : indiquez leur nature.

....

....

....

Analyser l'expression de la condition

6 *Chimène lutte entre son amour pour Rodrigue, assassin de son père, et son honneur de fille.*

CHIMÈNE

[…] Si quelque autre malheur m'avait ravi mon père,
Mon âme aurait trouvé dans le bien de te voir
L'unique allégement qu'elle eût pu recevoir ;
Et contre ma douleur j'aurais senti des charmes,
Quand une main si chère eût essuyé mes larmes.

Corneille, ***Le Cid***, acte III, scène 4, 1637.

a. Qu'exprime le système hypothétique utilisé dans cet extrait ? ....

b. Prouvez que la subordonnée soulignée n'est pas une proposition subordonnée circonstancielle de temps, mais bien une circonstancielle de condition.

....

....

c. En quoi cet extrait illustre bien le tragique de la situation ?

....

....

7 Vers la question de langue — oral du BAC

Analysez la syntaxe du système hypothétique exprimé dans cet extrait.

J'irai où vous voudrez […] pourvu qu'à présent vous ne fassiez plus mystère de cette charité à laquelle je me soumets, et que, sans tarder davantage, vous veniez dire à M. de Valville : Mon neveu, vous ne devez point avoir mauvaise opinion de cette fille ; […].

Marivaux, ***La Vie de Marianne***, 1731-1741.

....

....

....

....

....

....

....

....

....

....

EXO Quiz

18 L'expression de la cause, de la conséquence et du but

Observer

1 *Georges Duroy croise son reflet dans un grand miroir.*

N'ayant chez lui que son petit miroir à barbe, il n'avait pu se contempler entièrement, et comme il n'y voyait que fort mal les diverses parties de sa toilette, il s'exagérait les imperfections, s'affolait à l'idée d'être grotesque. […] Alors il s'étudia comme font les acteurs pour apprendre leurs rôles. […] ; et il chercha les degrés du sourire et les intentions de l'œil pour se montrer galant auprès des dames, leur faire comprendre qu'on les admire et qu'on les désire.

Guy de Maupassant, *Bel-Ami*, 1885.

a. Surlignez deux propositions qui expriment la cause.

b. Justifiez l'emploi de l'adverbe « alors » ligne 5.

....

....

....

c. Dans quel but Duroy s'étudie-t-il dans le miroir ? Soulignez le passage qui l'indique.

Retenir

➜ **La cause d'un événement** est la **raison** qui mène à cet événement ; la **conséquence** est le **résultat** d'un événement. Il ne vient pas **car il est malade**. Elle est plongée dans sa lecture, **au point de l'oublier.**

➜ **Le but d'une action**, d'un état équivaut à **l'objectif visé**, à une **intention**. Ils étudiaient ensemble **pour optimiser leurs chances de réussir le concours.**

On exprime la cause, la conséquence, le but par :

Une proposition subordonnée circonstancielle introd. par…	Une subordonnée relative	Un groupe prépositionnel introd. par…	Une coordonnée introd. par…
Cause *Parce que, puisque, comme, vu que…*	**Conséquence** à l'**indicatif** : Il prit des fruits de mer, qui lui <u>causèrent</u> une intoxication	**Cause** *Par, avec, à cause de, en raison de, sous prétexte de, faute de, à force de…*	**Cause** *Car, en effet…*
Conséquence *Si bien que, de telle sorte que, tellement… que, si… que…* + **ind.**	**But** au **subjonctif** ou au **conditionnel** Il faudra envisager aussi un gardien qui <u>fasse</u> l'accueil des livraisons.	**Conséquence** *Au point de, à, jusqu'à, assez… pour…* + **subj. / inf.**	**Conséquence** *Donc, ainsi, aussi, par conséquent, et…*
But *Afin que, pour que, de peur que, pour éviter que…* + **subj.**		**But** *Pour, en vue de, afin de, de façon à, de peur de…* + **subj. / inf.**	

➜ **Autres moyens :**

– La cause peut être exprimée par des **groupes verbaux juxtaposés.** <u>Passionné</u> par le sujet, il se lança dans le débat avec enthousiasme.

– La cause, la conséquence, le but peuvent être exprimés **de manière implicite**, par la **juxtaposition.** Il était tout rouge <u>:</u> il sortait d'un marathon.

S'approprier

Distinguer la cause, la conséquence et le but

2 **Indiquez si les passages en gras expriment la cause, la conséquence ou le but.**

a. Tu ne veux pas que je te raccompagne ? **Tu as l'air fatigué…** ....

b. Il devait apprendre le chinois pour obtenir une promotion : **il l'a fait.** ....

c. Elle ne s'arrêterait pas en si bon chemin : **elle aurait sa peau !** ....

d. La route est clairement indiquée ; **vous ne pouvez pas vous perdre !** ....

e. Elle viendra : **elle semblait très motivée.** ....

3 Indiquez si les mots en gras introduisent la cause, la conséquence, ou autre chose.

a. **Comme** nous étions rassemblés, un orage éclata.

....

b. **Comme** il n'avait pas de manuel et nous, deux, je lui en ai prêté un. ....

c. **Comme** il arrivait, nous le rejoignîmes. ....

d. Tout le monde était là. **Alors,** le directeur prit la parole.

....

e. J'observais l'homme au chapeau melon. **C'est alors qu'**un événement insolite survint. ....

Identifier le mode d'expression de la cause, de la conséquence et du but

4 a. Soulignez deux passages exprimant la cause.

Le comte Muffat entretient Nana financièrement ; en échange, elle lui réserve ses charmes en exclusivité.

Un matin qu'il vit sortir Foucarmont de chez elle, à une heure singulière, il lui fit une scène. Du coup, elle se fâcha, fatiguée de sa jalousie. Déjà, plusieurs fois, elle s'était montrée gentille. Ainsi, le soir où il l'avait surprise avec Georges, elle était revenue la première, avouant ses torts, le comblant de caresses et de mots aimables, pour lui faire avaler ça. Mais, à la fin, il l'assommait avec son entêtement à ne pas comprendre les femmes ; et elle fut brutale.

Émile Zola, *Nana*, 1880.

b. Surlignez deux adverbes qui introduisent une conséquence.

c. Comment la conséquence est-elle exprimée, dans la dernière phrase ?

....

....

....

Exprimer la cause, la conséquence et le but

5 Reliez les propositions suivantes par le lien indiqué entre parenthèses.

a. Le réchauffement climatique doit être pris en compte. C'est une réalité. (**coordination**)

....

....

b. Les enfants sont sensibles aux contacts avec leur environnement : il faut multiplier les expériences. (**subordination**)

....

....

c. J'ai contacté les services de la préfecture : je voulais une date de rendez-vous. (**groupe prépositionnel**)

....

....

Interpréter l'expression de la cause, de la conséquence et du but

6 Lisez le texte suivant.

La brûlure du soleil gagnait mes joues et j'ai senti des gouttes de sueur s'amasser dans mes sourcils. [...] À cause de cette brûlure que je ne pouvais plus supporter, j'ai fait un mouvement en avant. [...] Et cette fois, sans se soulever, l'Arabe a tiré son couteau qu'il m'a présenté dans le soleil. La lumière a giclé sur l'acier et c'était comme une longue lame étincelante qui m'atteignait au front. [...] C'est alors que tout a vacillé. [...] La gâchette a cédé, j'ai touché le ventre poli de la crosse et c'est là, dans le bruit à la fois sec et assourdissant, que tout a commencé. J'ai secoué la sueur et le soleil. J'ai compris que j'avais détruit l'équilibre du jour, le silence exceptionnel d'une plage où j'avais été heureux. Alors, j'ai tiré encore quatre fois sur un corps inerte où les balles s'enfonçaient sans qu'il y parût.

Albert Camus, *L'Étranger*, © Éd. Gallimard, 1942.

a. Relevez le passage exprimant la cause.

....

....

b. Soulignez les connecteurs exprimant la conséquence.

c. En quoi dédouanent-ils le narrateur de sa responsabilité de meurtrier ?

....

....

....

....

....

7 Vers la question de langue — oral du BAC

Analysez l'expression de la conséquence et de la cause dans le passage suivant.

Il faut apprendre à vous servir [de la presse], en la dépouillant de son danger, soit qu'elle s'affaiblisse peu à peu par un usage commun et domestique, soit que vous assimiliez graduellement vos mœurs et vos lois aux principes qui régiront désormais l'humanité.

Chateaubriand, *Mémoires d'outretombe,* Livre XIV, 1849-1850.

....

....

....

....

....

....

....

....

....

EXO Quiz

19 L'expression de la comparaison

Observer

1 *Le coup d'État du 2 décembre 1851 provoque des insurrections républicaines en province. Miette veut porter le drapeau tricolore malgré son jeune âge.*

– Oh ! je suis forte, dit-elle, orgueilleusement en retroussant ses manches, et en montrant ses bras ronds, aussi gros déjà que ceux d'une femme faite[1].

[…] Le capuchon, arrêté sur le bord de son chignon, la coiffait d'une sorte de bonnet phrygien. Elle prit le drapeau […].

Émile Zola, ***La Fortune des Rougon,*** 1871.

1. Mature.

a. À quoi est comparée Miette dans le premier paragraphe ?

....

b. Par quel moyen ?

....

c. Repérez une comparaison dans le 2e paragraphe.

....

d. Relevez la locution qui l'introduit.

....

Retenir

→ La comparaison met en relation un **comparé** (ce qu'on souhaite comparer) et un **comparant** (ce à quoi on le compare) introduit par un outil de comparaison.

→ **La nature de cet outil, qui présente le comparant, peut varier :**

Déterminant composé

une sorte de, une espèce de, un genre de…
Le plat qu'il me servit était **une sorte d'**infecte pâtée pour chat.

Groupe prépositionnel

en comparaison de, à la manière de, à la différence de, à côté de, contrairement à…
À côté de son frère, il paraît petit.

Subordonnée circonstancielle de comparaison

• Le comparant est introduit par les **conjonctions** *comme, ainsi que, de même que, tel que.*
De même que le feu éprouve l'or, l'adversité éprouve l'homme courageux. (dict. académie)
• Attention ! Souvent, **le verbe de la comparative étant le même que dans la principale**, il est élidé. Dans ce cas, on parle de **subordonnée elliptique**.
Il se bat **comme** un lion.
(comme se battrait un lion)

Construction parallèle

Le parallélisme est assuré par *plus… plus…, plus… moins, autant… autant…, tel… tel…*, qui permettent la comparaison.
Tel père, **tel** fils.
(On compare le fils au père.)

Construction verbale

Le comparant est introduit par un **verbe attributif** (*ressembler à, être comme, considérer comme…*), ou par la **périphrase** *avoir l'air/l'aspect/l'apparence de.*
Avec cette cravate, tu **ressembles** à un pingouin.
Avec ce chapeau, il **avait l'air d'**un véritable explorateur.

Construction adjectivale

Le comparant est introduit par :
– **l'adjectif** *tel*, qui s'accorde avec ce qui suit.
La foule avançait, **telle** une déferlante inévitable.
– **certains adjectifs**, comme *digne de, semblable à, pareil à…*
Merci maman : c'était un repas **digne d'**un grand chef.
– un adjectif au **comparatif**.
Elle s'acquitte de sa tâche **plus** assidûment **que** moi.

S'approprier

Reconnaître la comparaison

2 Les phrases suivantes présentent-elles une comparaison ? Entourez la bonne réponse.

a. Comme l'arbre cache la forêt, le sourire d'Adrien dissimulait un lourd secret. oui / non

b. Comme il ne comprenait pas ce mot, il le chercha dans le dictionnaire. oui / non

c. Arthur, Basile, ainsi que trois de leurs amis, se rendirent à la foire. oui / non

d. Nous avons dévoré le repas ainsi que des bêtes affamées. oui / non

e. Elle a l'air fatiguée. oui / non

f. Elle a l'air plus fatiguée que d'habitude. oui / non

g. Elle a l'air d'une femme d'affaires, habillée ainsi. oui / non

h. J'ai acheté un stylo de PDG. oui / non

i. Je me suis inscrite à un stage de voile. oui / non

3 Dans le passage suivant, surlignez toutes les comparaisons.

Renée, penchée en avant, la main appuyée sur la portière basse de la calèche, regardait, éveillée du rêve triste qui, depuis une heure, la tenait silencieuse, allongée au fond de la voiture, comme dans une chaise longue de convalescente.

[…] Elle continuait à cligner les yeux, avec sa mine de garçon impertinent, son front pur traversé d'une grande ride, sa bouche, dont la lèvre supérieure avançait, ainsi que celle des enfants boudeurs.

Émile Zola, *La Curée*, chap. I, 1871.

Identifier le mode d'expression de la comparaison

4 Dans les extraits suivants, indiquez comment sont exprimées les comparaisons. Surlignez l'outil de comparaison.

a. Raphaël tira de dessous son chevet le lambeau de la Peau de chagrin, fragile et petit comme la feuille d'une pervenche.

Balzac, *La Peau de chagrin*, 1831.

....

b. Plus la saison était triste, plus elle était en rapport avec moi.

Chateaubriand, *Mémoires d'outre-tombe*, 1848.

....

c. Et moi, je suis semblable à la feuille flétrie :
Emportez-moi comme elle, orageux aquilons.

Lamartine, *Premières Méditations poétiques*, 1820.

....

....

d. Je pense à Dora Bruder. Je me dis que sa fugue n'était pas aussi simple que la mienne une vingtaine d'années plus tard, dans un monde devenu inoffensif.

Patrick Modiano, *Dora Bruder*, Éd. Gallimard, 1997.

....

5 Surlignez les comparaisons dans ce passage, puis indiquez leur nature.

Le duc, *seul.* – Faire la cour à une femme qui vous répond oui lorsqu'on lui demande oui ou non, cela m'a toujours paru très sot, et tout à fait digne d'un Français. Aujourd'hui surtout que j'ai soupé comme trois moines, je serais incapable de dire seulement : « Mon cœur, ou mes chères entrailles », à l'infante d'Espagne. Je veux faire semblant de dormir ; ce sera peut-être cavalier, mais ce sera commode.

Alfred de Musset, *Lorenzaccio*, acte IV, scène 11, 1834.

....

Analyser une comparaison

6 Lisez l'extrait suivant.

Extrait

Mais on lit les journaux comme on aime, un bandeau sur les yeux. On ne cherche pas à comprendre les faits. On écoute les douces paroles du rédacteur en chef, comme on écoute les paroles de sa maîtresse. On est battu et content parce qu'on ne se croit pas battu, mais vainqueur.

Marcel Proust, *Le Temps retrouvé*, 1927.

a. Surlignez les comparaisons, puis reportez pour chacune le comparé, le comparant et l'outil de comparaison.

Comparé : ....

....

Comparant : ....

....

Outil de comparaison : ....

b. À votre avis, pourquoi Proust n'élide-t-il pas le verbe, dans sa deuxième comparative ?

....

....

....

....

....

7 Vers la question de langue — oral du BAC

Analysez grammaticalement l'expression de la comparaison dans ce passage.

On était à l'automne ; la ville, sous le grand ciel pâle, s'alanguissait, d'un gris doux et tendre, piqué çà et là de verdures sombres, qui ressemblaient à de larges feuilles de nénuphars nageant sur un lac ; le soleil se couchait dans un nuage rouge, et, tandis que les fonds s'emplissaient d'une brume légère, une poussière d'or, une rosée d'or tombait sur la rive droite de la ville, du côté de la Madeleine et des Tuileries. C'était comme le coin enchanté d'une cité des Mille et une Nuits, aux arbres d'émeraude, aux toits de saphir, aux girouettes de rubis.

Émile Zola, *La Curée*, chapitre II, 1871.

....

....

....

....

....

....

....

20 L'expression de l'opposition et de la concession

Observer

1 PYRRHUS

Madame, mes refus ont prévenu vos larmes.
Tous les Grecs m'ont déjà menacé de leurs armes ;
Mais dussent-ils encore, en repassant les eaux,
Demander votre fils avec mille vaisseaux ;
Coûtât-il tout le sang qu'Hélène a fait répandre ;
<u>Dussé-je après dix ans voir mon palais en cendre,</u>
Je ne balance point, je vole à son secours :
Je défendrai sa vie aux dépens de mes jours.

Jean Racine, *Andromaque*, acte I, scène 4, 1667.

a. Relevez le mot qui oppose l'attitude des Grecs et la réaction de Pyrrhus.

....

b. Réécrivez la proposition soulignée en l'introduisant par une conjonction de subordination qui mette en évidence le lien logique avec la principale.

....
....
....

Retenir

→ **L'opposition** marque une **différence antithétique** entre **deux idées.** L'un était blond, l'autre était brun.

→ **La concession** exprime une **contradiction** entre une **cause** et une **conséquence.** Bien qu'il pleuve à verse, ils sortent se promener.

On peut exprimer l'opposition et la concession par :

1 L'opposition

Un adverbe	Un groupe prépositionnel	Une proposition subordonnée circonstancielle
À l'opposé, à l'inverse, au contraire…	*À l'opposé de, à l'inverse de, contrairement à…*	Introduite par : *alors que, tandis que…* + ind.

2 La concession

Une conjonction de coordination	Un adverbe	Un groupe prépositionnel	Une proposition subordonnée circonstancielle
Or, mais…	*Toutefois, cependant, néanmoins, pourtant…*	*Malgré, en dépit de…*	Introduite par : *même si, alors que* + ind. ; *Quand bien même* + cond. ; *Bien que, quoique, encore que, qui / quoi que* + subj. ; *Si / quelque* + adj. *que* + *être* au subj.

→ **Autres moyens :** – *avoir beau* + **infinitif.** Il **a beau être** très séduisant, il est toujours célibataire.
– Inversion sujet / verbe au **subjonctif. Fût-il** président de la République, cet homme ne mettra pas les pieds chez moi !
– **L'opposition et la concession** peuvent être **exprimées de manière implicite,** grâce à la **juxtaposition.** M. de Beaumont jubilait : M. de la Vallière était vert de rage.

S'approprier

Distinguer opposition et concession

2 Les phrases ci-dessous expriment-elles l'opposition ou la concession ?

a. Tout en s'exprimant avec assurance, il racontait des âneries. ....

b. Au lieu de prendre le raccourci, elle fit un détour par la plage ....

c. Quelque confiance que vous ayez en lui, il ne se révélera pas à la hauteur. ....

3 Identifiez dans chaque phrase le mode d'expression de la concession.

a. Le lycée a gagné deux salles ; pourtant, il y a toujours des problèmes d'occupation des locaux. ....

b. Ils ont beau lui faire de grands sourires, il n'est pas dupe.

c. Cet élève, quoique vif, ne remplit pas les objectifs.

d. Malgré ses efforts, il a échoué.

e. J'ai fait du sport : j'ai pris du poids.

f. J'accepte, quelles que soient vos conditions.

Manier l'expression de l'opposition et de la concession

4 Transformez les propositions en gras en groupes prépositionnels. Variez les prépositions introductrices.

a. Amir a adoré les montagnes russes, **tandis que son amie les a nettement moins appréciées.**

b. **Bien qu'il ait fait de nombreuses bêtises**, ses parents lui ont pardonné.

c. **Aristide est petit.** Pourtant, il attrape toujours les produits sur l'étagère la plus haute pour ses clients.

5 Reliez les propositions par un lien d'opposition ou de concession autre que la juxtaposition.

a. Alicia aimerait devenir libraire. Son frère déteste lire.

b. J'étais fatigué. Je suis allé au théâtre hier soir.

c. Amir est un incorrigible bavard. Aziz est très discret.

Interpréter l'usage de l'opposition et de la concession

6 a. Surlignez tous les mots ou groupes de mots qui marquent l'opposition. Que remarquez-vous ?

Il faut avouer qu'un animal si étrange est difficile à définir ; loin d'être connu des autres, il peut à peine se connaître lui-même ; cependant il paraît que, tout bien considéré, on peut le ranger dans la classe des hommes, avec cette différence néanmoins que les hommes ordinaires n'ont qu'une âme, au lieu que l'homme de cour paraît sensiblement en avoir plusieurs. En effet, un courtisan est tantôt insolent et tantôt bas ; tantôt de l'avarice la plus sordide et de l'avidité la plus insatiable, tantôt de la plus extrême prodigalité[1], tantôt de l'audace la plus décidée, tantôt de la plus honteuse lâcheté, tantôt de l'arrogance la plus impertinente, et tantôt de la politesse la plus étudiée ; en un mot c'est un Protée[2] […].

Paul Thiry d'Holbach, ***Essai sur l'art de ramper, à l'usage des courtisans***, 1790.

1. Générosité, ou fait de dépenser sans compter. – **2.** Divinité grecque qui se métamorphose à l'envi.

b. Pourquoi l'auteur n'a-t-il pas davantage varié les modes d'expression de l'opposition ?

c. Qu'expriment les adverbes soulignés et de quelle tonalité sont-ils selon vous ?

7 Vers la question de langue

oral du BAC

Les passages soulignés expriment la concession. Analysez-les.

Polyeucte, époux de Pauline, s'est converti au christianisme et risque la persécution… ce qui arrangerait Sévère, qui aime la jeune femme et a été autrefois aimé d'elle… Pauline s'adresse ici à Sévère.

PAULINE

Je découvrais en vous d'assez illustres marques
Pour vous préférer même aux plus heureux monarques ;
Mais puisque mon devoir m'imposait d'autres lois,
De quelque amant pour moi que mon père eût fait choix,
Quand à ce grand pouvoir que la valeur vous donne
Vous auriez ajouté l'éclat d'une couronne,
Quand je vous aurais vu, quand je l'aurais haï,
J'en aurais soupiré, mais j'aurais obéi […].

Corneille, ***Polyeucte***, acte II, scène 2, 1642.

EXO Quiz

21 Le Moyen Âge

Retenir

Le Moyen Âge s'étend du Ve au XVe siècle. Mais c'est à partir du XIe siècle, alors que le **système féodal** s'impose, que la production littéraire prend une nouvelle ampleur.

1 Chanson de geste et amour courtois

- La **chanson de geste** (du latin *gesta* : « exploit ») incarne les valeurs de cette société nouvelle, fondée sur l'exaltation des valeurs chevaleresques et féodales : le chevalier sert son seigneur avec loyauté et courage. La chanson de geste, genre hérité de l'épopée antique, chante alors les exploits de héros légendaires (*La Chanson de Roland*).
- En parallèle se développe un idéal de **courtoisie**, représenté par la *fin'amor* (l'amour courtois), chanté par les **troubadours** (en langue d'oc, au Sud) et les **trouvères** (en langue d'oïl, au Nord). La poésie et les romans courtois sont destinés au public raffiné de la cour : le chevalier, toujours loyal et brave, met son courage au service de sa dame.

2 La poésie lyrique

- La poésie a d'abord été chantée et accompagnée de musique.
- À partir du XIIe siècle, **Marie de France** renouvelle le genre des **lais** (courts poèmes en octosyllabes) en s'inspirant de la matière de Bretagne (légende du roi Arthur, notamment).
- Au XVe siècle, **François Villon** et **Charles d'Orléans** rénovent deux formes poétiques :
  – la **ballade** (trois couplets et une demi-strophe appelée *envoi*, chacun étant terminé par un vers refrain qui rappelle la forme chantée des origines) ;
  – **le rondeau** (treize vers construits sur deux rimes, avec des répétitions en début et fin de strophes).

S'approprier

Chanter les exploits des chevaliers

1 a. Entourez dans cet extrait de *La Chanson de Roland* les termes qui appartiennent au registre épique.

Roland des siens a vu la grande perte.
Il interpelle Olivier son ami :
« Beau cher ami, par Dieu qui vous protège,
Voyez gésir[1] à terre tant de braves !
Plaindre, pouvons douce France, la belle,
De tels barons qu'elle reste déserte !
Roi notre ami, que n'êtes-vous ici ?
Frère Olivier, comment pourrons-nous faire ?
Comment à Charles envoyer des nouvelles ? »
Olivier dit : « Je ne sais nul moyen.
Mieux vaut mourir que d'encourir la honte. »

La Chanson de Roland, 1070, trad. d'A. d'Avril (1877).

1. Être étendu, mort.

b. Quelles valeurs médiévales sont ici exaltées ?

....

....

....

....

c. Surlignez, nommez et interprétez la figure de style qui permet de désigner la France.

....

....

....

Chanter l'amour pour sa dame

2 a. Observez cet extrait de poème, et soulignez les termes qui appartiennent au domaine de la *fin'amor*.

Ma dame est si reconnue
Et renommée
Que j'ai mis toute confiance
jusqu'en elle
Plus que l'amour d'une autre, Je préfère
un seul regard, quand c'est elle qui me le lance.

Thibaut le Chansonnier,
Manuscrit du roy ou chansonnier du roi, XIIe s.

b. Comment la dame est-elle présentée ?

....

....

....

3 Lisez la strophe suivante et soulignez les termes qui appartiennent au chant d'amour courtois.

Mon cueur m'a fait commandement
De venir vers vostre jeunesse,
Belle que j'ayme loyaument,
Comme doy faire ma princesse.
Se vous demandez : « Pour quoy esse ?
C'est pour savoir quant vous plaira
Allegier sa dure destresse
Ma dame, le sauray-je ja ?

Charles d'Orléans, « **Mon cueur...** », ***Ballade***, XVe s.

Analyser la poésie lyrique

4 Lisez les extraits de poèmes suivants. Pour chacun :

a. Indiquez le thème principal.

b. Soulignez les indices du lyrisme.

c. Déterminez, quand vous le pouvez, la forme fixe utilisée.

Extrait 1

De triste cœur chanter joyeusement
Et rire en deuil c'est chose fort à faire,
De son penser montrer tout le contraire,
N'issir doux ris de dolent sentiment[1],
Ainsi me faut faire communément,
Et me convient, pour celer mon affaire,
De triste cœur chanter joyeusement.

Christine de Pisan, ***Œuvres poétiques de Christine de Pisan***, XVe s., texte établi par M. Roy, 1886, orth. modernisée.

1. Faire naître un doux rire d'un sentiment douloureux.

a. ....

....

c. ....

....

....

Extrait 2

Dites-moi où, dans quel pays,
Est Flora la belle Romaine,
Archipiades, et Thaïs,
Qui fut sa cousine germaine,
Écho, parlant quant bruit on mène
Dessus rivière ou sur étang,
Qui beauté eut surhumaine ?
Mais où sont les neiges d'antan ? [...]

Prince, ne demandez cette semaine
ni cette année, où elles sont ;
Je vous ramène à ce refrain :
Mais où sont les neiges d'antan ?

François Villon, « Ballade des dames du temps jadis », ***Le Testament***, 1461, orth. modernisée.

a. ....

....

c. ....

....

5 Lisez le texte suivant.

Je n'ai plus soif, tarie est la fontaine ;
Je suis bien échauffé, mais sans le feu amoureux ;
Je vois bien clair, mais il n'en faut pas moins que l'on me guide ;
Folie et Sens me gouvernent tous les deux ;
Je m'éveille ensommeillé en Nonchaloir ;
C'est de ma part un état mêlé,
Ni bien, ni mal, au gré du hasard.

Je gagne et je perds, m'escomptant à la semaine ;
Rires, Jeux, Plaisirs, je n'en tiens pas compte ;
Espoir et Deuil me mettent hors d'haleine ;
Chance, en me flattant, m'est pourtant rigoureuse ;
D'où vient que je rie et me désole ?
Est-ce par sagesse, ou par folie bien prouvée ?
Ni bien, ni mal, au gré du hasard.

Je suis récompensé d'un cadeau malheureux ;
En combattant, je me rends courageux ;
Joie et Souci m'ont mis en leur pouvoir ;
Tout déconfit, je me tiens au rang des preux ;
Qui saurait dénouer pour moi tous ces nœuds ?
Il y faudrait une tête d'acier, bien armée,
Ni bien, ni mal, au gré du hasard.

Vieillesse me fait jouer à de tels jeux,
Perdre et gagner, tout sous son influence ;
J'ai joué cette année en pure perte,
Ni bien, ni mal, au gré du hasard.

Charles d'Orléans, ***Œuvres poétiques***, in *Littérature Moyen Âge-XVIe s.*, coll. H. Mitterand, trad. A. Bertherlot, © Nathan, 1988.

a. En analysant la structure de ce poème, définissez la forme fixe de la ballade.

....

....

....

b. Quels sentiments le poète éprouve-t-il ? Surlignez les antithèses traversant le poème.

....

....

....

....

c. Que signifie le refrain concernant l'état d'esprit du poète ?

....

....

....

d. Qui est responsable de cet état d'esprit ?

....

6 Lisez le texte suivant.

Je suis comme la licorne
En extase devant la jeune fille [...].
Jamais Roland ni Olivier
Ne soutinrent si grandes batailles ;
Ils vainquirent en combattant,
Mais c'est en s'humiliant qu'on triomphe de ceux-là.

T. Champagne, « Je suis comme la licorne », XIIIe siècle, trad. A. Micha.

Quelles différences le poète exprime-t-il entre le chevalier épique et le chevalier courtois ?

....

....

....

22 La Renaissance

Histoire des arts | EXO Quiz

Retenir

1. Le contexte historique

- **La Renaissance** est la période historique liée au **renouveau culturel européen des XVe et XVIe siècles.**
- **L'humanisme** est un mouvement littéraire, artistique et culturel qui naît en Italie au XVe siècle et qui se diffuse en Europe au cours du XVIe siècle.
- Cette époque est marquée par les **guerres de religion entre catholiques et protestants** (1562-1572) sous le règne de Charles IX.

2. Le contexte culturel

- **La chute de l'Empire romain d'Orient**, en 1453, provoque l'exil vers l'Italie de nombreux moines copistes qui apportent avec eux des manuscrits.
- **La redécouverte de l'Antiquité, la découverte du Nouveau Monde, les progrès scientifiques** accroissent les connaissances. Les rois (François Ier, Henri II) s'entourent d'artistes et développent les arts.

3. Le contexte littéraire

- Des **genres littéraires** variés se développent : l'**essai** (Montaigne) le **roman** (Rabelais), la **nouvelle** (Marguerite de Navarre), l'**utopie** (Thomas More), le **discours politique** (La Boétie), l'**ode** et le **sonnet** (Du Bellay, Ronsard).
- Cette période de **changements** amène les auteurs humanistes à porter un **regard critique** sur la société.

S'approprier

Redéfinir la place de l'Homme

1 Lisez le texte suivant.

Ce savant a été condamné par l'Église pour ses propos :

L'Architecte suprême[1] a choisi l'homme, créature d'une nature indéterminée et, le plaçant au centre du monde, il lui dit : « Nous ne t'avons donné ni place précise, ni fonction particulière, Adam, afin que, selon tes envies et ton discernement[2], tu puisses prendre et posséder la place, la forme et les fonctions que tu désireras. […] Tu décideras toi-même des propres limites de ta nature. »

Pic de la Mirandole, *De la dignité de l'homme*, 1483.

1. Dieu. – 2. Ta réflexion.

Quelle place occupe l'Homme dans le monde ? Quelles sont ses principales caractéristiques selon Pic de la Mirandole ?

....

....

Affirmer le rôle de l'éducation

2 Lisez le texte suivant.

Il s'agit ici d'une lettre de Gargantua à son fils, Pantagruel.

J'entends et je veux que tu apprennes parfaitement les langues : premièrement le grec, comme le veut Quintilien[1] ; […] deuxièmement le latin ; puis l'hébreu pour l'Écriture sainte, le chaldéen[2] et l'arabe pour la même raison ; et que tu formes ton style sur celui de Platon pour le grec, sur celui de Cicéron pour le latin. Qu'il n'y ait pas d'étude scientifique que tu ne gardes en ta mémoire […] Des arts libéraux : géométrie, arithmétique et musique […] De l'astronomie, apprends toutes les règles. […] Puis relis soigneusement les livres des médecins grecs, arabes et latins.

Rabelais, *Pantagruel*, chap. 8, 1532.

1. Orateur latin. – 2. Langue parlée en Chaldée (Proche-Orient).

a. En quoi consistent les études du jeune Pantagruel ?

....

....

....

....

b. Quelle est l'ambition d'un tel programme ?

....

....

....

Rechercher l'harmonie sociale

3 Lisez le texte suivant.

Les rues et les places sont convenablement disposées, soit pour le transport, soit pour abriter contre le vent. Les édifices sont bâtis confortablement ; ils brillent d'élégance et de propreté, et forment deux rangs continus, suivant toute la longueur des rues, dont la largeur est de vingt pieds[1].

Derrière et entre les maisons se trouvent de vastes jardins. Chaque maison a une porte sur la rue et une porte sur le jardin. Ces deux portes s'ouvrent aisément d'un léger coup de main, et laissent entrer le premier venu.

Les Utopiens appliquent en ceci le principe de la possession commune. Pour anéantir jusqu'à l'idée de la propriété individuelle et absolue, ils changent de maison tous les dix ans, et tirent au sort celle qui doit leur tomber en partage.

Thomas More, *Utopia*, 1516, trad. V. Stouvenel.

1. Un pied équivaut à environ 3 mètres.

a. Faites une recherche sur le titre de l'ouvrage.

....

....

b. Soulignez les éléments qui montrent que l'architecture a été conçue pour rendre la vie des habitants agréable.

c. En quoi ce mode de vie représente-t-il un idéal pour l'auteur ?

....

....

S'intéresser à l'Autre

4 Lisez le texte suivant.

La plupart de leurs[1] réponses et des négociations faites avec eux témoignent qu'ils ne nous devaient rien en clarté d'esprit naturelle et en pertinence. [...] et la beauté de leurs ouvrages en pierreries, en plume, en coton, en la peinture, montrent qu'ils ne nous cédaient non plus en l'industrie[2]. Mais quant à la dévotion, observance[3] des lois, bonté, libéralité, loyauté, franchise, il nous a bien servi de n'en avoir pas tant qu'eux ; ils se sont perdus par cet avantage. [...] Quant à la hardiesse et courage, quant à la fermeté, constance, résolution contre les douleurs et la faim et la mort, je ne craindrais pas d'opposer les exemples que je trouverais parmi eux aux plus fameux exemples anciens que nous ayons aux mémoires de notre monde.

Montaigne, *Essais*, Livre III, chap. 6 « Des coches », 1588.

1. Il parle des Indiens d'Amérique. – **2.** Habileté. – **3.** Respect.

a. Soulignez dans le texte les qualités que Montaigne reconnaît aux Indiens.

b. À quelle conclusion aboutit la comparaison entre les Indiens d'Amérique et les Européens ?

....

c. À quel événement historique fait allusion le passage « ils se sont perdus par cet avantage » (l. 9) ?

....

....

....

Partager une réflexion politique

5 Lisez le texte suivant.

Le tyran administre son État par la violence, par la ruse et par les moyens les plus perfides : il n'a en vue que son intérêt particulier. Le vrai roi s'inspire de la sagesse, de la raison, de la bienfaisance, il ne pense qu'au bien de l'État. Le tyran agit de son mieux pour que les biens de son peuple passent entre les mains d'un petit nombre de privilégiés, qui sont habituellement les plus vils[1] sujets de son État, afin d'établir de cette manière le pouvoir de son peuple. Le bon roi pense au contraire que la richesse des citoyens est seule de nature à assurer sa propre richesse. Le premier fait en sorte de tout maintenir sous sa dépendance autant par les lois que par les délations[2]. Le bon roi trouve toujours du charme dans la liberté des citoyens.

Érasme, *Institution du Prince très chrétien*, 1516, trad. C. Joly, 1665.

1. Mauvais. – **2.** Dénonciations.

a. Quelles sont les deux figures que compare Érasme ? Laquelle des deux a sa préférence ?

....

....

b. Sur quelles valeurs humaines se fonde cette politique idéale ?

....

....

....

6 Lisez le texte suivant.

« Au Roi[1] »
Ne vous pouvant donner ces ouvrages antiques[2]
Pour votre Saint-Germain[3] ou pour Fontainebleau[3],
Je vous les donne, Sire, en ce petit tableau[4]
Peint, le mieux que j'ai pu, de couleurs poétiques :

Qui mis sous votre nom devant les yeux publiques[5],
Si vous le daignez voir en son jour le plus beau,
Se pourra bien vanter d'avoir hors du tombeau
Tiré des vieux Romains les poudreuses reliques.

Que vous puissent les dieux un jour donner tant d'heur,
De rebâtir en France une telle grandeur
Que je la voudrais bien peindre en votre langage[6] :

Et peut-être qu'alors votre grand Majesté,
Repensant à mes vers, dirait qu'ils ont été
De votre monarchie un bienheureux présage.

Du Bellay, *Les Antiquités de Rome*, 1558.

1. Le poème est dédié à Henri II. – **2.** Le poète évoque les monuments romains. – **3.** Résidences royales. – **4.** Il s'agit du recueil. – **5.** Orthographe pour la rime. – **6.** En français.

a. Quelle forme poétique reconnaissez-vous ici ?

....

....

....

....

....

b. Quelle relation unit le poète et le roi ?

....

....

....

....

....

c. Faites des recherches sur l'Édit de Villers-Cotterêts. Qu'impose- t-il ? En quoi le poète et le roi portent-ils le même projet ?

....

....

....

....

....

....

23 Le baroque et le classicisme

Retenir

Le baroque

Contexte historique : au XVIIe siècle, les artistes sont marqués par l'insécurité qui traverse l'Europe en proie aux guerres de religion et aux bouleversements scientifiques. Ils cherchent, à l'origine, à promouvoir la supériorité du catholicisme pour reconquérir des fidèles convertis au protestantisme.

Caractéristiques : style **chargé**, formes **excessives, mouvantes**, parfois inquiétantes. Thèmes des **métamorphoses** et des **illusions**, vanité des choses terrestres, mort.

Deux genres prisés
- **Le théâtre :** par la mise en abyme (théâtre dans le théâtre), il permet d'exprimer l'instabilité et l'illusion. (**Calderòn**)
- **La poésie :** par son lyrisme, elle permet l'expression tourmentée du poète.

En parallèle, le mouvement libertin naissant trouvera lui aussi dans la poésie un mode d'expression privilégié. (**Viau**)

Le classicisme

Contexte historique : le classicisme se développe, au XVIIe siècle, sous le règne de Louis XIV, en particulier entre les années 1660 et 1685. En 1635, Richelieu crée l'Académie française.

Caractéristiques : un idéal de beauté fondé sur l'imitation des **modèles antiques**, le **respect de règles esthétiques. L'exigence** d'ordre, de **naturel** et de **sobriété** peut être considérée comme une réaction contre l'exubérance baroque, mais les deux mouvements ont coexisté.

Le théâtre : des règles strictes
- Respect des **trois unités** (lieu, temps, action), de la **vraisemblance** et de la **bienséance**.

Il doit être **moral** et **plaisant** (*placere et docere* : « plaire et instruire»). La comédie doit « corriger les mœurs par le rire » (*castigat ridendo mores*). La tragédie vise la catharsis (se purifier de ses passions en éprouvant terreur et pitié). (**Racine, Corneille, Molière**)
- **La poésie :** jugée trop personnelle, elle apparaît surtout dans le théâtre en vers ou les essais.

S'approprier

Le théâtre baroque

1 Relevez les thèmes baroques dans ces extraits.

Texte 1

SGANARELLE. – Ah, Monsieur, c'est un spectre, je le reconnais au marcher. […] Ah, Monsieur, rendez-vous à tant de preuves et jetez-vous vite dans le repentir.

Molière, *Dom Juan*, 1665.

……………………………………………………………………

Texte 2

SIGISMOND. – […] Dans ce monde, en conclusion, chacun rêve ce qu'il est, sans que personne s'en rende compte. Moi, je rêve que je suis ici, chargé de ces fers, et j'ai rêvé que je me voyais dans une autre condition plus flatteuse. Qu'est-ce que la vie ? – Une fureur. Qu'est-ce que la vie ? – Une illusion, une ombre, une fiction, et le plus grand bien est peu de chose, car toute la vie est un songe, et les songes mêmes ne sont que songes.

Pedro Calderón, *La vie est un songe*, 1635, trad. A. de Latour, 1996.

……………………………………………………………………
……………………………………………………………………
……………………………………………………………………
……………………………………………………………………
……………………………………………………………………

La poésie baroque

2 Relevez les motifs baroques dans les extraits suivants.

Texte 1

Le dirai-je, Mortels, qu'est-ce que cette vie ?
C'est un songe qui dure un peu plus d'une nuit.

Jacques Vallée des Barreaux, *La vie est un songe*, entre 1636 et 1673.

……………………………………………………………………
……………………………………………………………………
……………………………………………………………………
……………………………………………………………………

Texte 2

Le temps n'est qu'un instant lequel toujours se change,
Le temps n'est qu'un instant lequel dure toujours,
Il dure en se changeant sans avoir ans ni jours,
Puisque ce n'est qu'un point, mais un Prothée[1] étrange.

Antoine Favre, *Entretiens spirituels*, Sonnet 64, 1601.

1. Divinité marine douée du pouvoir de se métamorphoser.

……………………………………………………………………
……………………………………………………………………
……………………………………………………………………
……………………………………………………………………

Le théâtre classique

3 a. Entourez les règles du théâtre classique formulées dans le texte suivant.

Le secret est d'abord de plaire et de toucher
Inventez des ressorts qui puissent m'attacher.
Que dès les premiers vers l'action préparée
Sans peine du sujet aplanisse l'entrée. […]
Le sujet n'est jamais assez tôt expliqué.
Que le lieu de la scène y soit fixe et marqué. […]
Qu'en un lieu, qu'en un jour, un seul fait accompli
Tienne jusqu'à la fin le théâtre rempli.
Jamais au spectateur n'offrez rien d'incroyable :
Le vrai peut quelquefois n'être pas vraisemblable.
Une merveille absurde est pour moi sans appas :
L'esprit n'est point ému de ce qu'il ne croit pas.
Ce qu'on ne doit point voir, qu'un récit nous l'expose :
Les yeux en le voyant saisiraient mieux la chose ;
Mais il est des objets que l'art judicieux
Doit offrir à l'oreille et reculer des yeux.
Que le trouble, toujours croissant de scène en scène,
À son comble arrivé se débrouille sans peine.

Nicolas Boileau, *L'Art poétique*, 1674.

b. Reformulez ces règles.

Vers 1 : ....

Vers 3-4 : ....

Vers 6 : ....

Vers 7-8 : ....

Vers 9 : ....

Vers 13-14 : ....

Vers 7-18 : ....

Morale tragique, morale comique

4 a. Lequel de ces deux extraits est issu d'un dénouement de tragédie, lequel d'un dénouement de comédie ? Soulignez les éléments justifiant votre réponse.

b. Qu'a-t-il pu se passer dans la pièce ? Formulez des hypothèses de lecture à partir de ces dénouements.

c. Donnez le nom de l'auteur et le titre de chaque pièce.

Texte 1

PHÈDRE

[…] J'ai pris, j'ai fait couler dans mes brûlantes veines
Un poison que Médée apporta dans Athènes.
Déjà jusqu'à mon cœur le venin parvenu
Dans ce cœur expirant jette un froid inconnu ;
Déjà je ne vois plus qu'à travers un nuage
Et le ciel et l'époux que ma présence outrage ;
Et la mort à mes yeux dérobant la clarté,
Rend au jour qu'ils souillaient toute sa pureté.

PANOPE

– Elle expire[1], seigneur !

THÉSÉE

D'une action si noire
Que ne peut avec elle expirer la mémoire !
Allons, de mon erreur, hélas ! trop éclaircis,
Mêler nos pleurs au sang de mon malheureux fils !

1. Elle meurt.

a. ....

....

....

b. ....

....

....

....

....

c. ....

Texte 2

ANSELME. – Le Ciel, mes enfants, ne me redonne point à vous, pour être contraire à vos vœux. Seigneur Harpagon, vous jugez bien que le choix d'une jeune personne tombera sur le fils plutôt que sur le père. Allons, ne vous faites point dire ce qu'il n'est point nécessaire d'entendre, et consentez ainsi que moi à ce double hyménée[1].

HARPAGON. – Il faut, pour me donner conseil, que je voie ma cassette[2].

CLÉANTE. – Vous la verrez saine et entière.

HARPAGON. – Je n'ai point d'argent à donner en mariage à mes enfants.

ANSELME. – Hé bien, j'en ai pour eux, que cela ne vous inquiète point.

HARPAGON. – Vous obligerez-vous à faire tous les frais de ces deux mariages ?

ANSELME. – Oui, je m'y oblige. Êtes-vous satisfait ?

HARPAGON. – Oui, pourvu que pour les noces vous me fassiez faire un habit. […]

ANSELME. – Soit. Allons vite faire part de notre joie à votre mère.

HARPAGON. – Et moi, voir ma chère cassette.

1. Mariage. – 2. Coffret rempli d'argent.

a. ....

....

....

....

....

....

....

b. ....

....

....

....

c. ....

....

24 Les Lumières

Retenir

Contexte historique et politique

- Ce mouvement de pensée européen connaît son apogée **entre la mort de Louis XIV (1715) et la Révolution française (1789).**
- À la mort de Louis XIV, la monarchie s'affaiblit : les **paysans**, écrasés par les taxes, et les **bourgeois**, contestant les privilèges de la noblesse, s'unissent **contre la monarchie absolue.**
- Des monarques européens (Frédéric II de Prusse, Catherine II de Russie) incarnent l'idéal du **despote éclairé**, et servent de **modèles** aux penseurs politiques (**Montesquieu, Voltaire**).

Un nouvel humanisme

- La métaphore des « lumières » désigne le principe de **raison**, d'**intelligence**, de **tolérance** et d'**esprit critique** : la connaissance et la raison sont au cœur de la réflexion.
- Héritiers de l'humanisme du XVIe siècle, les philosophes des Lumières (**Voltaire, Rousseau...**) **remettent en cause la monarchie absolue et les excès du pouvoir religieux** : ils ont foi en l'homme. Pour eux, Dieu n'est plus le centre de tout. Ils combattent ainsi les superstitions et le fanatisme religieux.

Les formes littéraires

- Le **dictionnaire** permet l'accès à la connaissance au plus grand nombre. Ainsi, l'*Encyclopédie* (1751-1722) dirigée par Diderot et D'Alembert, regroupe, en dix-sept volumes de textes et onze de planches, les savoirs et les idées contemporaines de ses nombreux contributeurs.
- Au **théâtre**, des auteurs (**Marivaux, Beaumarchais**) renouvellent la comédie en portant un regard critique sur les inégalités sociales. Ils œuvrent pour la reconnaissance des droits des valets, mais aussi des femmes.
- Les **genres de l'argumentation directe et indirecte** sont très exploités : contes philosophiques, romans didactiques, apologues, discours, essais… permettent de diffuser les idées des philosophes, sur un ton souvent ironique.

S'approprier

Qu'est-ce qu'un philosophe des Lumières ?

1 Lisez les extraits suivants.

a. Quelle définition du philosophe les auteurs de chacun de ces textes proposent-ils ?

b. Quelle mission le philosophe se voit-il attribuer ?

Extrait 1

Ce qui caractérise le philosophe et le distingue du vulgaire[1], c'est qu'il n'admet rien sans preuve, qu'il n'acquiesce point à des notions trompeuses et qu'il pose exactement les limites du certain, du probable et du douteux. Cet ouvrage[2] produira sûrement avec le temps une révolution dans les esprits, et j'espère que les tyrans, les oppresseurs, les fanatiques et les intolérants n'y gagneront pas. Nous aurons servi l'humanité.

Denis Diderot, *Lettre à Sophie Volland*, 26 septembre 1762.

1. Ici, toute personne ordinaire. – **2.** L'*Encyclopédie*.

a. ……………………………………………………………

……………………………………………………………

b. ……………………………………………………………

……………………………………………………………

……………………………………………………………

……………………………………………………………

Extrait 2

Philosophe, *amateur de la sagesse, c'est-à-dire, de la vérité.* Tous les philosophes ont eu ce double caractère, il n'en est aucun dans l'Antiquité qui n'ait donné des exemples de vertu aux hommes, et des leçons de vérités morales. Ils ont pu se tromper tous sur la physique, mais elle est si peu nécessaire à la conduite de la vie, que les philosophes n'avaient pas besoin d'elle. Il a fallu des siècles pour connaître une partie des lois de la nature. Un jour suffit à un sage pour connaître les devoirs de l'homme.

Voltaire, article « Philosophe », *La Raison par alphabet*, 1769.

a. ……………………………………………………………

……………………………………………………………

……………………………………………………………

……………………………………………………………

……………………………………………………………

……………………………………………………………

b. ……………………………………………………………

……………………………………………………………

2 Lisez le texte suivant.

En Angleterre, Collins et Bolingbroke ; en France, Bayle, Fontenelle, Voltaire, Montesquieu et les écoles formées par ces hommes célèbres, combattirent en faveur de la vérité, employant tour à tour toutes les armes que l'érudition, la philosophie, l'esprit, le talent d'écrire peuvent fournir à la raison ; prenant tous les tons, employant toutes les formes, depuis la plaisanterie jusqu'au pathétique, depuis la compilation la plus savante et la plus vaste, jusqu'au roman, ou au pamphlet du jour […] ; mais ne se lassant jamais de réclamer l'indépendance de la raison, la liberté d'écrire comme le droit, comme le salut du genre humain ; s'élevant, avec une infatigable énergie, contre tous les crimes du fanatisme et de la tyrannie ; poursuivant dans la religion, dans l'administration, dans les mœurs, dans les lois, tout ce qui portait le caractère de l'oppression, de la dureté, de la barbarie ; ordonnant, au nom de la nature, aux rois, aux guerriers, aux magistrats, aux prêtres, de respecter le sang des hommes ; leur reprochant, avec une énergique sévérité, celui que leur politique ou leur indifférence prodiguait encore dans les combats ou dans les supplices ; prenant enfin, pour cri de guerre, raison, tolérance, humanité.

Condorcet, ***Esquisse d'un tableau historique des progrès de l'esprit humain***, 1793.

a. D'où vient le mouvement des Lumières, selon Condorcet ?

....

....

....

b. Quels sont les grands combats de ces philosophes ? Soulignez-les.

c. En quoi ce mouvement apparaît-il comme un mouvement « complet » ? Surlignez les éléments qui vous permettent de répondre.

....

....

....

....

La lutte contre le fanatisme

3 Lisez l'extrait suivant.

Le fanatisme est à la superstition ce que le transport est à la fièvre, ce que la rage est à la colère. Celui qui a des extases, des visions, qui prend des songes pour des réalités, et ses imaginations pour des prophéties, est un enthousiaste ; celui qui soutient sa folie par le meurtre est un fanatique. [...] Il n'y a d'autre remède à cette maladie épidémique que l'esprit philosophique, qui, répandu de proche en proche, adoucit enfin les mœurs des hommes, et qui prévient les accès du mal ; car, dès que ce mal fait des progrès, il faut fuir, et attendre que l'air soit purifié. Les lois et la religion ne suffisent pas contre la peste des âmes ; la religion, loin d'être pour elles un aliment salutaire, se tourne en poison dans les cerveaux infectés. [...]

Voltaire, article « Fanatisme », ***Dictionnaire philosophique***, 1764.

a. Quelles différences Voltaire fait-il entre un « enthousiaste » et un « fanatique » ? Soulignez les termes qui renvoient au premier et encadrez ceux qui renvoient au second.

....

....

....

b. Quels sont, selon lui, les antidotes au fanatisme ?

....

....

....

....

Le théâtre des Lumières

4 En quoi ce texte illustre-t-il les combats des Lumières ?

FIGARO. – Parce que vous êtes un grand seigneur, vous vous croyez un grand génie !... noblesse, fortune, un rang, des places, tout cela rend si fier ! Qu'avez-vous fait pour tant de biens ? vous vous êtes donné la peine de naître, et rien de plus : du reste, homme assez ordinaire ! tandis que moi, morbleu, perdu dans la foule obscure, il m'a fallu déployer plus de science et de calculs pour subsister seulement, qu'on n'en a mis depuis cent ans à gouverner toutes les Espagnes [...].

Beaumarchais, ***Le Mariage de Figaro***, 1778.

....

....

....

Argumentation directe et indirecte

5 Lisez les extraits ci-dessous.

Extrait 1

Les moralistes qui disent aux hommes : réprimez vos passions, et maîtrisez vos désirs, si vous voulez être heureux, ne connaissent pas le chemin du bonheur. On n'est heureux que par des goûts et des passions satisfaites.

Émilie du Châtelet, ***Discours sur le bonheur***, 1779.

Extrait 2

Joséphine cultivait toutes sortes de légumes, nourrissait une chèvre, filait du chanvre et du lin. Émilie arrosait quelques rosiers, caressait la chèvre, brodait de la mousseline et du linon, dont Joséphine était parée le Dimanche et les jours de fête. On vivait simplement et sainement. Joséphine était respectueuse et gaie, Émilie douce et sérieuse. Quelquefois elles parlaient, plus souvent elles chantaient ensemble.

Isabelle de Charrière, ***Trois Femmes***, 1796.

a. Quel est le thème commun ?

....

....

b. Indiquez si l'extrait appartient au genre de l'argumentation directe ou indirecte, en signalant les éléments qui vous ont permis de répondre.

....

....

....

....

....

c. Dites quel extrait vous paraît le plus convaincant, et pour quelles raisons.

25 Le romantisme

Retenir

1 Origines et enjeux du mouvement

Définition

Romantisme : mouvement européen qui naît au XIXe siècle, en Allemagne (**Goethe**) et en Angleterre (**Byron, Keats**). L'adjectif « romantique » signifie « qui relève du roman, de l'imagination ».

Les origines

La jeune génération littéraire est déçue par la chute de Napoléon en 1815, désemparée par une monarchie de plus en plus autoritaire : elle subit ce que Musset appelle « **le mal du siècle**. »

Les enjeux du mouvement

- Revendication de la **liberté totale** du créateur.
- Au théâtre, le **drame romantique (Vigny, Musset, Dumas, Hugo)** autorise tous les registres et tous les mélanges, du sublime au grotesque.

2 Les deux romantismes

On distingue :

Le romantisme engagé

- L'écrivain est un visionnaire qui doit guider le peuple vers une société meilleure, plus juste, plus mêlée.
- Il peut s'engager en **politique** (**Hugo, Lamartine**).

Le romantisme lyrique

- Les écrivains et artistes expriment leurs sentiments personnels : la mélancolie, l'amour, la communion avec la nature ou le divin.
- L'Orient, le rêve, le dépaysement vers un ailleurs ou une époque lointaine fascinent.

S'approprier

Des rêves de gloire

1 Lisez le texte suivant.

Tous ces enfants étaient des gouttes d'un sang brûlant qui avait inondé la terre ; ils étaient nés au sein de la guerre, pour la guerre. Ils avaient rêvé pendant quinze ans des neiges de Moscou et du soleil des Pyramides[1]. Ils n'étaient pas sortis de leurs villes mais on leur avait dit que, par chaque barrière de ces villes, on allait à une capitale d'Europe. Ils avaient dans la tête tout un monde ; ils regardaient la terre, le ciel, les rues et les chemins ; tout cela était vide, et les cloches de leurs paroisses résonnaient seules dans le lointain.

Alfred de Musset, *La Confession d'un enfant du siècle*, 1836.

1. Allusions aux campagnes napoléoniennes.

a. De quelle « guerre » s'agit-il dans le texte ? À quel personnage historique Musset fait-il allusion ? Qui sont ces « enfants » ?

....
....
....
....

b. À quel endroit voyez-vous une rupture dans le texte ? Justifiez votre réponse.

....
....
....

c. Expliquez le titre de l'ouvrage de Musset.

....
....
....

Le « mal du siècle » : le vague des passions

2 Lisez les deux textes suivants.

Texte 1

Lorsque autrefois, du haut du rocher je contemplais, par-delà le fleuve, la fertile vallée jusqu'à la chaîne de ces collines ; que je voyais tout germer et sourdre[1] autour de moi ; que je regardais ces montagnes couvertes de grands arbres touffus depuis leur pied jusqu'à leur cime, ces vallées ombragées dans leurs creux multiples […] ; qu'alors j'entendais les oiseaux animer autour de moi la forêt ; […] comme je faisais entrer tout cela dans mon cœur ! […] Tout, tout est peuplé, sous mille formes différentes ; et puis voici les hommes, qui ensemble s'abritent dans leurs petites maisons, et s'y nichent, et selon eux, règnent sur le vaste univers ! Pauvre insensé, qui crois tout si peu de chose, parce que tu es si petit ! […] Devant mon âme s'est levé comme un rideau, et le spectacle de la vie infinie s'est métamorphosé devant moi en l'abîme du tombeau éternellement ouvert.

Goethe, *Les Souffrances du jeune Werther*, 1774, trad. B. Groethuysen.

1. Naître.

Texte 2

La nuit, lorsque l'aquilon[1] ébranlait ma chaumière, que les pluies tombaient en torrent sur mon toit, qu'à travers ma fenêtre je voyais la lune sillonner les nuages amoncelés, comme un pâle vaisseau qui laboure les vagues, il me semblait que la vie redoublait au fond de mon cœur, que j'aurais eu la puissance de créer des mondes. Ah ! si j'avais pu faire partager à une autre les transports[2] que j'éprouvais ! […] Hélas ! j'étais seul sur la terre ! Une langueur[3] secrète s'emparait de mon corps. Ce dégoût de la vie que j'avais ressenti dès mon enfance revenait avec une force nouvelle. […]

François-René de Chateaubriand, *René*, 1802.

1. Vent du nord. – **2.** Émotions. – **3.** Ennui.

a. Quels thèmes communs Goethe et Chateaubriand choisissent-ils ? Soulignez les termes qui vous ont permis de répondre.

....

....

....

....

....

b. Quelle est la tonalité commune à ces deux textes ? Pourquoi ?

....

....

....

....

....

....

....

....

c. Écoutez le premier mouvement de la *Cinquième Symphonie*, de Beethoven (https://tinyurl.com/sgsv3em). Quels sont les procédés utilisés par le compositeur romantique pour exprimer ses émotions ?

....

....

....

....

3 Lisez le texte suivant.

Pour la jeunesse romantique, vivre dans une société à laquelle la révolution de Juillet de 1830 n'a rien changé est impossible. Dans ces conditions, certains se disent qu'il n'y a plus qu'à suivre le mouvement et profiter du nouveau régime. Vautrin propose ici à Rastignac une marche à suivre.

Il faut vous manger les uns les autres comme des araignées dans un pot, attendu qu'il n'y a pas cinquante mille bonnes places. Savez-vous comment on fait son chemin ici ? Par l'éclat du génie ou par l'adresse de la corruption. Il faut entrer dans cette masse d'hommes comme un boulet de canon, ou s'y glisser comme une peste. L'honnêteté ne sert à rien. […] Voilà la vie telle qu'elle est. Ça n'est pas plus beau que la cuisine, ça pue tout autant, et il faut se salir les mains si l'on veut fricoter[1] : sachez seulement vous bien débarbouiller : là est toute la morale de notre époque.

Honoré de Balzac, *Le Père Goriot*, 1835.

1. Trafiquer.

a. Quelle « morale » propose Vautrin ?

....

....

b. D'après vous, quel regard le romancier porte-t-il sur l'époque dans laquelle il vit ?

....

....

L'engagement des romantiques

4 Lisez le texte suivant.

Pourquoi t'exiler, ô poète,
Dans la foule où nous te voyons ?
Que sont pour ton âme inquiète
Les partis, chaos sans rayons ?
– Hélas ! Hélas dit le poète
J'ai l'amour des eaux et des bois […]

Mais, dans ce siècle d'aventure
Chacun, hélas ! se doit à tous […]
Le poète en des jours impies
Vient préparer des jours meilleurs.
Il est l'homme des utopies ;
Les pieds ici, les yeux ailleurs.

Victor Hugo, « Fonction du poète », *Les Rayons et les Ombres*, 1840.

Comment définit-il le poète et sa mission ?

....

....

....

....

Un manifeste romantique

5 Lisez les deux textes suivants.

Texte 1

Du jour où le christianisme a dit à l'homme : « *Tu es double, tu es composé de deux êtres, l'un périssable, l'autre immortel, l'un charnel, l'autre éthéré*[1]*, l'un enchaîné par les appétits*[2]*, les besoins et les passions, l'autre emporté sur les ailes de l'enthousiasme et de la rêverie, celui-ci enfin toujours courbé vers la terre, sa mère, celui-là sans cesse élancé vers le ciel, sa patrie* » ; de ce jour le drame a été créé. Est-ce autre chose en effet que ce contraste de tous les jours, que cette lutte de tous les instants entre deux principes opposés qui sont toujours en présence dans la vie, et qui se disputent l'homme depuis le berceau jusqu'à la tombe ? La poésie du christianisme, la poésie de notre temps est donc le drame ; le caractère du drame est le réel ; le réel résulte de la combinaison toute naturelle de deux types, le sublime et le grotesque, qui se croisent dans le drame, comme ils se croisent dans la vie et dans la création.

Victor Hugo, Préface de *Cromwell*, 1827.

1. Irréel, pur. – **2.** Désirs.

Texte 2

Quasimodo vient d'être élu pape des fous.

C'était une merveilleuse grimace, en effet, que celle qui rayonnait en ce moment au trou de la rosace[1]. […] Il ne fallait rien moins pour enlever les suffrages, que la grimace sublime qui venait d'éblouir l'assemblée. Maître Coppenole lui-même applaudit ; et Clopin Trouillefou, qui avait concouru, et Dieu sait quelle intensité de laideur son visage pouvait atteindre, s'avoua vaincu. Nous ferons de même. Nous n'essaierons pas de donner au lecteur une idée de ce nez tétraèdre[2], de cette bouche en fer à cheval, de ce petit œil gauche obstrué d'un sourcil roux en broussailles tandis que l'œil droit disparaissait entièrement sous une énorme verrue, de ces dents désordonnées, ébréchées çà et là, comme les créneaux d'une forteresse, de cette lèvre calleuse[3] sur laquelle une de ces dents empiétait comme la défense d'un éléphant, de ce menton fourchu, et surtout de la physionomie répandue sur tout cela, de ce mélange de malice, d'étonnement et de tristesse. Qu'on rêve, si l'on peut, cet ensemble. L'acclamation fut unanime. On se précipita vers la chapelle. On en fit sortir en triomphe le bienheureux pape des fous. Mais c'est alors que la surprise et l'admiration furent à leur comble. La grimace était son visage. On eût dit un géant brisé et mal ressoudé.

Victor Hugo, *Notre-Dame de Paris*, 1831.

1. Élément rond au-dessus du portail de la cathédrale. – **2.** Forme géométrique à quatre faces triangulaires. – **3.** Durcie, épaisse.

a. À partir des indices du texte 1, comment pourriez-vous définir « le grotesque » et « le sublime » ?

....

....

....

....

....

b. Comment le grotesque s'allie-t-il au sublime dans le portrait de Quasimodo (texte 2) ?

....

....

....

....

....

....

....

Se libérer des contraintes

6 *Saragosse.*

Une chambre à coucher, la nuit. Une lampe sur une table.

DOÑA JOSEFA DUARTE, vieille, en noir, avec le corps de sa jupe cousu de jais à la mode d'Isabelle-la-catholique, DON CARLOS.

DOÑA JOSEFA, *seule.*

[…] *On frappe à une petite porte dérobée à droite. Elle écoute. On frappe un second coup.*

Serait-ce déjà lui ?
(*Un nouveau coup*)
C'est bien à l'escalier
Dérobé.
(*Un quatrième coup.*)
Vite, ouvrons.
(*Elle ouvre la petite porte masquée. Entre don Carlos, le manteau sur le visage et le chapeau sur les yeux.*)
Bonjour, beau cavalier.
(*Elle l'introduit. Il écarte son manteau, et laisse voir un riche costume de velours et de soie à la mode castillane de 1519. Elle le regarde sous le nez et recule.*)
Quoi ! Seigneur Hernani, ce n'est pas vous ? – Main-forte !
Au feu !

DON CARLOS, *lui saisissant le bras.*

Deux mots de plus, duègne, vous êtes morte !
(*Il la regarde fixement. Elle se tait effrayée.*)
Suis-je chez doña Sol, fiancée au vieux duc […]
Suis-je bien informé ? […]

DOÑA JOSEFA

Oui. Pourquoi ?

DON CARLOS

Pour rien.
Le duc, son vieux futur, est absent à cette heure ?

DOÑA JOSEFA

Oui.

DON CARLOS

Sans doute elle attend son jeune ?

DOÑA JOSEFA

Oui.

DON CARLOS

Que je meure !

DOÑA JOSEFA

Oui.

DON CARLOS

Duègne, c'est ici qu'aura lieu l'entretien ?

DOÑA JOSEPHA

Oui.

DON CARLOS

Cache-moi céans[1].

DOÑA JOSEPHA

Vous !

DON CARLOS

Moi.

Victor Hugo, *Hernani*, acte I, scène I, 1830.

1. Le roi finira par se cacher dans une armoire.

a. Qu'est-ce qui, selon vous, a pu surprendre les spectateurs ?

....

....

....

....

....

....

b. Montrez le soin de l'auteur à mettre en scène l'action.

....

....

....

....

....

La remise en cause des bienséances

7 Lisez le texte suivant.

Hugo évoque l'unité de lieu dans les tragédies classiques.

Quoi de plus invraisemblable et de plus absurde en effet que ce vestibule, ce péristyle[1], cette antichambre, lieu banal où nos tragédies ont la complaisance de venir se dérouler, où arrivent, on ne sait comment, les conspirateurs[2] pour déclamer contre le tyran, le tyran pour déclamer contre les conspirateurs, chacun à leur tour [...] Il résulte de là que tout ce qui est trop caractéristique, trop intime, trop local, pour se passer dans l'antichambre ou dans le carrefour, c'est-à-dire tout le drame, se passe dans la coulisse. Nous ne voyons en quelque sorte sur le théâtre que les coudes de l'action ; ses mains sont ailleurs. Au lieu de scènes[3], nous avons des récits ; au lieu de tableaux, des descriptions. [...] L'unité de temps n'est pas plus solide que l'unité de lieu. L'action, encadrée de force dans les vingt-quatre heures, est aussi ridicule qu'encadrée dans le vestibule. Toute action a sa durée propre comme son lieu particulier. Verser la même dose de temps à tous les événements ! appliquer la même mesure sur tout ! On rirait d'un cordonnier qui voudrait mettre le même soulier à tous les pieds.

Victor Hugo, Préface de *Cromwell*, 1827.

1. Galerie de colonnes qui entoure un bâtiment. – 2. Comploteurs. – 3. Représentations sur scène : une scène de mort, par exemple.

a. Soulignez le jugement/l'avis d'Hugo sur l'unité de lieu.

b. Quelles métaphores sont employées pour parler des unités de lieu et de temps ?

....

....

....

....

c. Expliquez le passage surligné en vert.

....

....

....

8 Lisez le texte suivant.

Lorenzo décide de tuer son cousin, le duc de Florence, son compagnon de débauche. Secondé par Scoronconcolo, le héros se prépare à commettre le geste qui libérera la ville d'un pouvoir autoritaire.

La chambre de Lorenzo. Entrent Le Duc *et* Lorenzo.

Le Duc. – Je suis transi, – Il fait vraiment froid. (*Il ôte son épée.*) Eh bien ! mignon, qu'est-ce que tu fais donc ?

Lorenzo. – Je roule votre baudrier[1] autour de votre épée, et je la mets sous votre chevet. Il est bon d'avoir toujours une arme sous la main. (*Il entortille le baudrier de manière à empêcher l'épée de sortir du fourreau.*)

Le Duc. – Tu sais que je n'aime pas les bavardes, et il m'est revenu que la Catherine était une belle parleuse. Pour éviter les conversations, je vais me mettre au lit. À propos, pourquoi donc as-tu fait demander des chevaux de poste à l'évêque de Marzi ?

Lorenzo. – Pour aller voir mon frère, qui est très malade, à ce qu'il m'écrit.

Le Duc. – Va donc chercher ta tante.

Lorenzo. – Dans un instant. (*Il sort.*)

Le Duc, *seul.* – Faire la cour à une femme qui vous répond « oui », lorsqu'on lui demande « oui ou non », cela m'a toujours paru très sot et tout à fait digne d'un Français. Aujourd'hui surtout, que j'ai soupé comme trois moines, je serais incapable de dire seulement : « Mon cœur, ou mes chères entrailles », à l'infante d'Espagne. Je veux faire semblant de dormir ; ce sera peut-être cavalier, mais ce sera commode. (*Il se couche. – Lorenzo rentre l'épée à la main.*)

Lorenzo. – Dormez-vous Seigneur ? (*Il le frappe.*)

Le Duc. – C'est toi, Renzo ?

Lorenzo. – Seigneur, n'en doutez pas. (*Il le frappe de nouveau. – Entre Scoronconcolo.*)

Scoronconcolo. – Est-ce fait ?

Lorenzo. – Regarde, il m'a mordu au doigt. Je garderai jusqu'à la mort cette bague sanglante, inestimable diamant.

Scoronconcolo. – Ah ! mon Dieu, c'est le duc de Florence !

Alfred de Musset, *Lorenzaccio*, acte IV, scène XI, 1834.

1. Harnais.

a. En quoi cet extrait applique-t-il les principes définis par Hugo dans le texte de l'exercice 7 ? Soulignez les passages qui justifient votre réponse.

....

....

....

....

b. Connaissez-vous une célèbre pièce de Shakespeare où les personnages meurent sur scène ? Qu'en déduisez-vous ?

....

....

Histoire des arts | EXO Quiz

26 Le réalisme et le naturalisme

Observer

1 Le cocher Césaire Horlaville, un petit homme à gros ventre, souple cependant, par suite de l'habitude constante de grimper sur ses roues et d'escalader l'impériale, la face rougie par le grand air des champs, les pluies, les bourrasques et les petits verres, les yeux devenus clignotants sous les coups de vent et de grêle, apparut sur la porte de l'hôtel en s'essuyant la bouche d'un revers de main.

Guy de Maupassant, *La Bête à Maît'Belhomme*, 1885.

a. Quel est le sujet du passage ?

....

b. Les passages surlignés donnent la cause des caractéristiques physiques du personnage. Par quoi est façonné l'aspect du cocher ?

....

Retenir

1 Le réalisme, un autre rapport de la fiction au réel

Définition	Enjeux	Limites
Mouvement littéraire et artistique qui naît dans les années 1830, d'abord sous le pinceau de **peintres** comme **Daumier, Millet, Courbet**, puis sous la plume d'**auteurs** comme **Stendhal, Mérimée, Balzac, Flaubert** ou encore les frères **Goncourt**.	• **Décrire le réel**, en donner l'**illusion**. • **Observation minutieuse** des rapports de forces psychologiques, politiques et historiques qui s'imposent à l'**individu** dans son **milieu**.	Malgré ses **prétentions objectives**, le réalisme n'en révèle pas moins un **regard personnel**, voire militant, de l'artiste sur la société.

2 Le naturalisme : une littérature qui flirte avec la science

Définition	Enjeux
• Mouvement fondé par **Émile Zola** vers 1860, qui **pousse le réalisme encore plus loin dans la description de la réalité.** • Il compte notamment **Maupassant** et **Huysmans.**	• Les naturalistes s'appuient sur une **approche scientifique** pour **décrire les réalités humaines.** • Cette **méthode expérimentale** vise à observer les **relations** entre un **individu** au tempérament donné et son **environnement**, les **circonstances** et l'**hérédité**. • Ce principe gouverne l'œuvre-fleuve de Zola, les **Rougon-Macquart**.

S'approprier

Percevoir l'ancrage dans le réel

2 Jadis, il existait dans le cloître, du côté de la Grand'rue, plusieurs maisons réunies par une clôture, appartenant à la Cathédrale et où logeaient quelques dignitaires du chapitre. Depuis l'aliénation des biens du clergé, la ville a fait du passage qui sépare ces maisons une rue, nommée rue de la *Psalette*, et par laquelle on va du Cloître à la Grand'rue. […] Le côté gauche de cette rue est rempli par une seule maison dont les murs sont traversés par les arcs-boutants de Saint-Gatien qui sont implantés dans son petit jardin étroit, de manière à laisser en doute si la Cathédrale fut bâtie avant ou après cet antique logis.

Honoré de Balzac, *Le Curé de Tours*, 1832.

a. Que décrit ce passage ?

....

b. Surlignez les indices qui permettent de situer précisément le lieu évoqué.

3 *Emma a avalé de l'arsenic, à l'insu de son mari Charles.* Elle roulait sa tête avec un geste doux, plein d'angoisses et tout en ouvrant continuellement les mâchoires, comme si elle eût porté sur sa langue quelque chose de très lourd. À huit heures, les vomissements reparurent. Charles observa qu'il y avait au fond de la cuvette une sorte de gravier blanc […] Un grand frisson lui secouait les épaules, et elle devenait plus pâle que le drap où s'enfonçaient ses doigts crispés. Son pouls inégal était presque insensible maintenant.

Gustave Flaubert, *Madame Bovary*, 1856.

a. Soulignez tous les symptômes de l'empoisonnement.

b. Quel est le point de vue de cet extrait ? En quoi est-ce une description objective ?

....

....

....

....

Percevoir l'aspect social du réalisme

4 *Le carrosse vient de partir, quand Maît'Belhomme se met à crier et à taper du pied de douleur.*

Le paysan cessa un instant de geindre pour répondre :
– Non point… m'sieu le curé… C'est point des dents… c'est d'l'oreille, du fond d'l'oreille. […] un' grosse bête qui m'a entré d'dans, vu que j'dormais su l'foin dans l'grenier.
– Un' bête. Vous êtes sûr ?
– Si j'en suis sûr ? Comme du Paradis, m'sieu le curé, vu qu'a m'grignote l'fond d'l'oreille. À m'mange la tête, pour sûr ! a m'mange la tête ! Oh ! gniau… gniau… gniau… Et il se remit à taper du pied.

Guy de Maupassant, *La Bête à Maît'Belhomme*, 1885.

a. Quel niveau de langue est employé dans le dialogue ?

……………………………………………………………………

b. Quel milieu trahit ce niveau de langue ?

……………………………………………………………………

c. Quel est l'intérêt de ce niveau de langue ?

……………………………………………………………………

5 Sa face vieillotte, grassouillette, du milieu de laquelle sort un nez à bec de perroquet ; ses petites mains potelées, sa personne dodue comme un rat d'église, son corsage trop plein et qui flotte, sont en harmonie avec cette salle où suinte le malheur […] Sa figure fraîche comme une première gelée d'automne, ses yeux ridés, dont l'expression passe du sourire prescrit aux danseuses à l'amer renfrognement de l'escompteur, enfin toute sa personne explique la pension, comme la pension implique sa personne. Le bagne ne va pas sans l'argousin, vous n'imagineriez pas l'un sans l'autre. L'embonpoint blafard de cette petite femme est le produit de cette vie, comme le typhus est la conséquence des exhalaisons d'un hôpital. Son jupon de laine tricotée, qui dépasse sa première jupe faite avec une vieille robe, et dont la ouate s'échappe par les fentes de l'étoffe lézardée, résume le salon, la salle à manger, le jardinet, annonce la cuisine et fait pressentir les pensionnaires.

Honoré de Balzac, *Le Père Goriot*, 1834.

a. Surlignez toutes les expressions qui soulignent l'analogie entre Mme Vauquer et sa pension.

b. Pourquoi sont-elles aussi nombreuses ?

……………………………………………………………………

Percevoir les caractéristiques du naturalisme

6 *Gervaise boit une prune à l'eau-de-vie (la « sauce ») avec Coupeau à l'Assommoir.*

« Oh ! c'est vilain de boire ! » dit-elle à demi-voix. Et elle raconta qu'autrefois, avec sa mère, elle buvait de l'anisette[1], à Plassans. Mais elle avait failli en mourir un jour, et ça l'avait dégoûtée ; elle ne pouvait plus voir les liqueurs : « Tenez, ajouta-t-elle en montrant son verre, j'ai mangé ma prune ; seulement, je laisserai la sauce, parce que ça me ferait du mal. »

Coupeau, lui aussi, ne comprenait pas qu'on pût avaler de pleins verres d'eau-de-vie. Une prune par-ci par-là, ça n'était pas mauvais. Quant au vitriol, à l'absinthe et aux autres cochonneries, bonsoir ! il n'en fallait pas. Les camarades avaient beau le blaguer, il restait à la porte, lorsque ces cheulards[2]-là entraient à la mine à poivre[3]. Le papa Coupeau, qui était zingueur comme lui, s'était écrabouillé la tête sur le pavé de la rue Coquenard, en tombant, un jour de ribote[4], de la gouttière du n° 25 ; et ce souvenir, dans la famille, les rendait tous sages.

Émile Zola, *L'Assommoir*, 1876.

1. Liqueur alcoolisée. – 2. Ivrognes. – 3. Comptoir où l'on boit de l'alcool. – 4. Repas où l'on boit avec excès.

a. Soulignez le champ lexical de l'alcool dans ce passage.

b. Quel argument emploient Gervaise et Coupeau pour justifier leur dégoût de l'alcool ?

……………………………………………………………………

……………………………………………………………………

c. En quoi le sort des parents de Gervaise et Coupeau présage-t-il le leur ?

……………………………………………………………………

……………………………………………………………………

d. Surlignez les passages qui le sous-entendent.

Percevoir la subjectivité du narrateur dans le texte réaliste ou naturaliste

7 Le Voreux, à présent, sortait du rêve. Étienne, qui s'oubliait devant le brasier à chauffer ses pauvres mains saignantes, regardait, retrouvait chaque partie de la fosse, le hangar goudronné du criblage, le beffroi du puits, la vaste chambre de la machine d'extraction, la tourelle carrée de la pompe d'épuisement. Cette fosse, tassée au fond d'un creux, avec ses constructions trapues de briques, dressant sa cheminée comme une corne menaçante, lui semblait avoir un air mauvais de bête goulue, accroupie là pour manger le monde. Tout en l'examinant, il songeait à lui, à son existence de vagabond, depuis huit jours qu'il cherchait une place ; il se revoyait dans son atelier du chemin de fer, giflant son chef, chassé de Lille, chassé de partout ; le samedi, il était arrivé à Marchiennes, où l'on disait qu'il y avait du travail, aux Forges ; et rien, ni aux Forges, ni chez Sonneville […].

Émile Zola, *Germinal*, 1885.

a. À quoi est comparée la fosse du Voreux ? Soulignez les passages qui alimentent l'image.

b. Quelle image est donnée d'Étienne ?

……………………………………………………………………

……………………………………………………………………

c. Surlignez un passage qui laisse apparaître le regard du narrateur.

27 Modernités littéraires : l'absurde et le nouveau roman

EXO Quiz

Observer

1 Vous allez arriver dans quelques instants à cette gare transparente à laquelle il est si beau d'arriver à l'aube comme le permet ce train dans d'autres saisons. […]
Vous ne descendrez pas à l'Albergo Diurno, mais vous irez jusqu'au bar où vous demanderez un *caffè latte*, lisant le journal que vous viendrez d'acheter tandis que la lumière apparaîtra, augmentera, s'enrichira, s'échauffera peu à peu.

Michel Butor, *La Modification*, © Éditions de Minuit, 1957.

a. À quelle personne est rédigée ce texte ?

....

b. En quoi cela est-il surprenant, pour un roman ?

....

....

....

Retenir

→ L'absurde et le nouveau roman doivent beaucoup à la **pensée existentialiste**, courant philosophique qui voit **l'essence de l'homme** dans **sa façon d'exister**. Ces courants questionnent donc ce qui *fait* l'homme et font état d'une **crise existentielle majeure** au lendemain de la Seconde Guerre mondiale : les atrocités commises ont ébranlé la définition d'une humanité qu'on ne reconnaît plus.

1 L'absurde

- **L'absurde naît** réellement **dans le roman** sous la plume de **Sartre**, dans *La Nausée* (1938), et d'une autre manière sous celle de **Camus** dans *L'Étranger* (1942).
- « L'existence est absurde, sans raison, sans cause et sans nécessité » (Sartre, *L'Être et le Néant*) : **les personnages ne sont plus des héros**, mais des individus ballotés, non par leur destin, mais par une **suite d'événements** sur laquelle ils n'ont que peu de maîtrise et **qu'ils ne comprennent pas vraiment**.
- Dans les années 1950, au **théâtre**, **Ionesco** et **Beckett** pousseront plus loin les principes de l'absurde : le premier plonge ses personnages dans des **univers caricaturaux et illogiques**, aux valeurs inversées. Le second, plus sombre, **peint le désespoir de la condition humaine**.

2 Le nouveau roman

L'existentialisme a poussé certains romanciers à **réinterroger leur définition du roman**. Des romanciers comme **Robbe-Grillet, Sarraute, Simon, Duras** se sont attachés à **déconstruire** les **repères** du lecteur.

- Le **personnage** devient **difficile à saisir** : soit il échappe au lecteur, dépourvu de nom, ou au contraire en en possédant plusieurs ; soit il est décrit comme une caricature du type.
- Dans le nouveau roman, les **objets** semblent **plus importants que les personnages** : objets de descriptions minutieuses, comme de **symboles** que personne ne parvient à révéler.
- **L'environnement** des personnages s'apparente plus à un **labyrinthe** qu'à un décor, la **trame narrative** est **pervertie**, fondée sur l'aléatoire, la répétition : **l'errance** est au cœur du nouveau roman.
- **Le traitement du temps** est particulier : à la fois **figé** et **chaotique**, réel ou rêvé, souvent **fragmentaire**, le déroulement du temps joue avec les attentes du lecteur **pour mieux le perdre**.

S'approprier

Percevoir les racines de l'absurde

2 Lisez le texte suivant.

Tous ces objets… comment dire ? Ils m'incommodaient ; j'aurais souhaité qu'ils existassent moins fort, d'une façon plus sèche, plus abstraite, avec plus de retenue. Le marronnier se pressait contre mes yeux. Une rouille verte le couvrait jusqu'à mi-hauteur ; l'écorce, noire et boursouflée, semblait de cuir bouilli. Le petit bruit d'eau de la fontaine Masqueret se coulait dans mes oreilles et s'y faisait un nid, les emplissait de soupirs ; mes narines débordaient d'une odeur verte et putride. Toutes choses, doucement, tendrement, se laissaient aller à l'existence […] Nous étions un tas d'existants gênés, embarrassés de nous-mêmes, nous n'avions pas la moindre raison d'être là, ni les uns ni les autres, chaque existant, confus, vaguement inquiet, se sentait de trop par rapport aux autres.

Jean-Paul Sartre, *La Nausée*, © Éditions Gallimard, 1938

a. Qu'est-ce qui « incommode » le narrateur ? ....

....

b. Surlignez tous les termes qui justifient le titre, *La Nausée*.

c. En quoi ce texte se rattache-t-il à l'absurde ? Soulignez le passage qui l'indique.

Interpréter l'absurde

3 *Dans un monde dévasté, Hamm, aveugle et infirme, parle avec son valet Clov qui scrute le paysage avec sa longue-vue.*

CLOV. – Il fait gris. *(Baissant la lunette et se tournant vers Hamm, plus fort.)* Gris ! *(Un temps. Encore plus fort.)* GRRIS ! [...] Noir clair. Dans tout l'univers. [...]

Clov retourne à sa place à côté du fauteuil.

CLOV. – Pourquoi cette comédie, tous les jours ?

HAMM. – La routine, on ne sait jamais. *(Un temps.)* Cette nuit j'ai vu dans ma poitrine. Il y avait un gros bobo.

CLOV. – Tu as vu ton cœur.

HAMM. – Non, c'était vivant. *(Un temps. Avec angoisse.)* Clov !

CLOV. – Oui.

HAMM. – Qu'est-ce qui se passe ?

CLOV. – Quelque chose suit son cours.

Un temps.

HAMM. – Clov !

CLOV, *agacé*. – Qu'est-ce que c'est ?

HAMM. – On n'est pas en train de... de... signifier quelque chose ?

CLOV. – Signifier ? Nous, signifier ! *(Rire bref.)* Ah elle est bonne !

Samuel Beckett, *Fin de partie*, © Éditions de Minuit, 1957.

a. Relevez un oxymore. ....

b. Pourquoi Hamm est-il sûr de ne pas avoir vu son cœur ? En quoi cela est-il surprenant ?

....

....

c. Comment Hamm tente-t-il de se prémunir contre le fait de « signifier » ?

....

....

Percevoir la remise en question du personnage dans le nouveau roman

4 Lol V. Stein est née ici, à S. Tahla, et elle y a vécu une grande partie de sa jeunesse. Son père était professeur à l'Université. Elle a un frère plus âgé qu'elle de neuf ans – je ne l'ai jamais vu – on dit qu'il vit à Paris. Ses parents sont morts.

Je n'ai rien entendu dire sur l'enfance de Lol V. Stein qui m'ait frappé, même par Tatiana Karl, sa meilleure amie durant leurs années de collège.

Elles dansaient toutes les deux, le jeudi, dans le préau vide. Elles ne voulaient pas sortir en rangs avec les autres, elles préféraient rester au collège. Elles, on les laissait faire, dit Tatiana, elles étaient charmantes, elles savaient mieux que les autres demander cette faveur, on la leur accordait. On danse, Tatiana ? [...] Tatiana, allez viens, on danse Tatiana, viens. C'est ce que je sais.

M. Duras, *Le Ravissement de Lol V. Stein*, © Éd. Gallimard, 1964.

a. Le narrateur en sait-il beaucoup sur Lol V. Stein ? ....

b. Comment a-t-il obtenu ses informations ? Soulignez les expressions qui le suggèrent.

....

c. Comment le narrateur tente-t-il une approche plus distante, plus journalistique ?

....

d. Quel sera l'objet du roman ? Surlignez un indice qui l'annonce.

....

....

Percevoir le traitement du temps dans le nouveau roman

5 Boris ouvrit la porte et se trouva face à face avec deux policiers en uniformes noirs et casquettes plates. Ils restèrent un moment à le considérer avec attention, puis, sans détourner la tête, le plus âgé dit au second : « C'est bien lui, pas d'hésitation.

– Alors on l'emmène », répondit le plus jeune.

Boris se demanda s'ils étaient là depuis longtemps, à l'attendre sur le palier, ou bien s'ils venaient d'arriver lorsque lui-même était sorti. Il ne dit rien, puisque les autres ne lui adressaient pas la parole mais, quand il eut refermé la porte, l'ancien l'écarta d'un geste et, après s'être assuré que la serrure fonctionnait bien, empocha la clef ; Boris nota seulement qu'il devrait la lui réclamer plus tard. Tous trois descendirent l'escalier. [...]

Lorsqu'il ouvrit la porte, il vit deux sergents de ville qui montaient d'un pas pesant ; il sortit et tourna la clef dans la serrure ; les deux hommes continuèrent avec lenteur à gravir les marches vers le palier suivant. Boris remit la clef dans sa poche et descendit.

Alain Robbe-Grillet, *Un régicide*, © Éditions de Minuit, 1978.

a. Ce récit vous paraît-il linéaire ? Justifiez.

....

....

b. Comparez le motif de la clef :

– Lignes 10 à 14 : ....

....

– Lignes 15 à 19 : ....

c. Comment interprétez-vous ces variations ?

....

....

....

EXO Quiz

28 La littérature contemporaine

Retenir

1 L'essor de la littérature francophone

Après les voix fortes de **Césaire** et **Senghor, la littérature francophone issue des anciennes colonies** s'épanouit peu à peu. Ainsi voit-on émerger des figures comme **Ben Jelloun** ou **Chraïbi**, qui racontent avec finesse la culture maghrébine, ou encore **Gougaud**, qui s'attache à retranscrire contes et récits africains.

2 Quand les femmes entrent en littérature

Sous l'impulsion de Simone de Beauvoir, les femmes imposent leur voix en littérature : ainsi émergent des écrivaines comme **Marie NDiaye**, **Virginie Despentes**, ou encore **Margaret Atwood** aux États-Unis, qui **revendiquent leur voix féministe.**

3 Un théâtre vivant et en prise avec l'actualité

- **Le théâtre contemporain se veut plus citoyen.** Ainsi, des dramaturges comme **Bernard-Marie Koltès, Wajdi Mouawad, Yasmina Reza** ou **Jean Genet** vont **puiser dans le quotidien**, les **faits divers** ou **l'actualité** leurs sujets pour **mieux questionner leur monde.**
- Libéré de la règle des trois unités, le théâtre contemporain n'hésite plus à **briser le 4e mur**, à **multiplier les changements de lieux ou d'époques**, ou à focaliser, non plus sur un, mais sur plusieurs personnages principaux.

4 L'apogée du récit de vie

Après le nouveau roman et la déconstruction du personnage, on assiste, dans les années 1970, à **l'essor du récit de vie. Le personnage** n'est plus une coquille vide, mais devient **témoin d'une facette de la société**, d'une communauté (**Michel Houellebecq, Alice Ferney, Emmanuel Carrère**) au point que roman, biographie et autobiographie se confondent parfois (**Annie Ernaux, Patrick Modiano**).

5 Une remise en question des genres romanesques

Les romanciers profitent des leçons du nouveau roman pour **jouer avec les codes des genres.** Ainsi **Laurent Gaudé** n'hésite-t-il pas à appliquer à des faits d'actualité le registre épique ; ainsi **Amélie Nothomb** revisite-t-elle l'apologue pour explorer les bizarreries de l'âme humaine.

S'approprier

Percevoir les enjeux culturels de la littérature francophone contemporaine

1 *Un paysan berbère analphabète débarque à Paris et se perd dans les dédales du métro.*

Les autres à demi surpris, à demi choqués ou à demi gênés par cette question inattendue et qui n'avait pas de sens parce que le mot BAS-TI-ILLE s'étalait partout blanc sur fond bleu dans une sorte de multiplication répétitive, tous les dix mètres et des deux côtés de la voie ; certains y voyant même une provocation, une sorte d'ironie interrogative dans un accent qui faisait vrombir leurs oreilles habituées à.

Rachel Boudjedra, ***Topographie idéale pour une agression caractérisée***, © Éditions Gallimard, 1975.

a. **Qui sont « les autres » (l. 1) ?**

b. **Surlignez leurs émotions. À quoi sont-elles dues ?**

c. **Que remarquez-vous d'étonnant sur la syntaxe de cette phrase ?**

d. **En quoi cette syntaxe peut-elle refléter l'état d'esprit du personnage principal ?**

Comprendre les enjeux des récits de vie

2 Le lundi suivant, en retournant à mon travail, j'appris que ma société venait de vendre un progiciel au ministère de l'Agriculture, et que j'avais été choisi pour assurer la formation. Ceci me fut annoncé par Henry La Brette (il tient beaucoup au *y*, ainsi qu'à la séparation en deux mots). Âgé comme moi de trente ans, Henry La Brette est mon supérieur hiérarchique direct ; nos rela tions en général sont empreintes d'une sourde hostilité. Ainsi il m'a d'emblée indiqué, comme s'il se faisait une joie personnelle de me contrarier, que ce contrat nécessiterait plusieurs déplacements : à Rouen, à La Roche-sur-Yon, je ne sais où encore. Ces déplacements ont toujours représenté pour moi un cauchemar ; Henry La Brette le sait. J'aurais pu rétorquer : « Eh bien, je démissionne » ; mais je ne l'ai pas fait.

Michel Houellebecq, ***Extension du domaine de la lutte***, © Éditions Maurice Nadeau, 1994.

a. Lignes 5 à 12, surlignez les commentaires du narrateur-personnage. Que traduisent-ils précisément de ses relations avec son supérieur ?

....

....

....

b. Que peut indiquer la dernière phrase sur le caractère du narrateur-personnage ?

....

....

c. À votre avis, quel aspect de la société Houellebecq va-t-il explorer dans ce roman ?

....

....

Analyser le travail sur le langage

3 *Le Dr Révol, de garde à l'hôpital, accueille le SAMU.*

[Le médecin du SAMU] détaille à l'attention de Révol : les examens neurologiques ont montré une absence de réaction spontanée aux stimulations auditives (les appels), visuelles (la lumière), ou tactiles ; en outre on a des troubles oculaires (mouvements asymétriques des yeux), et des troubles végétatifs d'ordre respiratoire ; on a intubé direct. Il ferme les yeux en lissant son crâne du front vers l'occiput : suspicion d'hémorragie cérébrale suite à un trauma crânien, coma aréactif, Glasgow 3 – il use de cette langue qu'ils partagent, langue qui bannit le prolixe[1] comme perte de temps, proscrit l'éloquence et la séduction des mots, abuse des nominales, des codes et des acronymes, langue où parler signifie d'abord décrire, autrement dit renseigner un corps, rassembler les paramètres d'une situation afin de permettre qu'un diagnostic soit posé, que des examens soient demandés, que l'on soigne et que l'on sauve : puissance du succinct.

Maylis de Kerangal, ***Réparer les vivants***, © Éditions Verticales, 2014.

1. Bavardage.

a. Soulignez les termes appartenant au champ lexical de la médecine. Pourquoi le narrateur parle-t-il de « langue » pour les désigner ?

....

....

b. En quoi la langue du narrateur s'oppose-t-elle à celle des médecins ? Justifiez.

....

....

....

....

....

....

....

c. Quel est l'intérêt de cette description d'une « langue » dans une autre, selon vous ?

....

....

....

Analyser le traitement de l'actualité

4 *Nawal, accompagnée de son amie Sawda, recherche son enfant en pleine guerre.*

NAWAL. – À l'orphelinat de Nabatiyé, il n'y avait personne. On est venu ici. À Kfar Rayat.

LE MÉDECIN. – Vous n'auriez pas dû. Ici non plus il n'y a plus d'enfants.

NAWAL. – Pourquoi ?

LE MÉDECIN. – C'est la guerre.

SAWDA. – Quelle guerre ?

LE MÉDECIN. – Qui sait ? Personne ne comprend. Les frères tirent sur leurs frères et les pères sur leurs pères. Une guerre. Mais quelle guerre ? Un jour 500 000 réfugiés sont arrivés de l'autre côté de la frontière. Ils ont dit : « On nous a chassés de nos terres. Laissez-nous vivre à vos côtés. » Des gens d'ici ont dit oui, des gens d'ici ont dit non, des gens d'ici ont fui. Des millions de destins. Et on ne sait plus qui tire sur qui ni pourquoi. C'est la guerre.

Wajdi Mouawad, ***Incendies***, « Le sang des promesses », Tableau 17, © Éditions Actes Sud, 2003.

a. Dans quelle partie du monde peut se passer ce dialogue ? Pourquoi ?

....

....

....

b. Surlignez les passages contenant des répétitions. Que soulignent-elles ?

....

....

c. Comment comprenez-vous la dernière phrase du médecin ?

....

....

....

29 Les différentes formes poétiques

EXO Quiz

Retenir

Forme	Définition et tonalité	Composition
L'ode	Poème lyrique	• Composition en « **stances** », nommées « **strophes** » et « **antistrophes** ». • le poète **chante** avec enthousiasme **le sentiment qui le domine**, honore la nature ou un personnage puissant.
L'épigramme	Poème érotique, philosophique, ou satirique	**Courte pièce poétique** de quelques vers.
Le lai	Poème narratif sur la matière de Bretagne	Courts poèmes d'**inspiration bretonne**.
Le rondeau simple (triolet)	Poème lyrique à refrain	• Constitué de **7 à 8 vers** : les vers 4 à 7 répètent le vers 1 ; le vers 8 reprend le vers 2. • Ne comprend que **deux rimes différentes**.
Le rondeau nouveau	Poème lyrique à refrain	• Constitué de 10 (ou 13) vers sur **deux rimes**, et d'un **refrain**, appelé « **rentrement** ». • Le refrain ne reprend que le **premier hémistiche du 1er vers**. • On obtient les schémas suivants : quatrain + distique + rentrement + quatrain + rentrement *ou* quintil + tercet + rentrement + quintil + rentrement
La ballade	Forme poétique à refrain	• **Trois strophes régulières** (souvent huitains ou dizains) suivies d'un **envoi**. • L'**envoi** est égal à la **moitié des strophes précédentes**. • Chaque strophe se termine par un refrain qui reprend **le dernier vers de la première strophe**.
Le sonnet	Forme fixe d'origine italienne	• Composé de deux quatrains et deux tercets. • Se termine par une chute qui **résume la visée du poème**. • Écrit d'abord en décasyllabes, puis en alexandrins, il suit le schéma de rimes suivant : – **sonnet italien** : rimes en **ABBA ABBA CCD EED** – **sonnet français** : rimes en **ABBA ABBA CCD EDE**

S'approprier

Reconnaître une forme poétique

1 Lisez le texte suivant.

Je ne sais comment je dure,
Car mon dolent[1] cœur fond d'ire[2]
Et plaindre n'ose, ni dire
Ma douloureuse aventure,
Ma dolente vie obscure.
Rien, hors la mort ne désire ;
Je ne sais comment je dure.
Et me faut, par couverture[3],
Chanter que mon cœur soupire
Et faire semblant de rire ;
Mais Dieu sait ce que j'endure.
Je ne sais comment je dure.

Christine de Pisan, *Rondeaux*, 1396.

1. Douloureux. – 2. Colère. – 3. Pour cacher mes sentiments.

a. Surlignez le vers qui se répète au fil du poème. Quel effet produit-il ?

....

....

b. Montrez que le thème du poème est lyrique.

....

....

....

2 Lisez le texte suivant.

Dedans Paris, ville jolie,
Un jour passant[1] mélancolie,
Je pris alliance nouvelle
À la plus gaie demoiselle
Qui soit d'ici en Italie.
D'honnêteté elle est saisie,
Et crois, selon ma fantaisie,
Qu'il n'en est guère de plus belle
Dedans Paris.
Je ne vous la nommerai mie[2],
Sinon qu'elle est ma plus grand'amie
Car l'alliance se fit telle,
Par un doux baiser que j'eus d'elle,
Sans penser aucune infamie,
Dedans Paris.

Clément Marot, *L'Adolescence clémentine*, 1532-1538.

1. Ne donnant pas prise à. – 2. Pas.

a. De quelle forme poétique s'agit-il ?

....

b. Nommez les éléments qui le composent.

....

....

3 Rossignol mon mignon, qui dans cette saulaie
Vas[1] seul de branche en branche à ton gré voletant,
Dégoisant[2] à l'envi de moi, qui vais chantant
Celle qu'il faut toujours que dans la bouche j'aie,

Nous soupirons tous deux, ta douce voix s'essaie
De fléchir celle-là, qui te va tourmentant,
Et moi, je suis aussi celle-là regrettant,
Qui m'a fait dans le cœur une si aigre plaie.

Toutefois, Rossignol, nous différons d'un point.
C'est que tu es aimé, et je ne le suis point,
Bien que tous deux ayons les musiques pareilles,

Car tu fléchis t'amie au doux bruit de tes sons,
Mais la mienne, qui prend à dépit mes chansons,
Pour ne les écouter se bouche les oreilles.

Pierre de Ronsard, Pièce retranchée des *Amours*, 1578.

1. Le poète s'adresse au rossignol : c'est donc la 2e personne qui commande l'accord du verbe. – **2.** Bavardant.

a. **De quelle forme poétique s'agit-il ?**

....

b. **Observez les tercets et précisez s'il s'agit de la variante « française » ou « italienne ».**

....

c. **Quel effet produit la pointe du dernier vers ?**

....

....

....

4 **Lisez le texte suivant.**

Je n'ai plus soif, tarie est la fontaine ;
Je suis bien échauffé, mais sans le feu amoureux ;
Je vois bien clair, mais il n'en faut pas moins que
l'on me guide ;
Folie et sens me gouvernent tous les deux ;
Je m'éveille ensommeillé en Nonchaloir[1] ;
C'est de ma part un état mêlé,
Ni bien, ni mal, au gré du hasard.

Je gagne et je perds, m'escomptant[2] à la semaine ;
Rires, Jeux, Plaisirs, je n'en tiens pas compte ;
Espoir et Deuil me mettent hors d'haleine ;
Chance, en me flattant, m'est pourtant trop
rigoureuse ;
D'où vient que je rie et me désole ?
Est-ce par sagesse, ou par folie bien prouvée ?
Ni bien, ni mal, au gré du hasard.

Je suis récompensé d'un cadeau malheureux ;
En combattant, je me rends courageux ;
Joie et Souci m'ont mis en leur pouvoir ;
Tout déconfit[3], je me tiens au rang des preux ;
Qui saurait dénouer pour moi tous ces nœuds ?
Il y faudrait une tête d'acier, bien armée,
Ni bien, ni mal, au gré du hasard.

Charles d'Orléans, *Œuvres poétiques*, ballade CXX, vers 1454-1465.

1. Indifférence. – **2.** Réglant mes dettes. – **3.** Humilié, en échec.

a. **Quelle est la partie manquante de cette ballade ?**

....

b. **Proposez un envoi.**

....

....

....

....

Analyser une forme poétique

5 **Lisez les textes suivants.**

Texte 1

Jean Fréron est un critique littéraire très sévère. Voltaire lui répond.

L'autre jour au fond d'un vallon
Un serpent piqua Jean Fréron,
Que pensez-vous qu'il arriva ?
Ce fut le serpent qui creva.

Texte 2

Le jour du mariage de Napoléon III avec Eugénie de Montijo, voilà ce qui circula anonymement dans Paris :

Montijo, plus belle que sage
De l'Empereur comble les vœux.
Ce soir, s'il trouve un pucelage[1]
C'est que la belle en avait deux !

1. S'il s'aperçoit qu'elle est encore vierge.

a. **Quelle est la forme poétique utilisée ici ?** ....

b. **Explicitez pour chacun la pointe finale.**

....

....

....

....

6 La terreur de son nom rendra nos villes fortes,
On n'en gardera plus ni les murs ni les portes,
Les veilles cesseront aux sommets de nos tours :
Le fer mieux employé cultivera la terre,
Et le peuple qui tremble aux frayeurs de la guerre,
Si ce n'est pour danser n'orra[1] plus de tambours.

Loin des mœurs de son siècle il bannira les vices,
L'oisive nonchalance, et les molles délices
Qui nous avaient portés jusqu'aux derniers hasards :
Les vertus reviendront de palmes couronnées,
Et ses justes faveurs aux mérites données
Feront ressusciter l'excellence des arts.

Malherbe, *Œuvres*, éd. posthume, 1630.

1. N'entendra.

a. **À votre avis, à qui est destinée cette ode ?** ....

b. **À votre avis, quelle est l'intention du poète, par cette ode ?**

....

....

EXO Quiz

30 Analyser un texte poétique : formes, versification, rythme et sonorités

Retenir

Principaux procédés de versification

Allitération	Retour de la même consonne. Pour qui sont ces serpents qui sifflent sur nos têtes ? (Racine, *Andromaque*)
Assonance	Retour de la même voyelle. Les sanglots longs / Des violons / De l'automne (Verlaine, « Chanson d'Automne »)
Césure	Coupe placée au milieu du vers pour l'alexandrin, l'hexasyllabe et l'octosyllabe.
Contre-rejet	Élément bref qu'il faut aller chercher au vers précédent (contre-rejet externe) ou dans l'hémistiche précédent (interne). La nuit était lugubre ; on entendait **des coups** De fusil dans la rue où l'on en tuait d'autres. (Hugo, « Souvenir de la nuit du 4 », *Les Châtiments*)
Diérèse	Prononciation en deux syllabes de deux voyelles collées l'une à l'autre. *pa-ssi-on*
Enjambement	Le rejet se prolonge jusqu'à la césure suivante.
Hémistiche	Moitié d'un vers.
Mètre	Unité rythmique correspondant au nombre de syllabes qui composent le vers.
Rejet	Élément bref en fin du vers, et qui déborde sur le vers suivant. La nuit était lugubre ; on entendait des coups **De fusil** dans la rue où l'on en tuait d'autres. (Hugo, « Souvenir de la nuit du 4 », *Les Châtiments*) Un élément en fin d'hémistiche peut aussi déborder sur l'hémistiche suivant (rejet interne).
Rimes	Répétition d'un son à la fin des vers. Elles peuvent être **plates** (ou suivies : aabb), **croisées** (abab), **embrassées** (abba) ; **pauvres** (un seul son commun), **suffisantes** (deux sons communs) et **riches** (trois sons communs ou plus).
Rondeau	Poème court avec refrain.
Sonnet	Poème constitué de deux quatrains et d'un sizain (de deux tercets).

S'approprier

S'exercer à analyser

1 *Henri IV commande un poème à Malherbe. Le poète appelle, au nom du roi, la bénédiction de Dieu, qu'il tutoie.*

La foi de ses aïeux, ton amour et ta crainte
Dont il porte dans l'âme une éternelle empreinte
D'actes de piété[1] ne pourront l'assouvir ;
Il étendra ta gloire autant que sa puissance
Et, n'ayant rien si cher que ton obéissance,
Où tu le fais régner il te fera servir.

François de Malherbe, « Prière pour le roi allant en Limousin », strophe 13, 1605.

1. Foi.

a. Identifiez le mètre choisi par le poète.

....

b. Placez les césures en ajoutant une barre oblique à la moitié du vers. En quoi les mots placés à la césure sont-ils importants pour le sens du poème ?

....
....
....
....

c. Quel phénomène de versification observez-vous au vers 3 ? Sur quel mot ? ....

....

d. Qualifiez le rythme du poème (choisissez un adjectif parmi les suivants) : haché, irrégulier, rapide, régulier.

....

e. Quel est le nom de cette strophe ? ....

f. Observez le schéma des rimes. Relevez deux rimes signifiantes en justifiant votre réponse.

....
....
....
....
....

2 *Cette fable est dédiée au prince de Conti qui avait risqué la disgrâce à cause de lettres critiques contre Louis XIV.*

Comme les Dieux sont bons, ils veulent que les Rois
    Le soient aussi : c'est l'indulgence
    Qui fait le plus beau de leurs droits,
    Non les douceurs de la vengeance :
Prince, c'est mon avis. On sait que le courroux[1]
S'éteint en votre cœur sitôt qu'on l'y voit naître.
Achille qui du sien ne put s'en rendre maître,
    Fut par là moins Héros que vous.

Jean de La Fontaine, *Fables,* Livre XII, fable XII, 1694.

1. La colère.

a. Comptez le nombre de syllabes par vers puis nommez les différents mètres.

b. Quelle forme poétique identifiez-vous ?

c. Placez les césures en ajoutant une barre oblique à la moitié des vers.

d. Certains mots ont été soulignés. Quel phénomène rythmique identifiez-vous ? En quoi le rythme est-il au service du sens du poème ?

e. Au vers 2, « Le soient aussi » est-il placé en rejet ou y a-t-il un enjambement ? Justifiez votre réponse.

f. Que cherche à obtenir La Fontaine ?

g. Dès lors, si vous n'aviez à conserver que deux mots qui riment, lesquels conserveriez-vous ? Comment appelle-t-on une rime qui fait sens ?

3 Et la mer et l'amour ont l'amer pour partage,
Et la mer est amère, et l'amour est amer,
L'on s'abîme en l'amour aussi bien qu'en la mer,
Car la mer et l'amour ne sont point sans orage.

Pierre de Marbeuf, « Et la mer et l'amour... », *Recueil des vers de M. de Marbeuf*, 1628, orth. modernisée.

a. Identifiez le mètre utilisé, la strophe choisie et le schéma des rimes.

b. Quel jeu sur les sonorités observez-vous ?

c. Quel point commun entre la mer et l'amour ce jeu sur les sonorités met-il en évidence ?

S'approprier l'écriture poétique versifiée

4 Des vers de Ronsard ont été retrouvés, mais la versification a été supprimée et certains mots effacés.

a. À vous de rétablir la versification et les trois mots manquants. Vous pouvez faire plusieurs propositions.

Indices : Il s'agit de décasyllabes, organisés en un quatrain et deux tercets (qui forment un sizain). Le quatrain a un schéma de rimes embrassées et les rimes du sizain sont plates puis embrassées.

Je veux muer mes deux yeux en .... mon cœur en feu, ma tête en un rocher mes pieds en tronc, pour jamais n'approcher de sa beauté si fièrement humaine. Je veux changer mes pensers en ...., mes doux soupirs en zéphyres nouveaux, qui par le monde éventeront ma plainte. Et veux encor' de ma pâle couleur, aux bords du Loir enfanter une fleur, qui de mon nom et de mon mal soit ....

Pierre de Ronsard, *Les Amours*, 1552, orth. modernisée.

b. À quelle forme fixe appartient ce poème ?

Indice : Il manque la 1re strophe.

c. Quelle est la 1re strophe manquante ?

5 Expression écrite

À la manière de Marbeuf (exercice 3), rédigez un quatrain dans lequel vous jouerez avec les sonorités des mots et qui commencera par « Et le vent et la vie... ».

6 Vers la question de langue oral du BAC

Proposez une analyse syntaxique de la phrase suivante, extraite de l'exercice 2 : « On sait que le courroux / S'éteint en votre cœur, sitôt qu'on l'y voit naître. »

31 Les différents genres théâtraux

EXO Quiz

Retenir

1 Le XVIIe, ou l'âge d'or du théâtre

Tragédie

- Issue de l'**Antiquité**, elle met en scène des **personnages nobles** qui **luttent** contre la **fatalité** imposée par les dieux. Ils sont en proie à un dilemme (amour/devoir).
- Son dénouement est **malheureux** (Racine, *Phèdre*). (➜ fiche 23)

Tragi-comédie

- Créée au XVIIe siècle, elle met en scène des **personnages nobles en prise avec un dilemme**, mais son **dénouement** est **heureux** (Corneille, *Le Cid*).
- **Plus nuancée** et plus proche de la réalité humaine que la tragédie, elle a aussi une **fonction d'exemplarité.**

Comédie

- Elle met en scène des **personnages du commun** (bourgeois, paysans) dans des **situations qui portent à rire** (Molière, *L'Avare*).
- Parfois **satire sociale**, la comédie vise à **faire rire des vices des hommes** pour les en **corriger.**

2 La révolution du drame aux XVIIIe et XIXe siècles

Drame bourgeois

- Apparu au XVIIIe siècle, il met en scène des **personnages bourgeois** dans une **intrigue familiale** (Diderot, *Le Fils naturel*).
- Le **dénouement, heureux,** met en évidence le **triomphe de la vertu.**
- **Fonction morale.**

Drame romantique

- Dans la lignée du mouvement romantique au XIXe siècle, il **rejette les règles du théâtre classique** et s'inspire du théâtre shakespearien : **intrigue historique et sérieuse, personnages héroïques** qui côtoient des personnages **bouffons**, passages comiques, **dénouement incertain** (Hugo, *Hernani*).
- **Fonction politique.**

Vaudeville

- Apparu fin XIXe, il met en scène des **personnages bourgeois** dans des **situations cocasses**, truffées de **quiproquos** (Labiche, *Le Voyage de M. Perrichon*).
- **Fonction divertissante.**

3 Modernités théâtrales

Le XXe siècle se caractérise par une **grande diversité de genres et de formes.** Quelques genres se distinguent particulièrement. Parmi eux :

Théâtre de l'absurde

Après la Seconde Guerre mondiale, il illustre un certain **désenchantement vis-à-vis de l'humanité**, un désespoir quant à la capacité de l'homme à communiquer (Ionesco, Beckett). (➜ fiche 27)

Théâtre d'idées

Le théâtre d'idées, ou engagé, recouvre une myriade de formes théâtrales : autant les **réécritures de mythes antiques** (Anouilh, *Antigone*) qui reflètent une réalité contemporaine, que des **pièces ancrées dans l'actualité** (Koltès, Sartre).

S'approprier

Distinguer le genre d'une pièce

1 Lisez le texte suivant.

LE CHŒUR. – Et voilà. Maintenant, le ressort est bandé. Cela n'a plus qu'à se dérouler tout seul. C'est cela qui est commode dans la tragédie. On donne le petit coup de pouce pour que cela démarre, […]. Après, on n'a plus qu'à laisser faire. On est tranquille. Cela roule tout seul. C'est minutieux, bien huilé depuis toujours. […] Dans le drame, on se débat parce qu'on espère en sortir. C'est ignoble, c'est utilitaire.

J. Anouilh, *Antigone*, © Éditions de la Table ronde, 1943.

Quelle différence le chœur fait-il entre la tragédie et le drame ?

....

2 Parmi les extraits suivants, lequel appartient à une comédie classique, et lequel à un vaudeville ? Justifiez.

Extrait 1

Toinette s'est déguisée en médecin pour donner une leçon à son maître hypocondriaque, Argan.

TOINETTE. – […] C'est du poumon que vous êtes malade.
ARGAN. – Du poumon ?
TOINETTE. – Oui. Que sentez-vous ?
ARGAN. – Je sens de temps en temps des douleurs de tête.
TOINETTE. – Justement, le poumon.
ARGAN. – Il me semble parfois que j'ai un voile devant les yeux.
TOINETTE. – Le poumon. […] Vous avez appétit à ce que vous mangez ?
ARGAN. – Oui, monsieur

Toinette. – Le poumon. Vous aimez à boire un peu de vin ?

Argan. – Oui, monsieur.

Toinette. – Le poumon. [...] le poumon, vous dis-je.

Molière, *Le Malade imaginaire*, acte III, scène 10, 1673.

....

....

....

Extrait 2

Pontagnac suit sa maîtresse, Lucienne, jusqu'à chez elle. Celle-ci appelle son mari, Vatelin... qui le connaît et les présente !

Vatelin. – Au fait ! je ne sais pas si c'est très prudent ce que je fais là de te présenter Pontagnac.

Pontagnac. – Pourquoi ça ?

Vatelin. – Ah ! c'est que c'est un tel gaillard. Un tel pécheur devant l'Éternel ! Tu ne le connais pas ? Il ne peut pas voir une femme sans lui faire la cour ! il les lui faut toutes !

Lucienne, *railleuse*. Toutes ! Ah ! ça n'est pas flatteur pour chacune.

Pontagnac. – Oh ! madame, il exagère ! *(À part.)* Est-il bête de lui raconter ça ! [...]

Lucienne. – Ah ! j'avoue que si j'avais dû être une de ces « toutes », je n'en serais pas fière... Asseyez-vous donc !... [...]

Pontagnac, *à part, en s'asseyant sur le canapé*. C'est bien ça ! elle me raille. [...]

Lucienne. – C'est qu'aussi il faut, messieurs, que vous ayez une bien piteuse opinion de nous, à voir la façon dont certains de vous nous traitent ! [...] ceux qui espèrent nous prendre d'assaut en nous suivant dans la rue, par exemple !

Pontagnac, *à part*. Allons, bien ! Voilà autre chose !

Vatelin. – Oh ! mais ça ! quels sont ceux qui suivent dans la rue, les gâteux, les gigolos et les imbéciles ?...

Lucienne, *très aimable, à Pontagnac*. Choisissez !...

Pontagnac, *embarrassé*. Mais, madame, je ne sais pas pourquoi vous me dites...

Vatelin. – Oh ! ma femme parle en général.

Lucienne. – Naturellement !

G. Feydeau, *Le Dindon*, scène II, 1896.

....

....

Repérer les caractéristiques d'un genre théâtral

3 *Intérieur bourgeois anglais, avec des fauteuils anglais. Soirée anglaise. M. Smith, anglais, dans son fauteuil et ses pantoufles anglaises, fume sa pipe anglaise et lit un journal anglais, près d'un feu anglais. Il a des lunettes anglaises, une petite moustache grise, anglaise. À côté de lui, dans un autre fauteuil anglais, Mme Smith, anglaise, raccommode des chaussettes anglaises. Un long moment de silence anglais. La pendule anglaise frappe dix-sept coups anglais.*

Mme Smith. – Tiens, il est neuf heures. Nous avons mangé de la soupe, du poisson, des pommes de terre au lard, de la salade anglaise. Les enfants ont bu de l'eau anglaise. Nous avons bien mangé, ce soir. C'est parce que nous habitons dans les environs de Londres et que notre nom est Smith.

M. Smith, *continuant sa lecture, fait claquer sa langue.*

E. Ionesco, *La Cantatrice chauve*, © Éditions Gallimard, 1950.

a. Surlignez les éléments qui vous paraissent irreprésentables sur scène, dans la didascalie initiale.

b. Quel est l'intérêt de cette didascalie ?

....

....

....

c. Quels autres indices, dans la réplique de Mme Smith, nous annoncent qu'il s'agit de théâtre de l'absurde ?

....

....

....

....

4 *Jason veut répudier Médée, dont il a deux enfants, pour épouser Créüse. Médée accepte, mais veut se venger :*

[...] Que n'a-t-elle déjà des enfants de Jason,
Sur qui plus pleinement venger sa trahison !
Suppléons-y des miens ; immolons avec joie
Ceux qu'à me dire adieu Créuse me renvoie.
Nature, je le puis sans violer ta loi :
Ils viennent de sa part, et ne sont plus à moi.
[...] Il faut que leur trépas[1] redouble son tourment ;
Il faut qu'il souffre en père aussi bien qu'en amant.
Mais quoi ! J'ai beau contre eux animer mon audace,
La pitié la combat, et se met en sa place ;
Puis, cédant tout à coup la place à ma fureur,
J'adore les projets qui me faisaient horreur :
De l'amour aussitôt je passe à la colère,
Des sentiments de femme aux tendresses de mère.
[...] Je n'exécute rien, et mon âme éperdue
Entre deux passions demeure suspendue.
N'en délibérons plus, mon bras en résoudra.

Corneille, *Médée*, acte V, scène II, 1635.

1. Mort.

a. Comment Médée s'apprête-t-elle à se venger ? Pourquoi ?

....

....

b. Quelles sont les deux « passions » entre lesquelles l'âme de Médée demeure « suspendue » ?

....

....

c. Surlignez les antithèses à partir du vers 10. À quoi voit-on que Médée lutte pour résoudre son dilemme ?

....

....

EXO Quiz

32 Analyser un texte de théâtre : les formes de la parole théâtrale

Retenir

Formes de la parole théâtrale

- **Langage non verbal**
  - Les **didascalies externes** sont destinées :
    - au **metteur en scène : décor, lumières, accessoires…**
    - aux **comédiens : posture, mimique, gestuelle, ton, regard…**
    - parfois au **lecteur**.
- **Langage verbal**
  - **Aparté :** le personnage s'adresse au public ou à lui-même sans que les personnages sur scène l'entendent.
  - **Double énonciation :** spécificité du langage théâtral. Les propos sur scène s'adressent à la fois aux personnages et au public.
  - **Monologue :** un personnage, seul sur scène, parle.
  - **Quiproquo :** situation de malentendu où un personnage comprend autre chose que ce qu'il aurait dû comprendre.
  - **Stichomythie :** ensemble de brèves répliques échangées au sein d'un dialogue.
  - **Tirade :** longue réplique dans un dialogue.

S'approprier

Étudier la mise en scène d'un dialogue

1 Lisez le texte suivant.

Les habitants d'une ville imaginaire se transforment en rhinocéros. Cette maladie contagieuse, symbole de leur adhésion progressive aux principes totalitaires nazis, atteint progressivement toute la population. Seul Bérenger résiste.

BÉRENGER, *se regardant toujours dans la glace.* – Ce n'est tout de même pas si vilain que ça, un homme. Et pourtant, je ne suis pas parmi les plus beaux ! Crois-moi, Daisy ! (*Il se retourne.*) Daisy ! Daisy ! Où es-tu, Daisy ? Tu ne vas pas faire ça ! (*Il se précipite vers la porte.*) Daisy ! (*Arrivé sur le palier, il se penche sur la balustrade.*) Daisy ! remonte ! reviens, ne me laisse pas tout seul ! (*Il renonce à l'appeler, fait un geste désespéré et rentre dans sa chambre.*)[…]On ne m'aura pas. […] Je ne vous suivrai pas, je ne vous comprends pas ! Je reste ce que je suis. Je suis un être humain.

Eugène Ionesco, *Rhinocéros*, © Éd. Gallimard, 1960.

a. Soulignez les didascalies. Qu'apportent-elles à la scène ?

b. S'agit-il d'un monologue ? Précisez votre réponse.

c. En quoi la porte est-elle un élément scénique important ?

2 Lisez le texte suivant.

SGANARELLE, MARTINE,
paraissant sur le théâtre en se querellant.

SGANARELLE. – Non, je te dis que je n'en veux rien faire, et que c'est à moi de parler et d'être le maître.

MARTINE. – Et je te dis, moi, que je veux que tu vives à ma fantaisie, et que je ne suis point mariée avec toi pour souffrir tes fredaines[1].

SGANARELLE. – Ô la grande fatigue que d'avoir une femme ! et qu'Aristote a bien raison, quand il dit qu'une femme est pire qu'un démon !

MARTINE. – Voyez un peu l'habile homme, avec son benêt d'Aristote !

SGANARELLE. – Oui, habile homme : trouve-moi un faiseur de fagots qui sache, comme moi, raisonner des choses, qui ait servi six ans un fameux médecin, et qui ait su, dans son jeune âge, son rudiment[2] par cœur.

MARTINE. – Peste du fou fieffé[3] !

SGANARELLE. – Peste de la carogne[3] !

MARTINE. – Que maudit soit l'heure et le jour où j'avisai d'aller dire oui !

SGANARELLE. – Que maudit soit le bec cornu de notaire qui me fit signer ma ruine !

Molière, *Le Médecin malgré lui*, acte I, scène I, 1666.

1. Pour supporter tes fautes. – **2.** Les connaissances de base. – **3.** Les personnages s'insultent.

a. Observez la didascalie externe initiale : de quel type de scène s'agit-il ?

....

b. Observez et commentez l'enchaînement des quatre dernières répliques. Que renforce cette construction du texte ? Surlignez les éléments qui vous ont permis de répondre.

....

....

....

....

c. Comment appelle-t-on cet enchaînement de courtes répliques ?

....

Interpréter les formes de parole

3 Lisez le texte suivant.

Nous sommes sur l'île des esclaves. Les rôles sont inversés et les domestiques sont libres de parler de leurs maîtres. Cléanthis fait le portrait de sa maîtresse Euphrosine, à la demande de Trivelin, le maître du jeu.

TRIVELIN. – En quoi donc, par exemple, lui trouvez-vous les défauts dont nous parlons ?

CLÉANTHIS. – En quoi ? Partout, à toute heure, en tous lieux ; je vous ai dit de m'interroger ; mais par où commencer ? Je n'en sais rien, je m'y perds. Il y a tant de choses, j'en ai tant vu, tant remarqué de toutes les espèces, que cela se brouille. Madame se tait, Madame parle ; elle regarde, elle est triste, elle est gaie : silence, discours, regards, tristesse et joie : c'est tout un, il n'y a que la couleur de différente ; c'est vanité muette, contente ou fâchée ; c'est coquetterie babillarde[1], jalouse ou curieuse ; c'est, Madame, toujours vaine[2] ou coquette, l'un après l'autre, ou tous les deux à la fois : voilà ce que c'est, voilà par où je débute ; rien que cela.

Marivaux, *L'Île des esclaves*, scène 3, 1725.

1. Bavarde. – **2.** Vaniteuse.

a. Cléanthis parle longtemps. Comment nomme-t-on, au théâtre, cette longue réplique ?

....

b. Pourquoi Cléanthis parle-t-elle longtemps ?

....

....

....

....

4 Lisez le texte suivant.

La chambre à coucher de la mère.

LA TRÈS JEUNE FILLE. – Dis donc, tu veux pas te lever aujourd'hui ! Ça fait des semaines que t'es couchée ! Tu dois en avoir marre, non ? Moi j'en ai marre en tout cas. (*La mère, très faible, murmure quelques paroles incompréhensibles.*) J'entends pas… ! Quoi ? (*La mère, idem*) Excuse-moi, j'entends pas maman ce que tu dis. Faudrait que tu parles plus fort… Je te l'ai déjà dit.

LA VOIX DE LA NARRATRICE. – Alors parfois, la très jeune fille se sentait obligée de faire comme si elle avait très bien compris.

LA TRÈS JEUNE FILLE. – T'as tout le temps envie de dormir, c'est ça que tu as dis ?

LA MÈRE (*murmurant, quasiment inaudible*). – Ma chérie il faut que je te dise que je vais bientôt mourir.

LA TRÈS JEUNE FILLE. – Je le sais ça, que t'as tout le temps envie de dormir.

LA MÈRE (*inaudible*). – Chérie, je vais m'en aller…

Joël Pommerat, *Cendrillon*, Première partie, scène 2, © Éditions Actes Sud, 2011.

a. Quelle situation théâtrale cet échange entre la mère et la petite fille met-il en scène ? Quels sont les effets de cette conversation sur le spectateur ? Soulignez les éléments qui vous ont permis de répondre.

....

....

....

....

b. Quelle forme originale de parole théâtrale Joël Pommerat utilise-t-il pour cette réécriture du conte *Cendrillon* en version théâtrale ?

....

....

....

5 Vers le bac

Vers le commentaire de texte (extrait 1, Ionesco) Vous montrerez que l'agitation et l'angoisse du personnage passent autant par la représentation et le langage non verbal que par le langage verbal.

6 Vers la question de langue oral du BAC

Analysez la construction syntaxique de cette phrase : « Il y a tant de choses, j'en ai tant vu, tant remarqué de toutes les espèces, que cela se brouille » (ex. 3).

....

....

....

....

....

....

EXO Quiz

33 Les genres argumentatifs

Retenir

→ Théorisée en Grèce antique avec la naissance de la démocratie, – qui repose sur la nécessaire confrontation des idées –, l'argumentation est utilisée en littérature, en philosophie, en sciences, en politique…

→ L'argumentation est :
– **directe** quand l'auteur expose ses idées en son nom, sans passer par des personnages de fiction ;
– **indirecte** quand l'auteur exprime ses idées à travers des personnages, des situations, des descriptions de fiction.

→ **Les principaux genres argumentatifs sont les suivants :**

Apologue

Récit fictif (argumentation indirecte), porteur d'une morale, qui peut être :

- **Un conte merveilleux :** narre des événements surnaturels, dans un temps et un espace non déterminés, et propose une fin heureuse.
- **Un conte philosophique :** délivre une morale à portée philosophique, sociale, morale ou religieuse. Il est souvent satirique.
- **Une utopie :** dépeint une société imaginaire idéale, qui permet le bonheur de tous.
- **Une dystopie (ou contre-utopie) :** dépeint une société imaginaire, qui empêche le bonheur de tous.
- **Une fable :** délivre une morale en mettant souvent en scène des animaux.

Discours

Destiné à **être prononcé (argumentation directe),** il vise à convaincre ou persuader l'auditoire. Il utilise les règles de la **rhétorique** (art de bien parler) pour marquer les esprits. **Il existe trois genres de discours :**

L'épidictique : fait l'éloge ou le blâme de quelqu'un ou de quelque chose. Envisage le présent, repose sur les principes du **beau** et du **laid**.
- **Sermon :** discours religieux.
- **Oraison funèbre :** discours religieux prononcé lors des obsèques d'un être illustre. Au sens large, hommage à un être disparu.

Le judiciaire : attaque ou défend quelqu'un ou quelque chose. Envisage le passé, repose sur les principes du **juste** ou de l'**injuste**.
- **Plaidoyer :** discours de la défense.
- **Réquisitoire :** discours de l'accusation.

Le délibératif : expose un point de vue et des arguments en vue d'une décision à prendre. Envisage le futur, repose sur les principes de l'**utile** ou du **nuisible**.

Essai

Forme libre dans laquelle l'auteur développe une **thèse**, une **opinion** sur un sujet, de manière personnelle (**argumentation directe**). Il peut être :

- **Un manifeste :** déclaration qui explique un programme politique ou esthétique.
- **Un article :** peut avoir une visée argumentative si l'auteur prend position.
- **Un pamphlet :** bref, virulent, il s'agit d'une critique violente d'un sujet d'actualité.
- **Une lettre ouverte :** s'adresse à un groupe de lecteurs et fait état de revendications.

→ **À noter :** le théâtre et le roman peuvent également être argumentatifs.

S'approprier

Distinguer les différents genres de discours

1 Lisez les textes suivants. Pour chaque extrait, vous direz s'il s'agit d'un discours épidictique, judiciaire ou délibératif. Vous pourrez ensuite préciser le type de discours (un réquisitoire, un sermon, ou une oraison funèbre).

Texte 1

En 1964, André Malraux est le ministre de la Culture.

Comme Leclerc entra aux Invalides, avec son cortège d'exaltation[1] dans le soleil d'Afrique, entre ici, Jean Moulin, avec ton terrible cortège. Avec ceux qui sont morts dans les caves sans avoir parlé, comme toi ; et même, ce qui est peut-être plus atroce, en ayant parlé ; avec tous les rayés et tous les tondus des camps de concentration, avec le dernier corps trébuchant des affreuses files de *Nuit et Brouillard*.

André Malraux, *Hommage à Jean Moulin*, Panthéon, 1964.

1. Excitation, célébration.

....
....
....
....

Texte 2

Martin Luther King était un pasteur noir américain, militant pour l'égalité des droits civiques et économiques des Blancs et des Afro-américains.

Je fais le rêve qu'un jour chaque vallée soit glorifiée, que chaque colline et chaque montagne soit aplanie, que les endroits rudes soient transformés en plaines, que les endroits tortueux soient redressés, que la gloire du Seigneur soit révélée et que tous les vivants le voient tous ensemble.

Martin Luther King, Discours lors de la Marche pour l'emploi et la liberté, Washington, 28 août 1963.

....
....
....

Texte 3

Ce discours a été prononcé lors du procès de Jérôme Kerviel, trader, accusé d'avoir détourné de l'argent.

Les faits sont là et ils sont aveuglants. C'est l'histoire d'un faussaire, d'un truqueur, d'un menteur. Et vous jugez à longueur d'année des gens qui ne valent pas mieux que lui mais qui eux ne font pas la une des journaux. Les faits sont simples : il a commis des faux et des abus de confiance au détriment de la banque.

Jean Veil, avocat de la Société Générale,
devant le tribunal correctionnel de Paris, le 24 juin 2010.

....

....

Analyser l'argumentation au service de débats esthétiques

2 Lisez les deux textes suivants.

Le roman de Flaubert, Madame Bovary, *publié en 1857, a attiré l'attention de la justice. Voici deux extraits de discours prononcés pendant le procès qui a été intenté contre Flaubert.*

Texte 1

Qui est-ce qui lit le roman de M. Flaubert ? Sont-ce des hommes qui s'occupent d'économie politique ou sociale ? Non ! Les pages légères de *Madame Bovary* tombent en des mains plus légères, dans des mains de jeunes filles, quelquefois de femmes mariées.

Extrait du discours d'Ernest Pinard, 1857.

Texte 2

À chaque ligne de son livre il fait ressortir la désillusion, et, au lieu de terminer par quelque chose de gracieux, il s'attache à nous montrer cette femme arrivant, après le mépris, l'abandon, la ruine de sa maison, à la mort la plus épouvantable. […] M. Flaubert est l'auteur […] d'un livre qui est l'excitation à la vertu par l'horreur du vice.

Extrait du discours de Jules Sénard, 1857.

a. Quel discours est un plaidoyer ? ....

b. Quel discours est un réquisitoire ? ....

c. Qui était donc l'avocat de Flaubert ? ....

Analyser l'argumentation au service de débats sociaux et éthiques

3 Il y a un siècle encore, le code couleur pour les enfants de chaque sexe n'existait pas. Lorsqu'il a commencé à se mettre en place, de surcroît[1], le rose était considéré comme une couleur masculine – « une version pastel du rouge, la couleur associée à la force » – et le bleu, « associé à la Vierge Marie, à la constance et à la fidélité », comme une couleur féminine. La déferlante[2] du rose *girly* ne date que du milieu des années 1980, lorsque « l'amplification des différences d'âge et de sexe devint une stratégie clé du marketing ciblant les enfants ».

Mona Chollet, *Beauté fatale*, © Zones, 2012.

1. De plus. – **2.** L'arrivée massive.

a. Les petites filles sont-elles naturellement portées vers la couleur rose ?

....

....

b. En quoi les campagnes marketing jouent-elles un rôle sur le développement des enfants ?

....

....

....

c. À quel genre argumentatif rattachez-vous ce texte ? Quel est son enjeu ?

....

....

....

Analyser l'argumentation indirecte

4 *Candide et Cacambo arrivent en Eldorado.*

En attendant, on leur fit voir la ville, les édifices publics élevés jusqu'aux nues, les marchés ornés de mille colonnes, les fontaines d'eau pure, les fontaines d'eau rose, celles de liqueurs de canne de sucre, qui coulaient continuellement dans de grandes places, pavées d'une espèce de pierreries qui répandaient une odeur semblable à celle du gérofle et de la cannelle. Candide demanda à voir la cour de justice, le parlement ; on lui dit qu'il n'y en avait point, et qu'on ne plaidait jamais. Il s'informa s'il y avait des prisons, et on lui dit que non. Ce qui le surprit davantage, et qui lui fit le plus de plaisir, ce fut le palais des sciences, dans lequel il vit une galerie de deux mille pas, toute pleine d'instruments de mathématique et de physique.

Voltaire, *Candide*, chap. XVIII, 1759.

a. En quoi cette ville est-elle une utopie ?

....

....

....

....

b. Quelle argumentation indirecte Voltaire mène-t-il ainsi ?

....

....

....

....

5 Vers la question de langue

oral du BAC

Analysez la phrase complexe suivante :

« Comme Leclerc entra aux Invalides, avec son cortège d'exaltation dans le soleil d'Afrique, entre ici, Jean Moulin, avec ton terrible cortège ». (Exercice 1, texte 1)

....

....

....

....

....

....

EXO Quiz

34 Analyser un texte argumentatif : les stratégies argumentatives

Retenir

→ Pour étayer (nourrir, soutenir) la **thèse** d'un texte, c'est-à-dire l'opinion défendue, on utilise différents types de raisonnements et d'arguments.

1 Les types de raisonnements

Type	Définition	Exemple
Concessif	Raisonnement qui **accorde à son adversaire un argument qui paraît juste pour mieux le critiquer ensuite.**	Certes, le prix a augmenté, mais la qualité est meilleure.
Par induction	Raisonnement qui part **d'une situation particulière pour en déduire une règle générale.**	*La morale à la fin d'une fable de La Fontaine* : Et puis nous y pouvons apprendre Que tel est pris qui croyait prendre. (« Le Rat et l'Huître », VIII, IX)
Par déduction	**Raisonnement qui part d'une règle générale ;** on en déduit la validité de cette règle appliquée à un cas particulier.	*Parfois, la morale de la fable est annoncée d'emblée, le récit vient ensuite illustrer la morale.*
	Cas particulier : le syllogisme Raisonnement en trois parties, dont les 2 premières (les prémisses) déterminent la conclusion.	Le vol est puni de trois ans d'emprisonnement. Cet homme a volé. Il doit être puni de trois ans d'emprisonnement.
Par analogie	**L'argument s'appuie sur une situation identique** à celle qu'on évoque (par comparaison).	Un bon discours, c'est comme un slalom : un portillon de départ, des portes qui définissent le tracé et une ligne d'arrivée.
Par l'absurde	Raisonnement qui démontre **l'inexactitude d'un raisonnement par l'absurdité de ses conséquences.**	Tout étant fait pour une fin, tout est nécessairement pour la meilleure fin. Remarquez bien que les nez ont été faits pour porter des lunettes ; aussi avons-nous des lunettes. (Voltaire)
Paradoxal	Raisonnement qui **heurte les idées communément admises** en reposant sur une apparente contradiction.	Le seul moyen de se délivrer d'une tentation, c'est d'y céder. (Wilde)

2 Les types d'arguments

TYPES D'ARGUMENTS

- **d'autorité** : Repose sur l'autorité d'une personne ou d'un organisme officiel. **Selon le Groupe d'Experts Intergouvernemental sur l'Évolution du Climat**, la température de la planète augmentera entre 2030 et 2052.
- ***ad hominem*** : Combat un argument non en le critiquant, mais en attaquant la personne qui le soutient pour la disqualifier. **Vous n'avez jamais** travaillé dans une usine, **vous ne pouvez** pas parler de ce que **vous ne connaissez pas.**
- **du précédent** : Repose sur les leçons du passé. Il faut renforcer la construction européenne car les rivalités entre États européens **ont déjà occasionné plusieurs guerres.**
- **de causalité** : Soutient une cause en vantant ses conséquences, ou l'inverse. Il faut augmenter les salaires **car cela entraînera** une hausse de la consommation et donc de la croissance.

S'approprier

Identifier les types de raisonnements

1 Quel est le type de raisonnement de chacun des textes suivants ?

Texte 1

Il n'y a de vraiment beau que ce qui ne peut servir à rien. L'endroit le plus utile d'une maison, ce sont les latrines. (**Gautier**)

Raisonnement ....

Texte 2

De même que certaines drogues évacuent certaines humeurs, et d'autres drogues, d'autres humeurs, que les unes font cesser la maladie, les autres la vie, de même il y a des discours qui affligent, d'autres qui enhardissent leurs auditeurs, et d'autres qui, avec l'aide maligne de Persuasion, mettent l'âme dans la dépendance de leur drogue et de leur magie. (**Gorgias**, IVe s. av. J.-C., trad. J.-L. Poirier.)

Raisonnement ....

Texte 3

Montesquieu fait parler un esclavagiste qui, lui-même, parle des Noirs réduits en esclavage.

Il est impossible que nous supposions que ces gens-là soient des hommes, parce que, si nous les supposions des hommes, on commencerait à croire que nous ne sommes pas nous-mêmes chrétiens. **(Montesquieu)**

Raisonnement ....

Texte 4

La propagande est, certes, un moyen de dominer le monde absurde et incohérent, de donner un but avec la possibilité de l'atteindre. Mais ce n'est pas le seul et le plus riche. (**R. Clausse**, © *Journal de l'actualité*, 1967)

Raisonnement ....

Texte 5

Il y a une quantité de femmes à qui les moeurs, la tradition refusent encore l'éducation, la culture [...], qui sont le privilège des hommes et à qui, cependant, on met sans scrupule des enfants dans les bras [...] ; on les empêche de vivre ; par compensation, on leur permet de jouer avec des jouets de chair et d'os. Il faudrait que la femme fût parfaitement heureuse ou qu'elle fût une sainte pour résister à la tentation d'abuser de ses droits.

Simone de Beauvoir, *Le Deuxième Sexe*, © Éditions Gallimard, 1949.

Raisonnement ....

Identifier les types d'arguments

2 **Quel est le type d'argument employé dans chacun des textes suivants ?**

Texte 1

Comment pouvez-vous contester l'intégrité de cette personne, vous qui avez été condamné pour escroquerie ?

Argument ....

Texte 2

Il faut commencer par se bien dire à soi-même et par se bien convaincre que nous n'avons rien à faire dans ce monde qu'à nous procurer des sensations et des sentiments agréables. Épicure soutenait déjà que l'on n'est heureux que par des goûts et des passions satisfaites. **(Madame du Châtelet)**

Argument ....

Texte 3

Il faut baisser les taux d'intérêt car cela permettra la hausse des investissements.

Argument ....

Texte 4

L'histoire nous montre que les grands débats qui ont divisé un moment les Français apparaissent avec le recul du temps comme une étape nécessaire à la formation d'un nouveau consensus social, qui s'inscrit dans la tradition de tolérance et de mesure de notre pays. **(Simone Veil)**

Argument ....

Identifier la structure d'un texte argumentatif

3 **Lisez le texte suivant.**

La curiosité est un joli défaut. En est-elle même toujours un ? Je n'en suis pas sûr. Nous lui devons les nombreux progrès de nos sciences : c'est la curiosité qui nous fait explorer l'infiniment grand et l'infiniment petit, l'univers et l'atome. Le monde est un problème pour l'homme, qu'il veut résoudre : la curiosité l'y pousse et c'est tant mieux. Ce qui vaut pour l'espèce vaut aussi pour l'individu. Un enfant sans curiosité, comment pourrait-il développer son intelligence, son sens de l'observation, son ouverture au monde et aux autres ? Enfin, nous devons à la curiosité quelques-uns des plaisirs innocents de l'existence : voyager, lire, s'asseoir à la terrasse d'un café, regarder les gens qui passent... L'homme est un spectacle pour l'homme, qu'il aime à observer. On m'objectera que ces émissions ou ces livres jouent moins sur la curiosité que sur le voyeurisme. J'en suis d'accord. Mais pas convaincu qu'il y ait, entre les deux attitudes, un abîme.

André Comte-Sponville, « La curiosité est un joli défaut »,
© *Psychologies* n° 198, juin 2001.

Ce texte contient une thèse, des arguments, la thèse adverse et une concession.

a. À quoi correspondent les passages surlignés ?

– en jaune : ....

....

– en violet : ....

– en vert : ....

b. Sur quel type de raisonnement le passage surligné en orange est-il construit ?

....

4 **Expression écrite**

Pensez à une œuvre que vous avez lue et particulièrement appréciée. Imaginez que cette œuvre soit désormais introuvable. Vous écrivez à une maison d'édition pour réclamer la réimpression de cette œuvre. Vous veillerez à utiliser des types de raisonnements et d'arguments variés que vous noterez dans la marge de votre travail.

5 **Vers la question de langue** — oral du BAC

Analysez cette interrogation (exercice 3, l. 1-2) :
« En est-elle même toujours un ? »

....

....

....

....

....

....

35 Les genres du récit

EXO Quiz

Retenir

1 Roman, nouvelle et conte

➜ Le récit peut prendre différentes formes, selon sa longueur et sa visée (divertir, critiquer...) :

Le roman

- **Long récit en prose** qui développe une fiction dans un **cadre** donné, autour de **personnages inventés** et richement construits grâce aux descriptions.
- Il propose un **regard sur le monde** :
  – soit pour **le donner à voir** tel qu'il est ;
  – soit pour **le condamner** ;
  – soit pour **l'embellir**.
- Il peut traduire l'**engagement** de son auteur.

La nouvelle

- **Plus courte que le roman**, elle propose un récit prenant naissance dans un **cadre réaliste**, et pouvant évoluer **vers le registre fantastique**.
- Les personnages sont peu nombreux, peu décrits.
- L'action est resserrée et s'appuie souvent sur un **effet de chute** (une fin surprenante).

Le conte

- Récit qui s'inscrit d'emblée dans un **registre merveilleux**.
- Les **personnages** sont **stéréotypés** (le roi, l'ogre, la sorcière...), le récit suit les **étapes du schéma narratif** (situation initiale, élément perturbateur, péripéties, élément de résolution, situation finale).
- Au XVIIIe siècle, Voltaire invente le **conte philosophique**, qui critique la société.

2 Récit biographique, autobiographie, autofiction

➜ Le récit peut prendre pour sujet un personnage ayant existé, voire l'auteur lui-même :

La biographie

- Récit qu'un auteur fait de la vie d'une personne, généralement à la 3e personne du singulier.
- Les **récits biographiques** prennent des formes variées, allant de la biographie historique au reportage journalistique.

L'autobiographie

- Récit à la 1re personne du singulier qu'un auteur fait de sa propre vie. Auteur = personnage principal
- L'**autobiographie** naît au XVIIIe siècle, avec *Les Confessions* de Rousseau (1782).

L'autofiction

- **Autobiographie romancée**, mélange de souvenirs réels et de faits inventés.
- Comme dans l'autobiographie, personnage, narrateur et auteur renvoient à la même personne.

S'approprier

Reconnaître les genres

1 Indiquez pour chacun de ces textes s'il s'agit d'un extrait de roman, de nouvelle ou de conte, en signalant les éléments qui vous ont permis de répondre.

Extrait 1

Jeanne, sortie la veille du couvent, libre enfin pour toujours, prête à saisir tous les bonheurs de la vie dont elle rêvait depuis si longtemps, craignait que son père hésitât à partir si le temps ne s'éclaircissait pas, et pour la centième fois depuis le matin elle interrogeait l'horizon.

Guy de Maupassant, *Une vie*, 1883.

....

....

....

....

....

....

....

Extrait 2

Il y avait une fois, dans le quartier des Gobelins, à Paris, une vieille sorcière, affreusement vieille, et laide, mais qui aurait bien voulu passer pour la plus belle fille du monde !

Pierre Gripari, *La Sorcière de la rue Mouffetard et autres contes de la rue Broca*, © Gallimard-Jeunesse, 1980.

....

....

Extrait 3

Je m'avançai effectivement pour la prendre ; mais jugez de mon étonnement lorsque à la place du pied de momie que j'avais acheté la veille, je vis la petite figurine de pâte verte mise à sa place par la princesse Hermonthis !

Théophile Gautier, *Le Pied de momie*, 1840.

....

....

....

Comparer la construction des personnages

2 a. Comparez ces trois extraits et indiquez si la description du personnage est tirée d'un roman, d'une nouvelle ou d'un conte.

b. Indiquez les éléments qui vous ont permis de répondre.

Extrait 1

Il devint progressivement maigre ; ses mollets tombèrent ; sa figure, bouffie par le contentement d'un bonheur bourgeois, se rida démesurément ; son front se plissa, sa mâchoire se dessina. Durant la quatrième année de son établissement rue Neuve Sainte-Geneviève, il ne se ressemblait plus. [...] Ses yeux bleus si vivaces prirent des teintes ternes et gris-de-fer, ils avaient pâli, ne larmoyaient plus, et leur bordure rouge semblait pleurer du sang.

Honoré de Balzac, ***Le Père Goriot*****,** 1835.

a. ....

b. ....

....

....

Extrait 2

La marquise de R... n'était pas fort spirituelle, quoiqu'il soit reçu en littérature que toutes les vieilles femmes doivent pétiller d'esprit. Son ignorance était extrême sur toutes les choses que le frottement du monde ne lui avait point apprises. [...] Elle était [...] étourdie, brusque, franche, quelquefois même cynique.

George Sand, ***La Marquise*****,** 1832.

a. ....

b. ....

....

....

....

Extrait 3

Il y avait une fois un marchand qui était extrêmement riche. Il avait six enfants, trois garçons et trois filles ; et, comme ce marchand était un homme d'esprit, il n'épargna rien pour l'éducation de ses enfants, et leur donna toutes sortes de maîtres. Ses filles étaient très belles ; mais la cadette, surtout, se faisait admirer, et on ne l'appelait, quand elle était petite, que *La belle enfant* ; en sorte que le nom lui en resta.

Mme Leprince de Beaumont, ***La Belle et la Bête*****,** 1757.

a. ....

b. ....

....

....

....

....

....

Analyser biographie, autobiographie, autofiction

3 a. Indiquez si les extraits suivants appartiennent au genre de la biographie, de l'autobiographie ou de l'autofiction.

b. Indiquez les éléments qui vous ont permis de répondre.

Extrait 1

Quand il me disait : Jean-Jacques, parlons de ta mère ; je lui disais : Hé bien ! mon père, nous allons donc pleurer : et ce mot seul lui tirait déjà des larmes.

Jean-Jacques Rousseau, ***Les Confessions*****,** 1782.

a. ....

....

b. ....

Extrait 2

Ma vie a des contours moins fermes. Comme il arrive souvent, c'est ce que je n'ai pas été, peut-être, qui la définit avec plus de justesse : bon soldat, mais point grand homme de guerre, amateur d'art, mais point cet artiste que Néron crut être à sa mort, capable de crimes, mais point chargé de crimes.

Marguerite Yourcenar, ***Mémoires d'Hadrien*****,** © Gallimard, 1951.

a. ....

b. ....

....

Extrait 3

Il tambourina pendant au moins deux minutes à sa porte, sous une pluie battante, avant que Houellebecq ne vienne lui ouvrir. L'auteur des *Particules élémentaires*[1] était vêtu d'un pyjama rayé gris qui le faisait vaguement ressembler à un bagnard de feuilleton télévisé [...].

Michel Houellebecq, ***La Carte et le Territoire*****,** © Flammarion, 2010.

1. Le deuxième roman de M. Houellebecq, publié en 1998.

a. ....

b. ....

....

....

....

....

....

4 Expression écrite

Rédigez la description d'un personnage de trois manières différentes : dans l'incipit d'un roman réaliste, dans l'incipit d'une nouvelle et dans celui d'un conte. Vous serez attentif à proposer une description riche pour le roman, une plus condensée pour la nouvelle, et celle d'un personnage stéréotypé pour le conte.

36 Narrateurs et points de vue

EXO Quiz

Retenir

1 Les différents types de narrateur

➜ On appelle « **narrateur** » la « voix » qui prend en charge le récit, et qui se différencie de l'auteur. L'**auteur** est la personne réelle qui rédige le récit, le narrateur celui qui le raconte. Il existe deux types de narrateur.

➜ Le narrateur, qu'il soit **intérieur** ou **extérieur à l'histoire**, peut **intervenir** dans le récit pour partager ses réflexions ou s'adresser directement au lecteur.

Narrateur

- **intérieur** : C'est l'un des personnages de l'histoire. Il raconte à la première personne.
- **extérieur** : Il est extérieur à l'histoire. Le récit est alors rédigé à la troisième personne.

2 Les différents types de points de vue

➜ Le **point de vue (ou focalisation)** correspond à ce que le lecteur perçoit d'un récit. Il existe **trois types de points de vue** :

Point de vue interne	Point de vue externe	Point de vue omniscient
• L'action est présentée à travers les yeux d'un personnage.	• L'action est présentée à travers les yeux d'un narrateur extérieur à l'histoire. Le lecteur suit les actes des personnages, sans avoir accès à ce qu'ils voient ou ressentent.	• L'action est présentée à travers les yeux d'un narrateur, extérieur à l'histoire, qui sait tout des personnages. Il en sait plus que les personnages eux-mêmes.
• Le lecteur a accès aux pensées et aux émotions d'un personnage.	• Le récit se fait à la 1re ou 3e personne du singulier.	• Le récit se fait à la 3e personne du singulier.
• Le récit se fait à la 1re ou 3e personne du singulier.		

➜ Au sein d'un même récit, **différents points de vue** peuvent alterner.

➜ Dans le cadre d'une narration à la première personne, le point de vue est forcément interne : il s'agit de celui du narrateur-personnage.

S'approprier

Repérer les types de narrateurs et de points de vue

1 Lisez l'extrait suivant.

On ne connaissait à Phileas Fogg ni femme ni enfants, – ce qui peut arriver aux gens les plus honnêtes, – ni parents ni amis, – ce qui est plus rare en vérité. Phileas Fogg vivait seul dans sa maison de Saville-row, où personne ne pénétrait. De son intérieur, jamais il n'était question. Un seul domestique suffisait à le servir.

Jules Vernes, *Le Tour du monde en quatre-vingts jours*, 1872.

a. À quel type de narrateur avons-nous affaire ?

....

....

b. Surlignez les passages dans lesquels le narrateur fait des commentaires.

c. Quel est le point de vue employé ? Justifiez votre réponse.

....

....

....

....

....

2 Lisez l'extrait suivant.

Le teint de ce petit paysan était si blanc, ses yeux si doux, que l'esprit un peu romanesque de Mme de Rênal eut d'abord l'idée que ce pourrait être une jeune fille déguisée, qui venait demander quelque grâce à M. le maire. Elle eut pitié de cette pauvre créature, arrêtée à la porte d'entrée, et qui évidemment n'osait lever la main jusqu'à la sonnette. Mme de Rênal s'approcha, distraite un instant de l'amer chagrin que lui donnait l'arrivée du précepteur. Julien, tourné vers la porte, ne la voyait pas s'avancer. Il tressaillit quand une voix douce lui dit tout près de l'oreille :

– Que voulez-vous ici, mon enfant ?

Julien se tourna vivement, et frappé du regard si rempli de grâce de Mme de Rênal, il oublia une partie de sa timidité. Bientôt, étonné de sa beauté, il oublia tout, même ce qu'il venait faire. […] Julien n'avait jamais vu un être aussi bien vêtu et surtout une femme avec un teint si éblouissant, lui parler d'un air doux. Mme de Rênal regardait les grosses larmes, qui s'étaient arrêtées sur les joues si pâles d'abord et maintenant si roses de ce jeune paysan.

Stendhal, *Le Rouge et le Noir*, 1830.

a. **Quel est le type de narrateur ?**

b. **Étudiez l'alternance de points de vue :**
– Soulignez les verbes de perception auditive et visuelle et cherchez leur sujet ;
– Encadrez les passages qui présentent le point de vue de Mme de Rênal, puis ceux qui présentent celui de Julien Sorel, surlignez ceux qui révèlent l'omniscience du narrateur.

3 Indiquez, pour chacun des extraits suivants, le type de narrateur et le point de vue employé, en justifiant votre réponse.

Texte 1

En montant, dans l'escalier noir, j'ai heurté le vieux Salamano, mon voisin de palier. Il était avec son chien. Il y a huit ans qu'on les voit ensemble. L'épagneul a une maladie de peau, le rouge, je crois, qui lui fait perdre presque tous ses poils et qui le couvre de plaques et de croûtes brunes.

Albert Camus, *L'Étranger*, © Éditions Gallimard, 1942.

Texte 2

Ralph fit deux pas, prit le bras du colonel dans sa main de fer, et le fit ployer comme un roseau en lui disant d'un ton pacifique :
– Je vous prie de ne pas toucher à un cheveu de cette femme.
Delmare eut envie de se jeter sur lui ; mais il sentit qu'il avait tort, et il ne craignait rien tant au monde que de rougir de lui-même.

George Sand, *Indiana*, 1832.

Texte 3

Comme [Angelo] débouchait dans la vallée intermédiaire qui séparait les collines où il avait passé la nuit d'un massif plus haut et plus sauvage, étendu à deux ou trois lieues devant lui et sur lequel les premiers rayons du soleil faisaient luire le bronze de hautes chênaies, il vit une petite métairie au bord de la route et, dans le pré, une femme en jupon rouge qui ramassait le linge qu'elle avait étendu au serein.

Jean Giono, *Le Hussard sur le toit*, © Éditions Galimard, 1951.

Repérer les points de vue

4 Pour chacun des textes suivants, indiquez le point de vue employé.

Texte 1

Il montait lentement les marches, le cœur battant, l'esprit anxieux, harcelé surtout par la crainte d'être ridicule ; et, soudain, il aperçut en face de lui un monsieur en grande toilette qui le regardait. Ils se trouvaient si près l'un de l'autre que Duroy fit un mouvement en arrière, puis il demeura stupéfait : c'était lui-même, reflété par une haute glace en pied qui formait sur le palier du premier une longue perspective de galerie.

Guy de Maupassant, *Bel Ami*, 1885.

Texte 2

Il y avait en Westphalie, dans le château de M. le baron de Thunder-ten-tronckh, un jeune garçon à qui la nature avait donné les mœurs les plus douces. Sa physionomie annonçait son âme. Il avait le jugement le plus droit, avec l'esprit le plus simple ; c'est, je crois, pour cette raison qu'on le nommait Candide.

Voltaire, *Candide*, 1759.

Texte 3

Avec le temps, la cousine Bette avait contracté des manies de vieille fille, assez singulières. Ainsi, par exemple, elle voulait, au lieu d'obéir à la mode, que la mode s'appliquât à ses habitudes, et se pliât à ses fantaisies toujours arriérées.

Honoré de Balzac, *La Cousine Bette*, 1846.

5 Vers la question de langue oral du BAC

Analysez la négation dans l'extrait suivant :
« il ne craignait rien tant au monde que de rougir de lui-même » (exercice 3, texte 2).

EXO Quiz

37 Interpréter les images : comparaison, métaphore, personnification, allégorie

Retenir

Images : définitions	Exemples
Comparaison : rapprochement de deux réalités à l'aide d'un outil de comparaison.	« Son regard est pareil au regard des statues » (P. Verlaine)
Métaphore : rapprochement de deux réalités sans outil de comparaison.	« La fin de l'automne n'est plus qu'une tisane froide » (F. Ponge)
Personnification : attribution de caractéristiques humaines à un objet ou à un animal.	« Elle mettait le chauffage au plus fort. […] La petite soufflerie ronflait. » (A. Ferney)
Allégorie : représentation d'une idée abstraite de manière concrète.	« Elle va nue, la liberté Sur les montagnes de Syrie » (M. al-Masri)

Pour interpréter :	Exemples
	« ma jeunesse ne fut qu'un ténébreux orage » (Baudelaire)
1. Repérer le comparé et le comparant	« ma jeunesse » = comparé ; « ténébreux orage » = comparant.
2. Identifier la figure de style	C'est une métaphore.
3. Associer le comparant à d'autres mots	violence, tourment, obscurité…
4. Rapprocher le comparant et le comparé	La métaphore « ténébreux orage » révèle à quel point la jeunesse du « je » fut une période violente, obscure et tourmentée.
5. Utiliser des verbes variés	révèle, souligne, traduit, exprime, dévoile…

Attention : parfois, le comparé n'apparaît pas dans le texte, c'est à vous de le déduire du sens du texte.

S'approprier

S'exercer à interpréter

1 Avec l'amour maternel, la vie vous fait à l'aube une promesse qu'elle ne tient jamais. […] Après cela, chaque fois qu'une femme vous prend dans ses bras et vous serre sur son cœur, ce ne sont plus que des condoléances. On revient toujours gueuler sur la tombe de sa mère comme un chien abandonné. […] Des bras adorables se referment autour de votre cou et des lèvres très douces vous parlent d'amour, mais vous êtes au courant. Vous êtes passé à la source très tôt et vous avez tout bu. Lorsque la soif vous reprend, vous avez beau vous jeter de tous côtés, il n'y a plus de puits, il n'y a que des mirages. […] Si ma mère avait eu un amant, je n'aurais pas passé ma vie à mourir de soif auprès de chaque fontaine.

Romain Gary, ***La Promesse de l'aube***, © Éd. Gallimard, 1960.

a. **Expliquez la première phrase.**

…………………………………………………………

…………………………………………………………

…………………………………………………………

b. **Quel est le nom de l'image surlignée en vert ?**

…………………………………………………………

c. **Quel est le comparé ? Quel est le comparant ?**

…………………………………………………………

…………………………………………………………

d. **Qu'évoque pour vous le comparant ? Notez les termes que vous lui associez.**

…………………………………………………………

e. **Interprétez cette image en complétant la phrase suivante.**

Le fait que le personnage se compare à « un chien abandonné » souligne …………………………………………………………

…………………………………………………………

f. **Quel est le nom de l'image surlignée en jaune ?**

…………………………………………………………

g. **Quel est le comparé ? et le comparant ?**

…………………………………………………………

…………………………………………………………

h. **Qu'évoque pour vous ce comparant ? Notez les mots que vous lui associez.**

…………………………………………………………

…………………………………………………………

…………………………………………………………

i. **Interprétez cette image en complétant la phrase suivante.**

Le fait que le personnage compare ………………… à ………………………………………… révèle à quel point …………………………………………………………

…………………………………………………………

2 La femme, une de celles appelées galantes, était célèbre par son embonpoint précoce qui lui avait valu le surnom de Boule de suif. Petite, ronde de partout, grasse à lard, avec les doigts bouffis, étranglés aux phalanges, pareils à des chapelets[1] de courtes saucisses, avec une peau luisante et tendue, une gorge[2] énorme qui saillait sous sa robe, elle restait cependant appétissante et courue[3], tant sa fraîcheur faisait plaisir à voir. Sa figure était une pomme rouge, un bouton de pivoine prêt à fleurir.

Guy de Maupassant, *Boule de suif*, 1880.

1. Succession d'objets identiques. – **2.** Poitrine. – **3.** Appréciée des hommes.

a. Soulignez la comparaison. Quel est le comparé ? Quel est le comparant ? Quel est l'effet produit par cette comparaison ?

....

....

....

....

....

b. Entourez les métaphores.

3 *Florent, personnage principal du roman, a été injustement condamné au bagne. Il s'est échappé de Cayenne et vient d'arriver à Paris, affamé, dans le quartier des Halles où il a rencontré Claude, un peintre qui l'accompagne.*

Mais Claude était monté debout sur le banc, d'enthousiasme. Il força son compagnon à admirer le jour se levant sur les légumes. C'était une mer. Elle s'étendait de la pointe Saint-Eustache à la rue des Halles, entre les deux groupes de pavillons. Et, aux deux bouts, dans les deux carrefours, le flot grandissait encore […] Ces tas moutonnants, comme des flots pressés, ce fleuve de verdure qui semblait couler dans l'encaissement de la vallée, pareil à la débâcle[1] des pluies d'automne, prenaient des ombres délicates et perlées.

Émile Zola, *Le Ventre de Paris*, 1873.

1. Déchaînement.

a. Relevez une métaphore. Quel est le comparé ? Quel est le comparant ? Qu'évoque pour vous ce comparant ? Notez les mots que vous lui associez.

....

....

....

b. Interprétez cette image en complétant la phrase suivante.

La métaphore de ....

suggère à quel point ....

....

c. Relevez une autre image similaire.

....

d. Relevez une ou plusieurs comparaisons. Quel est le comparé ? Quel est le comparant ? Qu'évoque pour vous ce comparant ? Interprétez cette image selon le modèle proposé.

....

....

....

....

....

....

....

....

S'approprier l'écriture des images

4 Tout à un coup, je ris et je larmoie,
Et en plaisir maint grief[1] tourment j'endure ;
Mon bien s'en va, et à jamais il dure,
Tout en un coup je sèche et je verdoie.

Ainsi Amour inconstamment[2] me mène.

Louise Labé, « je vis, je meurs », *Élégies et sonnets*, 1555.

1. Grave. – **2.** De manière inconstante.

a. Quel est le sujet du verbe « mener » au vers 5 ? Quelle image repérez-vous ?

....

....

b. En quoi cette image renforce-t-elle le sens de ces vers ?

....

....

....

....

5 Expression écrite

À votre tour, composez un texte en vers ou en prose autour d'un sentiment dont vous proposerez une allégorie : la colère, la tristesse, la jalousie, la joie, la peur. Vous pouvez insérer d'autres images.

6 Vers la question de langue

oral du BAC

Identifiez les temps des verbes conjugués dans la phrase suivante (extrait de l'ex. 1) et expliquez leur valeur.

« Si ma mère avait eu un amant, je n'aurais pas passé ma vie à mourir de soif auprès de chaque fontaine. »

....

....

....

....

38 Analyser les figures de répétition : répétition, anaphore, énumération, gradation

EXO Quiz

Retenir

La répétition	Reprise d'un même mot ou groupe de mots, à l'identique.	J'ai la **fièvre**, une **fièvre** atroce, ou plutôt un énervement fiévreux, qui rend mon âme aussi souffrante que mon corps. (Maupassant, *Le Horla*)
L'énumération ou l'accumulation	Juxtaposition ou succession de termes de même classe grammaticale.	C'est un **beau, gros, court, jeune** vieillard, **gris pommelé, rusé, rasé, blasé.** (Beaumarchais, *Le Barbier de Séville*)
L'anaphore	Répétition d'un même mot ou groupe de mots en début de phrase ou de groupe rythmique.	**Qu'y a-t-il d'aussi** agréable à l'esprit et à l'oreille qu'un discours bien travaillé […] ? **Qu'y a-t-il** d'aussi puissant, […] que de voir le discours d'un seul homme faire basculer les passions du peuple, les scrupules des juges, la gravité du Sénat ? (Cicéron, *Sur l'orateur*)
La gradation	Succession de termes d'intensité croissante ou décroissante.	Je **me meurs**, je **suis mort**, je **suis enterré**. (Molière, *L'Avare*)

S'approprier

Interpréter l'énumération

1 **a.** **Soulignez l'énumération dans ce texte. Que constatez-vous ?**

Ô mon passé, ma petite enfance, ô chambrette, cousins brodés de petits chats rassurants, tisanes, arnica, sirop d'orgeat, antiques dentelles, odeurs, veilleuses de porcelaine, petits baisers du soir, baisers de Maman. Ô mon enfance, gelées de coings, de bougies roses, journaux illustrés du jeudi, ours en peluche, convalescences chéries, anniversaires, attentes des vacances, ô charmes, ô sons morts du passé […]. Les rives s'éloignent. Ma mort approche.

Albert Cohen, *Le Livre de ma mère*, © Éd. Gallimard, 1954.

....

b. **Que met-elle en relief ?**

....

....

....

....

....

2 **Lisez le texte suivant.**

Voici le récit de Théramène annonçant la mort d'Hippolyte.

Dans le temple voisin chacun cherche un asile[1].
Hippolyte lui seul, digne fils d'un héros,
Arrête ses coursiers[2], saisit ses javelots,
Pousse au monstre, et d'un dard[3] lancé d'une main sûre,
Il lui fait dans le flanc une large blessure.

Jean Racine, *Phèdre*, 1677.

1. Un refuge. – **2.** Ses chevaux. – **3.** Un coup de javelot.

a. **Relevez une énumération dans le texte.**

....

....

....

b. **Comment peut-on l'interpréter ? Que met-elle en relief ?**

....

....

....

....

....

Interpréter l'anaphore

3 **Lisez le texte suivant.**

Main qui les cœurs fait lier et délie,
Main qui le mien a pris sans y toucher,
Main qui embrasse et semond[1] d'approcher […]
Main frétillante, ôtez vos gants, ôtez
Et vos plaisirs par vos doigts me comptez.

Chappuys, « Blason de la main », 1543.

1. Invite à.

a. **Pourquoi peut-on ici parler d'anaphore ?**

....

....

....

b. **À quoi sert l'anaphore ?**

....

....

....

4 Lisez le texte suivant.

a. Soulignez une anaphore dans le texte.

Oui, nous pouvons la justice et l'égalité. Oui, nous pouvons les chances et la prospérité. Oui, nous pouvons guérir cette nation. Oui nous pouvons réparer ce monde.

Barack Obama, ***Discours lors de la campagne des primaires démocrates à Nashua,*** *New Hampshire, 8 janvier 2008.*

b. Que met-elle en évidence ?

5 Lisez le texte suivant.

Arrias est un courtisan assis à la table d'un Grand. La conversation évoque une cour du Nord.

Il prend la parole, et l'ôte à ceux qui allaient dire ce qu'ils en savent ; il s'oriente dans cette région lointaine[1] comme s'il en était originaire ; il discourt des mœurs[2] de cette cour, des femmes du pays, de ses lois et de ses coutumes ; il récite des historiettes[3] qui y sont arrivées, il les trouve plaisantes et il en rit le premier jusqu'à éclater.

1. La cour du Nord dont il est question à table. – 2. Coutumes. – 3. Anecdotes, rumeurs.

La Bruyère, ***Les Caractères ou les Mœurs de ce siècle,*** V, « De la société et de la conversation », 1688.

Quelle interprétation peut-on faire de l'anaphore en jaune ? Que révèle-t-elle du personnage ?

Interpréter la gradation

6 Lisez le texte suivant.

Un jeune comte vient d'accuser Cyrano d'avoir « un nez… très grand ». Cyrano réplique alors avec brio et fracas en imaginant ce qu'aurait pu dire le comte, s'il avait un tant soit peu d'esprit.

Ah ! non ! c'est un peu court, jeune homme !
On pouvait dire… Oh ! Dieu !… bien des choses en somme…
En variant le ton, – par exemple, tenez :
Agressif : « Moi, monsieur, si j'avais un tel nez,
Il faudrait sur-le-champ que je me l'amputasse[1] ! » […]
Descriptif : « C'est un roc !… c'est un pic !… c'est un cap !
Que dis-je, c'est un cap ? … C'est une péninsule ! »

Edmond Rostand, ***Cyrano de Bergerac,*** acte I, scène IV, 1897.

1. Subjonctif imparfait du verbe « amputer », qui signifie « couper ».

a. Soulignez une gradation dans le texte.

b. Quel est l'effet produit par son emploi ?

Analyser les figures de répétition

7 Lisez le texte suivant.

Alors elle s'aperçut qu'elle n'avait plus rien à faire, plus jamais rien à faire. […] L'homme espéré, rencontré, aimé, épousé en quelques semaines, comme on épouse en ces brusques déterminations, l'emportait dans ses bras sans la laisser réfléchir à rien. Mais voilà que la douce réalité des premiers jours allait devenir la réalité quotidienne qui fermait la porte aux espoirs indéfinis, aux charmantes inquiétudes de l'inconnu. Oui, c'était fini d'attendre. Alors plus rien à faire, aujourd'hui, ni demain, ni jamais.

Guy de Maupassant, ***Une vie,*** 1883.

a. Nommez les figures de répétition surlignées :

– en jaune :

– en violet :

– en vert :

b. Que soulignent ces différentes figures de style ? Que mettent-elles en évidence ?

8 Vers le bac

Vers l'essai Rédigez quelques lignes d'un discours qui défend une cause qui vous est chère. Vous intégrerez une énumération, une anaphore et une gradation que vous mentionnerez dans la marge de votre copie.

9 Vers la question de langue — oral du BAC

Relisez l'extrait de l'exercice 4. Comment analysez-vous la syntaxe de ces phrases ?

39 Analyser les figures de construction : parallélisme, chiasme, antithèse, oxymore

EXO Quiz

Retenir

Le parallélisme	Reprise d'une même construction syntaxique de manière parallèle.	→ **Quel transport me saisit ? Quel chagrin me dévore ?** (Racine, *Andromaque*)
Le chiasme	Reprise d'une même construction syntaxique ou des mêmes mots en miroir, de type ABBA.	→ **Enfants**, je songe **à vous** ! **à vous**, mes **jeunes têtes** (Hugo, « À quoi je songe »)
L'antithèse	Rapprochement de mots de sens contraires.	→ Je t'aimais **inconstant**, qu'aurais-je fait **fidèle** ? (Racine, *Andromaque*)
L'oxymore	Succession immédiate de deux termes de sens contraire, le plus souvent un nom et un adjectif.	→ Mon luth constellé porte **le soleil noir** de la mélancolie (Nerval, « *El Desdichado* »)

S'approprier

Analyser l'antithèse et le parallélisme

1 a. Soulignez les antithèses de ce texte.

La reine vient de trouver une lettre d'amour laissée pour elle sur un banc. Elle se prend à rêver à cet amour lorsqu'elle songe à Don Salluste qui lui a promis de se venger d'elle.

Et l'autre ! L'implacable[1]
Don Salluste ! Le sort me protège et m'accable.
En même temps qu'un ange, un spectre[1] affreux me suit ;
Et, sans les voir, je sens s'agiter dans ma nuit,
Pour m'amener peut-être à quelque instant suprême,
Un homme qui me hait près d'un homme qui m'aime.

Victor Hugo, *Ruy Blas*, acte II, scène 2, 1838.

1. Qu'on ne peut apaiser. – **2.** Apparition effrayante, fantôme.

b. Qui est l'« ange » ? » Qui est le « spectre » ?

....

c. Encadrez un parallélisme de construction.

d. En quoi ces figures de construction révèlent-elles les sentiments éprouvés par la reine ?

....

....

2 *Horace vient d'annoncer avec fierté à sa sœur Camille qu'il a vengé leurs deux frères en tuant les trois Curiaces. Parmi eux, il y avait l'amant de Camille.*

Rends-moi mon Curiace, ou laisse agir ma flamme :
Ma joie et mes douleurs dépendaient de son sort ;
Je l'adorais vivant, et je le pleure mort.
Ne cherche plus ta sœur où tu l'avais laissée
Tu ne revois en moi qu'une amante offensée,
Qui comme une furie attachée à tes pas,
Te veut incessamment[1] reprocher son trépas[2].

Corneille, *Horace*, acte IV, scène 5, 1640.

1. Éternellement. – **2.** Sa mort.

a. Qu'éprouve Camille à l'annonce faite par son frère ?

....

....

....

b. Soulignez les antithèses.

c. Le vers 3 est un parallélisme de construction. Justifiez-le.

....

....

....

d. Que met-il en valeur ?

....

Analyser le chiasme et l'oxymore

3 Lisez le texte suivant.

Je n'ai plus que les os, un squelette je semble,
Décharné, dénervé, démusclé, dépulpé,
Que le trait[1] de la mort sans pardon a frappé ;
Je n'ose voir mes bras que de peur je ne tremble.

Ronsard, *Derniers Vers*, 1586.

1. La flèche.

a. En quoi ce quatrain est-il saisissant ?

....

....

b. Comment le premier vers est-il construit ? Pourquoi avoir fait le choix de cette construction ?

....

....

....

....

4 Lisez le texte suivant.

Tartuffe est un faux dévot, installé chez Elmire et Orgon. Ce dernier lui a promis sa fille en mariage. Parallèlement, Tartuffe tente de séduire Elmire. Celle-ci a caché son mari pour qu'il soit témoin de la scène. Elle vient d'avouer à Tartuffe son attirance (simulée) pour lui.

TARTUFFE

Je puis croire ces mots un artifice honnête
Pour m'obliger à rompre un hymen[1] qui s'apprête ;
Et s'il faut librement m'expliquer avec vous,
Je ne me fierai[2] point à des propos si doux,
Qu'un peu de vos faveurs, après quoi je soupire,
Ne vienne m'assurer tout ce qu'ils m'ont pu dire,
Et planter dans mon âme une constante foi
Des charmantes bontés que vous avez pour moi.

Molière, *Tartuffe*, acte IV, scène 5, 1669.

1. Un mariage. – **2.** Se fier à : avoir confiance.

a. **Comment Tartuffe réagit-il à la déclaration d'amour d'Elmire ?**

....

....

b. **Quelle figure de construction surlignée en jaune identifiez-vous au premier vers ?**

....

....

....

5 Lisez le texte suivant.

Un mal qui répand la terreur,
Mal que le Ciel en sa fureur
Inventa pour punir les crimes de la terre,
La Peste (puisqu'il faut l'appeler par son nom)
Capable d'enrichir en un jour l'Achéron[1],
Faisait aux animaux la guerre.
Ils ne mouraient pas tous, mais tous étaient frappés.

La Fontaine, *Fables*, « Les Animaux malades de la peste », livre VII, fable I, 1678.

1. Le royaume des morts.

a. **Quel est ce « mal » évoqué au début de l'extrait ? Comment est-il mis en évidence ?**

....

....

....

b. **Quelle figure de construction reconnaissez-vous au dernier vers ?**

....

c. **Que met en évidence ce procédé ?**

....

....

....

....

6 Lisez le texte suivant.

Suzanne, enfant illégitime, envoyée à vie au couvent par sa famille, veut coûte que coûte sortir du cloître, malgré les pressions qu'elle subit. Elle s'adresse ici à la mère supérieure.

– Rien cependant, madame, n'est plus facile à concevoir. Chacun a son caractère, et j'ai le mien ; vous aimez la vie monastique, et je la hais ; vous avez reçu de Dieu les grâces de votre état, et elles me manquent toutes ; vous vous seriez perdue dans le monde ; et vous assurez ici votre salut ; je me perdrais ici, et j'espère me sauver dans le monde ; je suis et je serai une mauvaise religieuse. [...] Personne ne peut savoir mieux que moi ce que je mérite [...] Je suis lasse d'être une hypocrite ; en faisant ce qui sauve les autres, je me déteste et je me damne.

Diderot, *La Religieuse*, 1796.

Nommez la figure de construction et interprétez-la :

– en vert : ....

....

....

....

– en jaune : ....

....

....

....

– en violet : ....

....

....

....

7 Vers la question de langue oral du BAC

Relisez l'extrait suivant (exercice 6) puis identifiez les temps des verbes soulignés.

Vous aimez la vie monastique, et je la <u>hais</u> ; vous <u>avez reçu</u> de Dieu les grâces de votre état, et elles me manquent toutes ; vous vous <u>seriez perdue</u> dans le monde ; et vous assurez ici votre salut ; je me <u>perdrais</u> ici, et j'espère me sauver dans le monde ; je suis et je <u>serai</u> une mauvaise religieuse.

....

....

....

....

....

....

....

....

40 Saisir l'ironie d'un texte

EXO Quiz

Retenir

Définition et fonctions

Définition : ce procédé d'écriture repose sur **un décalage, une contradiction,** qui interpelle le lecteur et met en doute les propos tenus. On comprend alors que ce qui est dit n'est pas ce qui est pensé.

Fonctions : l'ironie peut être employée pour :
- **plaisanter,**
- **se moquer** de quelqu'un ou de quelque chose,
- **dénoncer** par l'humour.

Principaux procédés

L'ironie se signale surtout par le **contexte** qui permet de déterminer que le locuteur pense l'inverse de ce qu'il dit.
Elle s'exprime souvent par les **figures de style** suivantes :
- **antiphrase** : en employant un mot pour sous-entendre l'inverse ;
- **exagération ou hyperbole** : en exagérant les propos tenus ;
- **oxymore** : en associant deux termes de sens contraires ;
- **question rhétorique** : en posant une question qui n'attend pas de réponse.

Elle utilise également les **procédés syntaxiques** suivants :
- la **ponctuation expressive** : en mettant à distance les propos tenus (**guillemets, italique, ponctuation exclamative**) ;
- le **conditionnel**, qui pose les faits comme incertains.

S'approprier

Repérer les figures au service de l'ironie

1 Lisez le texte suivant.

Dom Juan, grand seigneur qui aime séduire toutes les femmes, répond à son valet Sganarelle qui lui reproche de ne pas être fidèle à sa toute récente épouse.

DOM JUAN. – Quoi ? tu veux qu'on se lie à demeurer au premier objet[1] qui nous prend, qu'on renonce au monde pour lui, et qu'on n'ait plus d'yeux pour personne ? La belle chose de vouloir se piquer d'un faux honneur d'être fidèle, de s'ensevelir pour toujours dans une passion, et d'être mort dès sa jeunesse à toutes les autres beautés qui nous peuvent frapper les yeux ! Non, non : la constance n'est bonne que pour des ridicules[2].

Molière, *Dom Juan*, acte I, scène 2, 1665.

1. Objet d'amour, ici, une femme. – 2. Des gens ridicules.

a. Quel est le point de vue de Dom Juan sur la fidélité en amour ?

....

....

b. Quelle figure de l'ironie est ici surlignée en jaune ?

....

2 Lisez le texte suivant.

Il se pourrait, dans la suite des temps, que de misérables philosophes, sous le prétexte spécieux[1], mais punissable, d'éclairer les hommes et de les rendre meilleurs, viendraient nous enseigner des vertus dangereuses dont le peuple ne doit jamais avoir de connaissance. […]
À ces causes et autres, pour l'édification des fidèles et pour le bien de leurs âmes, nous leur défendons de jamais lire aucun livre, sous peine de damnation éternelle.

Voltaire, « De l'horrible danger de la lecture », 1765.

1. Vide, faux.

a. Comment peut-on justifier que ce texte est ironique ? Quels décalages perçoit-on entre les propos tenus et l'auteur qui les rédige ?

....

....

....

....

b. Quelles figures de style de l'ironie reconnaissez-vous dans ce texte ?

– en violet : ....

– en jaune : ....

– en vert : ....

c. Que cherche-t-il ainsi à faire comprendre à ses lecteurs ?

....

....

....

Comprendre les fonctions de l'ironie

3 Lisez le texte suivant.

Des habitants de la commune de Muri, en Suisse, ont trouvé un motif pour refuser d'accueillir des réfugiés. Il est question de construire, à Muri, un centre d'hébergement à côté du club de tennis. Une pétition circule pour qu'il n'en soit rien, car « le bruit pourrait déranger la concentration des joueurs ». Cette objection ne manque pas de pertinence. Le réfugié n'est pas seulement, en effet, un pauvre dépourvu de manières. Il vient fréquemment d'un pays peu développé où, faute de télévision, les gens ont conservé l'habitude déplorable de se réunir pour converser, voire pour chanter en tapant dans leurs mains.

Ph. Meyer, *Portraits acides et autres pensées édifiantes*,
© Le Cherche-Midi, 1000.

a. **Que pense l'auteur de la pétition des habitants de Muri dont le texte est mis entre guillemets ?**

b. **Soulignez les antiphrases.**

c. **Que dénonce l'auteur ?**

d. **Quelle réaction l'auteur attend-il des lecteurs ?**

4 *Ruy Blas, simple domestique, vient par un subterfuge d'être élu premier ministre. Il adresse alors sa critique à ceux qui viennent de se partager les richesses territoriales.*

Ruy Blas, *survenant.*

[…] *Ruy Blas se couvre, croise les bras, et poursuit en les regardant en face.*

Ô ministres intègres[1] !
Conseillers vertueux ! Voilà votre façon
De servir, serviteurs qui pillez la maison !
Donc vous n'avez pas honte et vous choisissez l'heure,
L'heure sombre où l'Espagne agonisante pleure !
Donc vous n'avez ici pas d'autres intérêts
Que remplir votre poche et vous enfuir après !

Victor Hugo, ***Ruy Blas***, acte III, scène 2, 1838.

1. Honnêtes.

a. **Quelle critique Ruy Blas adresse-t-il aux ministres ?**

b. **Soulignez des antiphrases.**

c. **Quels autres indices de l'ironie et quelles autres figures de style relevez-vous ?**

5 *Emma est une jeune femme nourrie de littérature romantique. Elle est déçue de son mariage avec Charles Bovary auprès de qui elle s'ennuie, déçue que la réalité ne corresponde pas à ce qu'elle a lu dans les livres. D'abord séduite par Rodolphe qui la quitte brutalement, Emma retrouve Léon à Rouen, un autre amant.*

Ce furent trois jours pleins, exquis, splendides, une vraie lune de miel.

Ils étaient à l'hôtel de Boulogne, sur le port. Et ils vivaient là, volets fermés, portes closes, avec des fleurs par terre et des sirops à la glace, qu'on leur apportait dès le matin.

Vers le soir, ils prenaient une barque couverte et allaient dîner dans une île.

C'était l'heure où l'on entend, au bord des chantiers, retentir le maillet des calfats[1] contre la coque des vaisseaux. La fumée du goudron s'échappait d'entre les arbres, et l'on voyait sur la rivière de larges gouttes grasses. […]

Une fois, la lune parut ; alors ils ne manquèrent pas à faire des phrases, trouvant l'astre mélancolique et plein de poésie.

Gustave Flaubert, ***Madame Bovary***, 1857.

1. Ouvriers chargés de garnir les fentes des bateaux.

a. **Comment les personnages vivent-ils leur séjour amoureux ?**

b. **Commentez la description de la promenade en barque. Qu'en déduisez-vous ?**

6 Vers le bac

Vers l'oral du bac Quels sont les atouts et les limites de l'ironie, selon vous ?

Atouts :

Limites :

7 Vers la question de langue

oral du BAC

Relisez l'extrait suivant (exercice 5), puis justifiez les accords des termes en gras.

Ce **furent** trois jours **pleins**, exquis, splendides, une **vraie** lune de miel.

[…] Et ils vivaient là, volets fermés, portes closes, avec des fleurs par terre et des sirops à la glace, qu'on leur **apportait** dès le matin.

Furent :

Pleins :

Vraie :

Apportait

41 Identifier les différentes tonalités

Retenir

➜ Les **tonalités** correspondent aux **effets que les textes produisent sur les lecteurs.**

➜ Chaque tonalité est liée à un **genre** (tragédie, satire, épopée…). Cependant, on les retrouve dans tous les genres littéraires.

➜ Certains **procédés** sont **caractéristiques** des différentes tonalités.

Tonalité	Fonction	Principaux procédés
Comique	Vise à **faire rire.**	**Mots** (répétitions, ironie, niveau de langue, jeux de mots…), **situation** (quiproquo, renversement de situation), **caractère** (caricature), **gestes** (coups de bâtons, grimaces…).
Épique	Vise à **susciter l'admiration** face au caractère exceptionnel des personnages.	**Lexique du combat.** Procédés de l'**amplification** (hyperboles, énumérations, gradations, superlatifs, pluriels…).
Lyrique	Vise à rendre sensibles les **émotions intimes.**	**Lexique des sentiments.** Marques de première personne, ponctuation expressive, rythme et musicalité.
Élégiaque	Vise à rendre sensibles les **regrets**, la **plainte.**	**Lexique de la plainte.** Mêmes procédés que le lyrisme.
Pathétique	Vise à **déclencher la pitié, la compassion** du lecteur.	**Lexique de la souffrance**, de la **tristesse.** Procédés d'appel au lecteur ou au spectateur : apostrophes, questions rhétoriques, interjections…
Satirique	Vise à déclencher l'adhésion du lecteur en l'amenant à comprendre que l'**auteur émet une critique et à rire en connivence avec lui.**	Mêmes procédés que le comique. Ironie (antiphrases, hyperboles, oxymores, questions rhétoriques…). (➜ fiche 40, p. 84)
Tragique	Vise à **provoquer l'effroi** face à la **puissance implacable du destin.**	**Lexique du sort**, du **destin**, figures d'**amplification** et de **répétition** (hyperboles, parallélismes…).

S'approprier

Identifier les tonalités comique, épique, lyrique ou élégiaque

1 TOINETTE. – Ce sont tous des ignorants. C'est du poumon que vous êtes malade.
ARGAN. – Du poumon ?
TOINETTE. – Oui. Que sentez-vous ?
ARGAN. – Je sens de temps en temps des douleurs de tête.
TOINETTE. – Justement, le poumon.
ARGAN. – Il me semble parfois que j'ai un voile devant les yeux.
TOINETTE. – Le poumon.

Molière, ***Le Malade imaginaire***, acte III, scène 10, 1673.

a. Quelle est la tonalité de ce texte ? ……………………

b. À quels procédés la reconnaît-on ?

……………………

……………………

……………………

2 Quand reverrai-je, hélas, de mon petit village
Fumer la cheminée, et en quelle saison
Reverrai-je le clos de ma pauvre maison,
Qui m'est une province, et beaucoup davantage ?

Joachim du Bellay, ***Les Regrets***, 1558.

a. Quelle est la tonalité de ce texte ?

……………………

b. À quels procédés la reconnaît-on ?

……………………

……………………

……………………

……………………

……………………

3 Lisez le texte suivant.

Des bourgeois cachés dans une grange regardent passer l'émeute de mineurs en grève.

C'était la vision rouge de la révolution qui les emporterait tous, fatalement, par une soirée sanglante de cette fin de siècle. Oui, un soir, le peuple lâché, débridé, galoperait ainsi sur les chemins ; et il ruissellerait du sang des bourgeois, il promènerait des têtes, il sèmerait l'or des coffres éventrés. Les femmes hurleraient, les hommes auraient ces mâchoires de loups, ouvertes pour mordre. Oui, ce seraient les mêmes guenilles[1], le même tonnerre de gros sabots, la même cohue effroyable, de peau sale, d'haleine empestée, balayant le vieux monde, sous leur poussée débordante de barbares. […] Oui, c'étaient ces choses qui passaient sur la route, comme une force de la nature, et ils en recevaient le vent terrible au visage.

Émile Zola, ***Germinal***, V, 5, 1885.

1. Vieux habits déchirés.

c. Soulignez les expressions qui évoquent la révolution.

b. **Quels procédés d'écriture reconnaissez-vous dans le passage en jaune ?**

....

....

....

....

c. **De quelle tonalité ce texte relève-t-il ?**

....

Identifier les tonalités satirique, tragique ou pathétique

4 *Le texte évoque l'enterrement du père Goriot.*

Rastignac et Christophe accompagnèrent seuls, avec deux croque-morts, le char qui menait le pauvre homme à Saint-Étienne-du-Mont, église peu distante de la rue Neuve-Sainte-Geneviève. Arrivé là, le corps fut présenté à une petite chapelle basse et sombre, autour de laquelle l'étudiant chercha vainement les deux filles du père Goriot ou leurs maris.

Honoré de Balzac, *Le Père Goriot*, 1835.

a. **Observez l'expression en jaune : quelle image du père Goriot donne-t-elle ?**

....

b. **Observez les expressions en vert : que font-elles ressentir au lecteur ?**

....

....

c. **Quelle est la tonalité de ce texte ?**

....

5 *Phèdre est amoureuse de son beau-fils Hippolyte ; elle essaie de l'oublier en l'éloignant.*

PHÈDRE

Vaines précautions ! Cruelle destinée !
Par mon époux lui-même à Trézène amenée
J'ai revu l'Ennemi que j'avais éloigné.
Ma blessure trop vive aussitôt a saigné.
Ce n'est plus une ardeur dans mes veines cachée,
C'est Vénus tout entière à sa proie attachée.
J'ai conçu pour mon crime[1] une juste terreur
J'ai pris la vie en haine, et ma flamme en horreur.

Jean Racine, *Phèdre*, acte I, scène 3, 1677.

1. Celui d'éprouver un amour incestueux.

a. **Quel est le lexique dominant dans les passages surlignés en jaune ?**

....

b. **Quelle est la tonalité de ce texte ? Justifiez.**

....

....

....

6 **Vers le bac**

Toutes publicités confondues, depuis des décennies, l'idéologie publicitaire dresse à nos yeux, et à ceux des enfants, une représentation idéale du bonheur dans la « société de consommation ». Résumons ce beau programme :
– *il faut jouir :* le plaisir d'abord ! Le plaisir de consommer, de consommer tout de suite, de consommer égocentriquement [...].
– *il faut « rêver »* [...].
– *il faut « croire »*, c'est-à-dire s'en remettre à la solution « produit », quel que soit le problème que l'on rencontre existentiellement [...] la Marque devient alors pour beaucoup la seule identité, l'être social par excellence – et l'illustration parfaite de l'aliénation, puisque le sujet, en la portant, se glorifie de sa servitude[1] ;
– *il faut tout consommer* [...] Honte à qui refuserait de suivre notre fantastique époque de progrès, et tenterait de dégriser les drogués de la surconsommation en tirant la sonnette d'alarme écologiste...

François Brune, *Un pavé dans la gueule de la pub*,
© Parangon l'Aventurine, 2004.

1. De son esclavage.

Vers le commentaire Quelle est la tonalité de ce texte ? Justifiez votre réponse en un paragraphe rédigé de commentaire.

....

....

....

....

....

....

....

....

....

....

7 **Vers la question de langue** oral du BAC

Relisez cette phrase de *Phèdre* extraite de l'exercice 5 : « J'ai revu l'Ennemi que j'avais éloigné ».

a. **Proposez l'analyse syntaxique de cette phrase.**

....

....

....

....

b. **Quelle est la nature grammaticale de « que » ? Remplacez « que » par « duquel » et faites les changements nécessaires.**

....

....

42 Lire et comprendre un texte

Tuto BAC

Retenir

→ Pour comprendre un texte, il faut être attentif à un certain nombre d'éléments indiqués dans le **paratexte (ce qui entoure le texte).**

→ **Vous devez aussi interroger ce qui fait la singularité du texte, son intérêt particulier.**

CE QU'IL FAUT OBSERVER

Paratexte

– Le nom de l'auteur ;
– Le titre de l'œuvre, de l'extrait ;
– La date d'écriture ;
– Le chapeau introducteur (souvent écrit en italiques, il donne des renseignements sur les personnages, l'intrigue…) ;
– Les notes de lexique.

Texte

– Le thème
– Le genre
– L'énonciation
– Les personnages
– Le cadre temporel
– Le cadre spatial
– Le mouvement littéraire auquel se rattache le texte

S'approprier

S'aider du paratexte

1 Lisez le texte suivant.

Le sucre serait trop cher, si l'on ne faisait travailler la plante qui le produit par des esclaves.
Ceux dont il s'agit sont noirs depuis les pieds jusqu'à la tête ; et ils ont le nez si écrasé qu'il est presque impossible de les plaindre.
On ne peut se mettre dans l'esprit que Dieu, qui est un être très sage, ait mis une âme, surtout bonne, dans un corps tout noir. […]
Une preuve que les nègres n'ont pas le sens commun, c'est qu'ils font plus de cas d'un collier de verre que de l'or, qui, chez les nations policées[1], est d'une si grande conséquence[2]. […]
De petits esprits exagèrent trop l'injustice que l'on fait aux Africains.

Montesquieu, *De l'Esprit des lois*, 1748.

1. Civilisées. – 2. Importance.

a. Quel est le nom de l'auteur ?

b. Quel est le titre de l'œuvre ?

c. Quel est le genre du texte ?

d. Quelle est la date d'écriture de ce texte ?

e. À quel mouvement littéraire appartient-il ?

f. Quel est l'enjeu de ce texte ? Grâce à quels indices du texte et du paratexte pouvez-vous le comprendre ?

g. Comment comprenez-vous l'expression « petits esprits » ? Qui Montesquieu désigne-t-il ainsi ?

2 Lisez le texte suivant, et soyez attentif au chapeau introducteur.

Babouc vit dans la ville de Persépolis. Il vient de sortir de l'église, il se rend au théâtre.

Au sortir de cette assemblée, on le mena voir une fête publique qu'on donnait tous les jours de l'année ; c'était dans une espèce de basilique, au fond de laquelle on voyait un palais. Les plus belles citoyennes de Persépolis, les plus considérables satrapes[1] rangés avec ordre formaient un spectacle si beau, que Babouc crut d'abord que c'était là toute la fête. Deux ou trois personnes, qui paraissaient des rois et des reines, parurent bientôt dans le vestibule de ce palais ; leur langage était très différent de celui du peuple ; il était mesuré, harmonieux, et sublime. Personne ne dormait, on écoutait dans un profond silence, qui n'était interrompu que par les témoignages de la sensibilité et de l'admiration publique. Le devoir des rois, l'amour de la vertu, les dangers des passions étaient exprimés par des traits si vifs et si touchants, que Babouc versa des larmes.

Voltaire, *Babouc ou Le Monde comme il va*, chapitre VI, 1748.

1. Dans la Perse ancienne, gouverneurs d'une province.

a. Ligne 1 : À quelle « fête publique » Babouc assiste-t-il ?

b. Ligne 3 : Pourquoi le narrateur précise-t-il « une espèce de basilique » ?

c. Ligne 7 : Qui sont ces « trois personnes » ?

d. Ligne 8 : Justifiez le verbe « paraissaient ».

e. Lignes 9-10 : Pourquoi leur langage est-il si différent de celui du peuple ?

f. Ligne11 : Qui désigne ce « on » ?

S'interroger sur le sens et la singularité du texte

3 Lisez le texte suivant.

Suite à l'un de ses articles, Georges Duroy, journaliste, est diffamé par le rédacteur d'un petit journal. L'honneur de son journal étant en jeu, M. Walter, le directeur de Georges Duroy, le pousse à provoquer l'offenseur en duel. Le lendemain, à l'aube, il se rend au bois du Vésinet pour le duel, en compagnie de Rival, l'un des chroniqueurs du journal.

[Rival] insistait sur chaque point plusieurs fois : « Quand on demandera : “Êtes-vous prêts, messieurs !” vous répondrez d'une voix forte : “Oui !”

Quand on commandera “Feu !” vous élèverez vivement le bras, et vous tirerez avant qu'on ait prononcé trois. »

Et Duroy se répétait mentalement : « Quand on commandera feu, j'élèverai le bras — quand on commandera feu, j'élèverai le bras. »

Il apprenait cela comme les enfants apprennent leurs leçons en le murmurant à satiété[1] pour se le bien graver dans la tête. « Quand on commandera feu, j'élèverai le bras. »

Le landau entra sous un bois, tourna à droite dans une avenue, puis encore à droite. Rival, brusquement, ouvrit la portière pour crier au cocher : « Là, par ce petit chemin. » Et la voiture s'engagea dans une route à ornières[2] entre deux taillis où tremblotaient des feuilles mortes bordées d'un liséré de glace.

Duroy marmottait toujours : « Quand on commandera feu, j'élèverai le bras. » Et il pensa qu'un accident de voiture arrangerait tout. Oh ! si on pouvait verser, quelle chance ! s'il pouvait se casser une jambe !…

Maupassant, *Bel-Ami*, Première partie, chapitre VII, 1884.

1. Sans s'arrêter. – 2. Trous.

a. Quels sont le genre littéraire et le thème de ce texte ?

b. Observez l'énonciation. Surlignez la phrase que Duroy se répète plusieurs fois. Quelle est la forme de discours rapporté utilisée ? Pourquoi répète-t-il cette phrase ?

c. Quelle forme de parole rapportée le passage souligné utilise-t-il ? Quelle tonalité en ressort ?

d. Quelle image du personnage principal le narrateur offre-t-il dans cette scène ? Quels indices pouvez-vous relever pour le prouver ?

4 *Le vieil Arnolphe, maître d'Agnès, s'est promis de l'épouser. Arnolphe étant parti quelques jours à la campagne, le jeune Horace a rencontré et séduit Agnès. Ignorant qu'il est le maître d'Agnès, Horace s'est confié à lui.*

HORACE

La fortune cruelle
A ramené des champs le patron de la belle.

ARNOLPHE

Quel malheur !

HORACE

Et de plus, à mon très grand regret,
Il a su de nous deux le commerce[1] secret.

ARNOLPHE

D'où, diantre, a-t-il sitôt appris cette aventure ?

Molière, *L'École des femmes*, acte III, scène 4, 1662.

1. Aventure amoureuse.

a. Qui est désigné par la périphrase « le patron de la belle » au v. 2 ?

b. Commentez la réaction d'Arnolphe au v. 3.

c. Que pouvez-vous répondre à la question d'Arnolphe ? Quel est l'effet produit ?

Tuto BAC

43 Construire un plan et rédiger une problématique

Retenir

1 Le plan de commentaire

Qu'est-ce qu'un plan de commentaire ?

- Le **plan** correspond à **l'organisation de votre lecture du texte**. Il doit faire ressortir les **grandes idées** du texte, ses **enjeux**, ses **effets** sur le lecteur.
- Le plan **organise les idées du texte de manière progressive** (par exemple des idées les plus simples aux idées les plus complexes).
- Le plan peut comporter **deux ou trois grandes parties**, elles-mêmes organisées en **deux ou trois sous-parties.**

2 La problématique

Qu'est-ce qu'une problématique ? → • La **problématique** correspond à une **question que l'on pose au texte**, à laquelle votre plan apporte la réponse.

Quand la formuler ? → • **Après avoir lu, étudié le texte et trouvé un plan détaillé.** Quand on formule la problématique, on doit déjà connaître la réponse et savoir comment la démontrer.

Où dois-je l'écrire dans le commentaire ? → • Elle est **énoncée dans l'introduction**, entre la présentation du texte (contexte, auteur, œuvre, extrait) et l'annonce du plan.

Comment la rédiger ? → **2 formes possibles :**
- une **interrogative directe** (avec inversion sujet-verbe et point d'interrogation) : « En quoi ce texte est-il… ? »
- une **interrogative indirecte** (avec verbe introducteur de pensée et proposition subordonnée) : « Nous nous demanderons en quoi ce texte est… »

S'approprier

Organiser les idées du texte

1 Lisez le texte suivant.

M. Karl est un juif humaniste qui a demandé à ses domestiques, les Schutz, de le cacher dans sa cave pour échapper aux lois nazies antisémites. En contrepartie, ils logent dans sa maison et gèrent son entreprise. La guerre est terminée mais les Schutz n'en informent pas M. Karl.

Herr[1] Karl est bien affaibli, maintenant, et il souffre d'une phlébite. De plus, son cœur commence à flancher. Il faudrait un médecin, mais il ne peut pas exposer les Schutz à ce risque ; ils seraient perdus si on savait qu'ils cachent un Juif humaniste dans la cave depuis des années. Il faut patienter, se garder du doute ; la justice, la raison, et la générosité naturelle reprendront bientôt le dessus. Il ne faut surtout pas se décourager. M. Karl, bien que très diminué, conserve tout son optimisme, et sa foi humaine est entière. Chaque jour, lorsque Herr Schutz descend dans la cave avec les mauvaises nouvelles – l'Occupation de l'Angleterre par Hitler fut un choc particulièrement dur – c'est Herr Karl qui l'encourage et le déride par quelque bon mot.

R. Gary, « Un humaniste », *Les oiseaux vont mourir au Pérou*, Éditions Gallimard, 1962.

1. Monsieur, en allemand.

a. **Qu'évoquent les éléments en jaune ? Proposez un titre. Quel sentiment cela suscite-t-il chez vous ?**

b. **Qu'évoquent les éléments en rouge ? Proposez un titre. Quelle est la focalisation choisie par le narrateur ? Quel sentiment cela suscite-t-il chez vous ?**

c. **Que dire de l'élément surligné en vert ? Que ressentez-vous ?**

d. **Qu'évoquent les éléments en violet ? Quels sentiments éprouvez-vous ?**

e. **Voici deux problématiques possibles. À l'aide de vos réponses, proposez pour chacune un plan détaillé.**

Problématique 1 : Par quels sentiments le lecteur passe-t-il à la lecture de cet extrait ?

Problématique 2 : Quels visages de la nature humaine cet extrait expose-t-il ?

Plan pour la problématique 1

Plan pour la problématique 2

Formuler une problématique

2 **Voici un plan détaillé de commentaire d'un extrait de *Dom Juan* de Molière. Proposez deux problématiques différentes sous forme d'interrogative directe.**

I. Une scène de farce
- **a.** Le comique de situation
- **b.** Le comique de mots
- **c.** Le comique de gestes

II. Une scène de dialogue pathétique
- **a.** Un Dom Juan autoritaire, méprisant et terrifiant
- **b.** Un M. Dimanche pathétique qui suscite la compassion du spectateur

Problématique 1 :

Problématique 2 :

Construire un plan

3 *Dans* Les Heureuses Amours de Cloridon, *le poète met en scène des aventures amoureuses, dont les siennes.*

Je suis le triste oiseau de la nuit solitaire,
Qui fuit sa même espèce et la clarté du jour,
De nouveau transformé par la rigueur d'Amour,
Pour annoncer l'augure au malheureux vulgaire[1].

J'apprends à ces rochers mon tourment ordinaire,
Ces rochers plus secrets où je fais mon séjour.
Quand j'achève ma plainte, Écho parle à son tour,
Tant que le jour survient qui soudain me fait taire.

Depuis que j'eus perdu mon soleil radieux,
Un voile obscur et noir me vint bander les yeux,
Me dérobant l'espoir qui maintenait ma vie.

J'étais jadis un aigle auprès de sa clarté,
Telle forme à l'instant du sort me fut ravie,
Je vivais de lumière, ore[2] d'obscurité.

Siméon-Guillaume de La Roque,
Les Heureuses Amours de Cloridon, 1596.

1. Aux hommes. – **2.** Maintenant.

a. **Relevez les informations du paratexte et identifiez la forme poétique.**

b. **Quel est l'enjeu de ce poème ? Quelle est sa tonalité ? (**→ fiche 41, p. 86**) Aidez-vous des éléments surlignés en jaune et en violet.**

c. **À quel animal le poète se compare-t-il dans le premier quatrain ? Pourquoi ? Aidez-vous des éléments soulignés.**

d. **Pourquoi le mot Amour comporte-t-il une majuscule ?**

e. **Quel est le temps dominant dans les quatrains ? dans les tercets ? Expliquez pourquoi.**

f. **À partir de vos réponses et en vous aidant des éléments du texte soulignés et surlignés, proposez un plan de commentaire**

g. **Formulez enfin votre problématique.**

Tuto BAC

44 Rédiger un paragraphe et insérer des citations

Retenir

→ Un **paragraphe** de commentaire correspond à **une sous-partie** de votre devoir et commence par un **alinéa** ; chaque paragraphe contient **une seule idée** ; il est centré sur **un aspect particulier du texte.**

Quelles sont les quatre étapes d'un paragraphe ? →
- Annonce de **l'idée principale** ;
- Justification de l'idée grâce aux **citations** et **procédés stylistiques et/ ou grammaticaux** ;
- **Conclusion partielle** qui rappelle l'idée principale ;
- **Transition** vers le paragraphe (ou la partie) suivant(e).

Comment articuler les étapes d'un paragraphe ? →
- Grâce à des connecteurs logiques, qui indiquent :

L'addition : *de plus, en outre, également, d'une part, d'autre part, de surcroît, enfin…*
La cause : *en effet, comme, parce que, car, puisque…*
La conséquence : *donc, c'est pourquoi…*
La conclusion : *ainsi, finalement, en somme…*

Combien de citations insérer et comment les insérer ? →
- **Chaque idée** est justifiée au moyen de quelques **citations brèves** du texte.
- Les citations sont toutes **placées entre guillemets**, et sont **insérées à vos phrases**, en évitant l'usage des « : », de « comme » ou encore « je cite », qui rompent la fluidité de la lecture.

Les citations suffisent-elles ? → Non, les **idées** doivent être **reformulées avec vos propres mots.** Il s'agit de commenter les citations, de les interpréter en fonction de ce que vous avez compris.

S'approprier

Choisir et insérer des citations

1 Lisez le texte suivant.

Dom Juan est un libertin. Il a séduit Done Elvire, l'a enlevée d'un couvent, puis abandonnée. Celle-ci vient de tenter une nouvelle fois de le convertir à la fidélité.

DOM JUAN. – Sais-tu bien que j'ai encore senti quelque peu d'émotion pour elle, que j'ai trouvé de l'agrément dans cette nouveauté bizarre, et que son habit négligé[1], son air languissant et ses larmes ont réveillé en moi quelques petits restes d'un feu[2] éteint ?

SGANARELLE. – C'est-à-dire que ses paroles n'ont fait aucun effet sur vous.

DOM JUAN. – Vite à souper.

SGANARELLE. – Fort bien.

DOM JUAN, *se mettant à table.* – Sganarelle, il faut songer à s'amender[3] pourtant.

SGANARELLE. – Oui-da !

DOM JUAN. – Oui, ma foi ! Il faut s'amender ; encore vingt ou trente ans de cette vie-ci, et puis nous songerons à nous.

SGANARELLE. – Oh !

Molière, *Dom Juan*, acte IV, scène 7, 1666.

1. Simple. – **2.** Désir. – **3.** Corriger.

Soulignez les citations qui prouvent que Dom Juan ne changera pas de comportement malgré le discours moral d'Elvire. Justifiez vos choix.

2 Lisez le texte suivant.

Jean Valjean, ancien bagnard, vient de sauver l'inspecteur Javert qui l'avait reconnu. Javert, partagé entre le devoir et la reconnaissance s'est résolu à laisser partir Jean Valjean. Mais il ne supporte pas d'avoir manqué à son devoir. Il va s'accouder au bord de la Seine.

On ne voyait rien, mais on sentait la froideur hostile de l'eau et l'odeur fade des pierres mouillées. Un souffle farouche montait de cet abîme. Le grossissement du fleuve plutôt deviné qu'aperçu, le tragique chuchotement du flot, l'énormité lugubre des arches du pont, la chute imaginable dans ce vide sombre, toute cette ombre pleine d'horreur.

Javert demeura quelques minutes immobile, regardant cette ouverture de ténèbres.

Victor Hugo, *Les Misérables*, cinquième partie, IV, 1, 1862.

a. Soulignez dans le texte les éléments qui montrent que le fleuve est personnifié.

b. À quoi ressemble ce fleuve ? Pourquoi, selon vous ?

……………………………………………………………………

……………………………………………………………………

c. Surlignez les éléments qui évoquent les sensations pénibles vécues par le personnage face à ce paysage.

d. Rédigez quelques phrases de commentaire sur l'atmosphère qui se dégage de ce lieu en insérant les éléments relevés sous forme de citations.

……………………………………………………………………

……………………………………………………………………

……………………………………………………………………

……………………………………………………………………

……………………………………………………………………

……………………………………………………………………

Organiser son brouillon et rédiger un paragraphe

3 Lisez le texte suivant.

Henri IV commande un poème à Malherbe pour saluer son départ en Limousin où il va présider une session d'un tribunal extraordinaire. Les guerres de religion sont terminées mais le calme est encore fragile. Le poète appelle la bénédiction de Dieu sur le roi et son œuvre pacificatrice.

Loin des mœurs de son siècle il bannira les vices,
L'oisive[1] nonchalance et les molles délices,
Qui nous avaient portés jusqu'aux derniers hasards[2] ;
Les vertus reviendront de palmes couronnées,
Et ses justes faveurs aux mérites données
Feront ressusciter l'excellence des arts.

La foi de ses aïeux, ton[3] amour et ta crainte,
Dont il porte dans l'âme une éternelle empreinte,
D'actes de piété[4] ne pourront l'assouvir ;
Il étendra ta gloire autant que sa puissance,
Et, n'ayant rien si cher que ton obéissance,
Où tu le fais régner il te fera servir.

Tu nous rendras alors nos douces destinées ;
Nous ne reverrons plus ces fâcheuses années
Qui pour les plus heureux n'ont produit que des pleurs.
Toute sorte de biens comblera nos familles,
La moisson de nos champs lassera les faucilles,
Et les fruits passeront la promesse des fleurs.

Malherbe, « Prière pour le roi allant en Limousin », strophes 12 à 15, 1605.

1. Inactive. – **2.** Dangers. – **3.** Le poète s'adresse à Dieu. – **4.** Foi.

a. Remplissez les colonnes vides du tableau suivant.

Citation	Procédé	Interprétation
« les vertus » ; « justes faveurs » ; « la foi de ses aïeux » ; « piété ».	……………	Le poète fait l'éloge des qualités royales d'Henri IV : la piété, l'honneur, la gloire, l'honnêteté, l'obéissance à Dieu.
……………	Termes péjoratifs qui s'opposent de manière antithétique aux vertus royales à venir.	……………
« il bannira » ; « comblera » ; « lassera » ; « passeront ».	……………	……………
……………	Rimes signifiantes.	Le poète place à la rime deux mots qui unissent l'action du souverain à la Providence divine.
« la moisson de nos champs lassera les faucilles » ; « les fruits passeront la promesse des fleurs ».	……………	……………

b. En vous aidant du tableau ci-dessus, rédigez un paragraphe de commentaire qui répondra à l'idée suivante : l'éloge politique du roi Henri IV par le poète. Les citations devront être insérées dans votre rédaction. N'oubliez pas les connecteurs pour passer d'une étape à une autre.

……………………………………………………………………

……………………………………………………………………

……………………………………………………………………

……………………………………………………………………

……………………………………………………………………

45 Rédiger l'introduction et la conclusion

Tuto BAC

Retenir

1 L'introduction

→ L'introduction présente le texte et annonce un projet personnel et organisé de son analyse.

1. Contexte : L'introduction commence par la présentation du **contexte historique, culturel, social, religieux, biographique** du texte étudié. Cette **phrase d'amorce** inscrit l'extrait dans son époque d'écriture.

2. Auteur : Présentation de **l'auteur**, son **mouvement littéraire** ce que vous savez de lui.

3. Œuvre : Présentation de **l'œuvre** de laquelle le texte est extrait, son **genre**, ses **thématiques** et ses **enjeux**.

4. Extrait : Exposez **la place qu'occupe l'extrait dans l'ensemble de l'œuvre** ; faites un **bref résumé** de ce qui précède.

5. Problématique : Vous pouvez la formuler de **manière directe** avec un point d'interrogation ou de **manière indirecte** (→ fiche 43).

6. Plan : **Annoncez les différents axes :** « D'abord…, puis…, enfin. »

2 La conclusion

→ La conclusion résume le parcours de lecture choisi et ouvre la réflexion.

1. Reprise du plan : **Deux ou trois phrases** doivent **résumer** le contenu des parties, au présent de l'indicatif.

2. Ouverture : La fin de la conclusion montre que le texte **ouvre la réflexion.** Vous pouvez par exemple faire référence à un **autre texte ayant le même thème** ou **la même stratégie d'écriture.**

S'approprier

Distinguer introduction et conclusion

1 Le paragraphe de commentaire suivant traite d'un extrait des *Lettres persanes* de Montesquieu (1721). Lisez-le puis répondez aux questions.

Ainsi, cette ultime lettre de Roxane est à la fois un moment tragique particulièrement poignant et l'affirmation d'un renversement du pouvoir. Après avoir mesuré la force pathétique d'un suicide annoncé comme un moyen de prendre définitivement le pouvoir, nous avons vu que Roxane, loin d'être soumise à Usbek, est un être libre qui affirme jusqu'au dernier souffle son indépendance, en tant que femme, en tant que porte-parole des femmes en particulier et des opprimés en général. Les philosophes du siècle des Lumières comme Montesquieu, Diderot ou Voltaire ont tenté de faire entendre les inégalités et les injustices, entrant dans un combat qui, de nos jours, n'est pas encore achevé.

a. Ce paragraphe de commentaire correspond-il à une introduction ou à une conclusion ?

…………………………………………………………

b. Quelles étapes reconnaissez-vous ? Reportez-vous au schéma ci-dessus.

…………………………………………………………

…………………………………………………………

…………………………………………………………

…………………………………………………………

Rédiger une introduction

2 Lisez le texte suivant puis répondez aux questions.

S'il est écrit aux cieux que jamais une épée
N'étincellera dans mes mains,
Dans l'encre et l'amertume une autre arme trempée
Peut encor servir les humains.
Justice, Vérité, […]
Sauvez-moi ; conservez un bras
Qui lance votre foudre, un amant qui vous venge.
Mourir sans vider mon carquois[1] !
Sans percer, sans fouler, sans pétrir dans leur fange[2]
Ces bourreaux barbouilleurs de lois,
Ces tyrans effrontés de la France asservie,
Égorgée !… Ô mon cher trésor,
Ô ma plume ! Fiel, bile[3], horreur, dieux de ma vie !
Par vous seuls je respire encor.

André Chénier, « Comme un dernier rayon, comme un dernier zéphyre », 20 juillet, 1794.

1. Étui à flèches. – 2. Dans la boue, les détritus. – 3. Amertume.

a. Sous quel régime politique vit la France en 1794 ? Qui l'a mis en place ?

…………………………………………………………

…………………………………………………………

…………………………………………………………

b. Faites quelques recherches sur le poète André Chénier. Où écrit-il ce poème ? Que va-t-il lui arriver ? Pourquoi ?

c. Quels sentiments le poète exprime-t-il ?

d. Voici une proposition de problématique pour le commentaire de ce texte.

Comment ce poème politique, au-delà de chanter la souffrance du poète, se fait-il poème de résistance et de condamnation ?

En exploitant vos recherches, rédigez une introduction en suivant la méthodologie présentée dans la leçon ci-contre.

Rédiger une conclusion

3 Lisez le texte suivant puis répondez aux questions.

Une bibliothécaire a pris l'habitude de s'installer chaque mercredi sur un terrain vague en banlieue parisienne.

Chaque mercredi (vers onze heures) Esther les installait l'un après l'autre dans la voiture. Elle laissait tourner le moteur et mettait le chauffage au plus fort. C'était toujours le même plaisir. La petite soufflerie ronflait. Esther prenait son livre. Ils ne bougeaient plus et hormis quelques reniflements, le silence était total. Elle ignorait qui, de la chaleur ou de l'histoire, les apaisait d'un seul coup, sans qu'ils ne demandent rien. Ils ne sont pas difficiles, se disait-elle. Jamais ils ne réclamaient, jamais ils n'avaient soif ou faim comme d'autres enfants qui ont sans arrêt besoin de quelque chose. Elle lisait dans le calme. Ils entraient petit à petit dans la chose du papier, ce miracle, cet entre-deux. Certaines tournures leur semblaient drôles. Ils riaient sans retenue. Esther ne s'arrêtait pas de lire pendant près d'une heure, et quand elle finissait, ils s'étiraient, revenant de l'autre monde, plus enveloppant, plus rond, plus chaud que celui dans lequel ils retournaient à peine sortis de la voiture et qui les mordait au visage comme un chien fou.

Alice Ferney, ***Grâce et Dénuement*****,** Éd. Actes Sud,1997.

a. Quel est le sens du mot « dénuement » contenu dans le titre du roman ?

b. Quel est le rôle de la lecture évoquée dans le texte ?

c. Voici les grandes parties développées dans le commentaire de ce texte. Lisez-les.

I. Les conditions de vie difficiles des enfants
II. Le rôle de la lectrice

d. Lisez le texte suivant. Quel est le rôle de la lecture évoquée dans cet extrait ?

Jean Giono fait revivre son enfance provençale. Un ancien prêtre fait découvrir à l'enfant les classiques grecs.

Je lus l'*Iliade* au milieu des blés mûrs. On fauchait sur tout le territoire. Les champs lourds se froissaient comme des cuirasses. Les chemins étaient pleins d'hommes portant des faux. Des hurlements montaient des terres où l'on appelait les femmes. Elles chargeaient les chars.

Jean Giono, ***Jean le Bleu*****,** Éd. Grasset, 1932.

e. Rédigez la conclusion du commentaire en vous servant du texte de Giono en ouverture.

Tuto BAC

46 Identifier les idées principales d'un texte

Méthode

➜ Cet exercice consiste à **récrire un texte plus brièvement**, en en faisant ressortir les **idées principales**.

Étape 1 Repérer le thème et la thèse du texte

- **Lisez intégralement** le texte et le paratexte pour comprendre son **thème** et la **thèse** (l'**opinion**) de l'auteur.
- **Rédigez immédiatement** une phrase qui en résume le sens général.
- **Relisez** le texte une seconde fois, en étant attentif à l'**énonciation** (pronoms personnels, ton…).

Étape 2 Repérer les idées du texte

- Sur le texte, délimitez les **paragraphes** (//), surlignez les **connecteurs logiques** et entourez la **ponctuation** si elle vous aide à repérer les arguments (par exemple, les deux points).
- Chaque paragraphe est une unité de sens : donnez-leur un **titre** en marge. Conservez le même nombre de paragraphes.

Étape 3 S'appuyer sur les mots-clés

- Soulignez les **mots-clés** ou les **expressions essentielles**.
- Repérez les **exemples** : certains illustrent un argument exprimé dans le texte (on peut les supprimer), d'autres ont une fonction d'argument (il faut les conserver).

L'exemple **illustratif** suit généralement l'argument ; il peut être annoncé par une formulation comme « *Ainsi, … Par exemple, …* ».

Victor Hugo est l'un des plus grands auteurs français (*argument*) ; son roman *Les Misérables* a été lu par des générations de lecteurs.

L'exemple **argumentatif** précède et annonce l'idée ; il permet de tirer une conclusion générale à partir d'un cas concret (raisonnement par induction).

Le roman *Les Misérables* de Victor Hugo a modifié les mentalités de toute une génération de lecteurs sur la situation des plus pauvres en France (*exemple à valeur d'argument*).

Étape 4 Rédiger son plan détaillé

- Au brouillon, notez le plan détaillé correspondant au développement des arguments de l'auteur. Utilisez des abréviations (➜ fiche 59, p. 118) pour gagner du temps.
- Ce plan vous servira de point de référence pour votre propre travail d'écriture.

Application

Face à ce système qui ne laisse plus de place pour l'homme, j'affirme sans détour que nous devons initier la métamorphose : l'écologie politique est cette métamorphose, puisqu'elle s'attaque aux racines du système capitaliste pour mieux le dépasser. //

Cependant, je suis bien conscient que d'autres formes d'écologie, que je rejette, ne permettront pas le sursaut salvateur que j'appelle de mes vœux. Si elle se veut émancipatrice, l'écologie politique se doit d'éviter deux écueils [*défauts qui mènent à l'échec*]. //

Le premier écueil est celui de l'écologie profonde, qui défend la préservation de l'environnement pour l'environnement lui-même et plus seulement dans la perspective du bien-être commun. Cette écologie profonde sacralise la nature, et condamne l'homme à l'impossible émancipation. //

Le second écueil est bien plus d'actualité : c'est la croyance en un capitalisme vert. C'est faire croire qu'on peut apporter aux problèmes environnementaux des solutions uniquement techniques et ce de manière technocratique en se berçant dans une illusion scientiste. //

***L'écologie politique est un humanisme*,**
discours de V. Le Rouzic pour le Prix « Jeune Cicéron du discours politique », le 12 juin 2010 au Sénat.

Étape 1 Le thème et la thèse

- Thème : L'écologie politique
- Thèse : Le système capitaliste doit être métamorphosé par une politique écologique.
- Énonciation : « je »

Étape 2 Les idées

§ 1 : « Pour une écologie politique » (thèse)
§ 2 : « Une *mauvaise* écologie politique »
§ 3 : « Premier écueil : l'écologie profonde (nature > hommes) »
§ 4 : « Second écueil : le capitalisme vert »

Étape 3 Les mots-clés

- Les connecteurs logiques
- Les expressions structurantes

Étape 4 Le plan

I L'écologie politique
1. Système capitaliste vs. homme
2. Métamorphose éco. politQ : attaque système capitaliste

II La mauvaise éco. pol.
1. Toutes politQ écologQ ne sont pas salvatrices
2. Attention à 2 écueils pour ê émancipatrices

III Le 1er écueil
1. Environnement placé au-dessus du bien-être commun
2. Nature sacralisée ⇒ émancipation Hô impossible

IV Le 2e écueil : actuel
1. « capitalisme vert »
2. solut° techniques / manières technocratQ = illusion scientiste

S'approprier

Repérer le thème et la thèse d'un texte

1 Lisez les textes suivants.

a. Quel est leur thème ?

b. Quelle est leur thèse ?

c. Barrez les éléments qui n'apportent pas d'informations essentielles.

Texte 1

Je ne crois guère à la répression, et moins encore à la prison pour résoudre un problème social. Ce n'est pas en emprisonnant les dirigeants ou les cadres d'entreprise qu'on réduira le nombre des accidents du travail.

Robert Badinter, « L'Expansion », novembre 1975.

Thème : ....

Thèse : ....

....

Texte 2

Plus une société diffuse des véhicules rapides, plus – passé un certain seuil – les gens y passent et y perdent de temps à se déplacer. C'est mathématique.

Michel Bosquet, *Écologie et Politique*, © Arthaud Poche, 1975.

Thème : ....

Thèse : ....

....

Repérer les étapes d'un raisonnement

2 Lisez le texte suivant.

Ainsi les humanistes abandonnent une des tâches capitales de l'intellectuel, le contact avec la masse, le lien entre la science et l'enseignement. Sans doute la Renaissance, à la longue, apportera à l'humanité la moisson d'un travail orgueilleux et solitaire. Sa science, ses idées, ses chefs-d'œuvre alimenteront plus tard le progrès humain. Mais elle est d'abord un repliement, un recul. Il n'est pas jusqu'à l'imprimerie qui ne favorise peut-être d'abord – avant de répandre partout la culture écrite – un rétrécissement de la diffusion de la pensée.

Ceux qui savent lire – une petite élite de favorisés – sont comblés. Les autres ne sont plus nourris des miettes de la scolastique que leur apportaient les prédicateurs et les artistes du Moyen Âge, tous formés par les Universités. Il faudra peut-être attendre la Contre-Réforme pour qu'un art se dégage qui, sous une forme peut-être contestable mais chargée d'intentions didactiques et apostoliques, cherche à faire participer le peuple à la vie culturelle.

Rien de plus frappant que le contraste entre les images qui représentent au travail l'intellectuel du Moyen Âge et l'humaniste.

J. Le Goff, *Les Intellectuels au Moyen Âge*, « *Le Temps qui court* », © Éd. du Seuil, 1957, « *Points Histoire* », 2014.

a. Délimitez les paragraphes et surlignez les connecteurs logiques.

b. Soulignez les exemples.

c. Donnez un titre à chacun des paragraphes et reformulez l'argument de chacun des paragraphes.

- **Paragraphe 1 :** ....

Argument : ....

....

- **Paragraphe 2 :** ....

Argument : ....

....

....

....

....

- **Paragraphe 3 :** ....

Argument : ....

....

....

Trouver les expressions essentielles

3 a. Surlignez dans chacun des paragraphes suivants les expressions à conserver (formulation d'une idée), et barrez celles qui illustrent le propos.

b. Que remarquez-vous ?

Texte 1

Les étés deviennent irrespirables. Le dernier mois de juillet a été le plus chaud, à l'échelle de la planète, jamais enregistré depuis que les relevés existent, à la fin du XIXe siècle, et sans aucun doute depuis bien plus longtemps. Le précédent record datait de 2016…

Daniel Cohen, « Greta Thunberg et le moment "Game of Thrones" », © nouvelobs.com, 15 octobre 2019.

Texte 2

[On] refuse d'admettre le fait même de la diversité culturelle ; on préfère rejeter hors de la culture, dans la nature, tout ce qui ne se conforme pas à la norme sous laquelle on vit. […] Ainsi se réalisent de curieuses situations où deux interlocuteurs se donnent cruellement la réplique. Dans les Grandes Antilles, quelques années après la découverte de l'Amérique, pendant que les Espagnols envoyaient des commissions d'enquête pour rechercher si les indigènes possédaient ou non une âme, ces derniers s'employaient à immerger des blancs prisonniers afin de vérifier par une surveillance prolongée si leur cadavre était ou non, sujet à la putréfaction.

C. Lévi-Strauss, *Race et Histoire*, © UNESCO, 1952.

....

....

....

47 Reformuler

Retenir

➜ La contraction de texte ne doit pas reprendre tels quels les mots du texte, mais elle doit les reformuler de manière concise, efficace et fidèle au sens du texte d'origine. Vous devez donc respecter l'**organisation**, l'**énonciation** et la **tonalité** (ironique, pathétique, polémique, satirique, comique, épique…) du texte support.

Étape 1 Comprendre et simplifier le texte

- **Relisez le texte :** surlignez **les mots ou expressions difficiles ou importants**, et cherchez des synonymes plus simples.
  Écueil → obstacle
- Procédez de la même façon pour les **tournures grammaticales complexes** : reformulez-les avec une syntaxe plus simple.
  Bien qu'il eût rigoureusement procédé à tous les contrôles d'usage → malgré sa rigueur dans les contrôles d'usage

Étape 2 Travailler la concision

- Notez au brouillon les **mots-clés** du texte, et cherchez pour chacun des **synonymes** ou des mots de même famille.
- Remplacez les énumérations par des **hyperonymes** (mots de sens plus large) ou par le terme de l'énumération qui englobe les autres.
  « incendies, inondations, assassinats, faits divers » → faits divers

Étape 3 Rédiger et résumer

- Insérez les **connecteurs logiques** s'ils n'apparaissent pas dans le texte support ; cela vous permettra bd'organiser votre devoir.
- **Rédigez une première version** de votre contraction de texte, qui suit le **plan détaillé** du texte support (➜ fiche 46) et intègre vos **connecteurs logiques**. Comptez le nombre de mots.
- Reprenez vos phrases pour **réduire** encore le nombre de mots si nécessaire. Remplacez :
  – les groupes nominaux par des **noms** :
  Le retour sur soi pour s'analyser → l'introspection
  – les groupes prépositionnels par des **adverbes** :
  Selon toute vraisemblance → vraisemblablement
  – les subordonnées complétives par des **noms** :
  Ils refusent que soit implanté → l'implantation
  – les subordonnées relatives par des **adjectifs** :
  Une difficulté qu'on ne peut pas démêler → inextricable

S'approprier

Comprendre et simplifier le texte

1 Résumez ces phrases en manipulant la syntaxe et en utilisant des synonymes, des adverbes, des noms, des adjectifs. Conservez la même énonciation.

a. Bien que la mondialisation soit décrite de manière méliorative, on comprend que l'auteur dresse un portrait à charge de la société de son temps.

……………………………………………………………………
……………………………………………………………………
……………………………………………………………………

b. Il a avoué ne pas être capable de s'occuper de cette affaire ; son renvoi n'est donc pas encore officiel mais nul doute qu'il va être annoncé prochainement.

……………………………………………………………………
……………………………………………………………………
……………………………………………………………………

c. « Enseignant, chercheur et auteur de livres, je peux, en revanche, m'en faire une idée, facile à communiquer, en ce qui concerne le savoir et la formation. » (Michel Serres)

……………………………………………………………………
……………………………………………………………………
……………………………………………………………………

2 Précisez quel type d'énonciation et de tonalité sont utilisées dans les extraits suivants.

a. « Un croyant ne peut être qu'intolérant, ou alors il est incohérent. Se satisfait d'un à-peu-près tiédasse. Ne va pas au fond des choses. Quiconque n'est pas fanatique ne croit pas vraiment. » **(Jean-Marie Cavada)**

……………………………………………………………………

b. « Nous savons également que c'est le dévouement insatiable de découvrir la vérité absolue qui nous empêche de fermer les yeux sur la corruption et l'injustice. J'apprécie plus que jamais la presse alors que nous essayons de naviguer dans des temps compliqués. » **(Oprah Winfrey)**

……………………………………………………………………
……………………………………………………………………

c. « Mais ? me direz-vous, pourquoi avoir laissé la situation se dégrader ainsi et pourquoi la tolérer ? Pourquoi ne pas faire respecter la loi ? » **(Simone Veil)**

……………………………………………………………………
……………………………………………………………………

Travailler la concision

3 Lisez les extraits suivants.

a. Soulignez les mots difficiles et trouvez des synonymes.

b. Remplacez les groupes nominaux et verbaux mis entre crochets par des termes plus concis.

c. Reformulez la thèse de l'auteur en quelques mots.

Texte 1

[L'encadrement législatif] .... et la coercition ne font donc pas tout. Au contraire, les organismes de défense des droits humains préconisent le recours à l'éducation, et particulièrement **[des garçons et des hommes]** .... pour endiguer les atteintes à l'encontre des femmes. Face à **[un mal insidieux et difficilement évaluable]** ...., il faut donc agir à la source.

C. Brajeul, « La situation des femmes… » © *Libération*, 16/06/17.

....

....

....

Thèse : ....

....

Texte 2

[Cela fait quelques années à peine] .... que le soupçon est apparu chez les paléoanthropologues qu'il n'y avait pas d'évolution linéaire de l'humanité, ni une espèce originaire mais une évolution buissonnante. Il n'y a donc **[pas d'ancêtre primordial, ni d'Ève ni d'Adam, ni une seule espèce humaine]** .... qui se séparerait des autres espèces mais la divergence des populations et leur métissage local transmettant des mutations adaptatives ou immunitaires aussi bien que des innovations techniques.

J. Zin, « Il n'y a pas d'espèce humaine », © *janzin.fr*, 10/10/19.

....

....

....

....

....

....

Thèse : ....

....

....

Texte 3

Quand on rassemble tous ces traits, qui certes ont **[une origine hominienne et même primatique]** ...., mais qui, chez **[l'homme au gros cerveau]** .... **[se gonflent, s'intensifient, convergent, concourent]** .... , on voit bien que ce qui caractérise *sapiens*, ce n'est pas une réduction de l'affectivité au profit de l'intelligence, mais au contraire, une véritable éruption psychoaffective, et même, le surgissement de l'*ubris*, c'est-à-dire la démesure.

E. Morin, *Le Paradigme perdu : la nature humaine*, © Le Seuil, 1973.

....

....

....

Thèse : ....

....

....

Rédiger et résumer

4 Lisez l'extrait suivant.

L'art est une tentative pour transporter dans une quantité finie de matière modelée par l'homme une image de la beauté infinie de l'univers entier. Si la tentative est réussie, cette portion de matière ne doit pas cacher l'univers, mais au contraire en révéler la réalité tout autour.

Les œuvres d'art qui ne sont pas des reflets justes et purs de la beauté du monde, des ouvertures directes pratiquées sur elle, ne sont pas à proprement parler belles ; elles ne sont pas de premier ordre ; leurs auteurs peuvent avoir beaucoup de talent, mais non pas authentiquement du génie. C'est le cas de beaucoup d'œuvres d'art parmi les plus célèbres et les plus vantées. Tout véritable artiste a eu un contact réel, direct, immédiat avec la beauté du monde […].

L'artiste, le savant, le penseur, le contemplatif doivent, pour admirer réellement l'univers, percer cette pellicule d'irréalité qui le voile et en fait presque pour tous les moments de leur vie, un rêve ou un décor de théâtre. Ils le doivent, mais le plus souvent ne le peuvent pas. Celui qui a les membres rompus par l'effort d'une journée de travail, c'est-à-dire d'une journée où il a été soumis à la matière, porte dans sa chair comme une épine la réalité de l'univers. La difficulté pour lui est de regarder et d'aimer ; s'il y arrive, il aime le réel.

Simone Weil, *Attente de Dieu*, © Seuil, 1977.

a. Procédez aux étapes de compréhension et d'analyse :

– Formulez le thème principal et la thèse de l'auteur.

Thème principal : ....

....

Thèse : ....

....

– Délimitez les grandes idées par des barres obliques ;

– Surlignez les mots-clés et entourez les connecteurs logiques.

b. Soulignez les expressions que vous allez pouvoir remplacer par des termes plus concis.

c. Rédigez votre propre résumé en une soixantaine de mots.

48 Analyser un sujet et mobiliser ses connaissances

Tuto BAC

Retenir

→ **La dissertation proposée à l'écrit du bac** porte sur une **œuvre étudiée pendant l'année** et sur le **parcours associé** au sein duquel elle s'inscrit. En **seconde**, l'exercice porte sur les **œuvres romanesques et théâtrales** étudiées en classe, dont l'étude peut être éclairée par un **groupement de textes complémentaires** ou par un prolongement artistique et culturel.

Comment se présente le sujet de dissertation ?
- **1.** Peut comporter une **citation** (facultatif).
- **2.** Pose une **question** sur une œuvre étudiée, qui peut porter sur :
  - ses personnages
  - son intrigue
  - son écriture
  - ses enjeux
  - ses effets sur le lecteur
- **3.** Donne la **consigne** : elle précise le travail à faire et indique où puiser ses exemples.

Comment travailler le sujet de dissertation ?
- Le lire plusieurs fois ;
- Faire une **explication de la citation** mot à mot, s'interroger sur son auteur, son époque ;
- Repérer les **mots-clés** de la question : chercher des synonymes, des antonymes…
- Identifier si la consigne demande d'**illustrer** (d'étayer) ou de **discuter** (envisager les limites) ;
- **Questionner le sujet** pour en déceler l'**implicite** (ce que le sujet ne dit pas explicitement). De cette étape découlera **votre problématique** ;
- Lister les **exemples** précis qui **traitent votre problématique**.

Comment se préparer à la maison ?
- Faire des **fiches** sur les différentes œuvres étudiées, qui concernent :
  - les personnages
  - l'intrigue (résumés)
  - l'écriture
  - les grands thèmes
  - les effets sur le lecteur
  - les enjeux de l'œuvre
- Revoir attentivement les **explications de textes**.

S'approprier

Comprendre un sujet de dissertation

1 a. Placez des barres obliques entre les différentes étapes du sujet suivant et nommez ces étapes.

Sujet

Dans son dernier roman, *Les Cerfs-volants*, publié en 1980, Romain Gary écrit au sujet du nazisme : « Il faut bien se rendre à l'évidence : ce côté inhumain fait partie de l'humanité. Tant qu'on ne reconnaîtra pas que l'inhumanité est chose humaine, on restera dans le mensonge pieux. » Avez-vous retrouvé cette vision de l'homme dans votre lecture de son recueil de nouvelles ? Vous répondrez à cette question en vous appuyant sur votre lecture du recueil de nouvelles de Romain Gary, *J'ai soif d'innocence*.

....

b. Surlignez dans la citation les mots-clés qui précisent la thèse que Gary cherche à partager dans son roman.

c. Relisez la question. Demande-t-elle d'étayer ou de discuter la citation ? ....

2 a. Surlignez les mots-clés dans chaque question des quatre sujets suivants.

Sujet 1

Comment Du Bellay, dans *Les Regrets*, renouvelle-t-il la poésie ?

Sujet 2

Quelles visions de l'amitié Romain Gary propose-t-il dans son recueil de nouvelles ? Vous répondrez à cette question en vous appuyant sur le recueil de nouvelles, *J'ai soif d'innocence*, ainsi que sur le corpus sur l'amitié travaillé en classe.

Sujet 3

Les personnages de ce recueil de nouvelles sont-ils tous inhumains ? Vous répondrez à cette question en vous appuyant sur le recueil de nouvelles lu en classe, *J'ai soif d'innocence*.

Sujet 4

Quelles réactions les auteurs de nouvelles cherchent-ils à provoquer chez les lecteurs ? Vous répondrez à cette question en vous appuyant sur le recueil de nouvelles étudié en classe, mais également sur l'ensemble des autres nouvelles travaillées depuis le début de l'année.

b. Reformulez le mot-clé « réactions » du sujet 4.

....

c. Quels sujets demandent d'être étayés, illustrés ?

....

d. Quel sujet demande d'être discuté ?

....

3 a. Sur quoi porte chaque sujet ? Choisissez parmi les éléments suivants. Plusieurs réponses sont possibles.

Les personnages - L'intrigue - L'écriture - Les effets sur le lecteur - Les enjeux de l'œuvre

Sujet 1

Dans sa préface à *L'École des femmes* de Molière, Joy Sorman, romancière française, dit que la pièce « consacre le triomphe de la raison du cœur, [...] le triomphe de la jeunesse ». Ces propos correspondent-ils à votre lecture de la pièce ?

Sujet 2

L'Écume des jours de Boris Vian n'est-il qu'un roman surréaliste et fantaisiste, bien éloigné de la réalité ordinaire ?

Sujet 3

À la question « Qu'est-ce qu'un grand homme ? », que répond Hugo dans sa pièce *Hernani* ?

Sujet 1 : ....

Sujet 2 : ....

Sujet 3 : ....

....

b. Quel sujet invite à être illustré ?

....

c. Quels sujets appellent une discussion possible ?

....

Expliquer la citation d'un sujet

4 Lisez les sujets suivants et répondez aux questions.

Sujet 1

Dans sa lettre à l'éditeur Hetzel, rédigée à Jersey en 1853, Victor Hugo précise le rôle que doit jouer, dans *Les Châtiments*, l'écriture poétique, à savoir **« réveiller le peuple »**. L'écriture des *Contemplations* revêt-elle les mêmes fonctions ? Vous appuierez votre réponse sur votre lecture des *Contemplations* de Victor Hugo.

a. En quoi les éléments surlignés donnent-ils des renseignements importants ?

....

....

....

b. Que signifie l'expression en gras ?

....

....

....

....

Sujet 2

Dans sa préface des *Contes* de Charles Perrault, J.-P. Collinet affirme qu'« il [Perrault] se préoccupe plutôt [...] d'inventer une littérature enfantine que toutefois il ne veut plus destinée [...] d'abord aux enfants des rois, mais à ceux de tous, à commencer par les siens propres ; moins d'ailleurs une littérature pour l'enfance, peut-être, qu'une littérature par l'enfance ». Vous discuterez cette affirmation au regard de votre lecture de l'œuvre de Charles Perrault.

a. Résumez les propos de J.-P. Collinet.

....

....

b. Que peut-on discuter dans l'affirmation proposée ?

....

....

....

Sujet 3

Dans une lettre à Louis Bonenfant en 1868, Flaubert affirme : « Un nom propre est une chose extrêmement importante dans un roman, une chose capitale. On ne peut pas plus changer un personnage de nom que de peau. » Vous discuterez cette citation en la confrontant à votre expérience de lecteur ou de lectrice de romans. Vous vous appuierez notamment sur votre lecture de *Bel-Ami* de Maupassant mais aussi sur les extraits des romans étudiés en classe.

a. Résumez les propos de Flaubert.

....

....

....

b. Quelle démarche la consigne vous impose-t-elle ?

....

....

....

Formuler la problématique d'un sujet

5 Lisez les sujets suivants et répondez aux questions.

Sujet 1

Ronsard présente-t-il une image idéalisée de la femme ? Vous vous appuierez sur votre lecture du second livre des *Sonnets pour Hélène* pour répondre à cette question.

a. Soulignez les mots-clés du sujet.

b. À quelle question ces mots-clés répondent-ils ? Formulez cette question.

....

....

Sujet 2

Molière se donne-t-il pour seul but, dans *Tartuffe*, de faire rire ses spectateurs ?

a. Soulignez les mots-clés du sujet et reformulez-les.

....

....

b. Proposez les titres des parties que votre devoir développera.

....

....

....

c. À quelle question répond le plan que vous avez choisi ?

....

....

Tuto BAC

49 Construire un plan

Retenir

→ Une **dissertation** comporte **deux ou trois grandes parties** qui correspondent aux **grandes étapes de la démonstration.**

→ Chaque partie comporte deux ou trois sous-parties. **Chaque sous-partie** développe **un argument** illustré **d'exemples littéraires.**

2 types de sujets

En quoi *L'Écume des jours* de Boris Vian est-il un roman engagé ?	Dans quelle mesure *L'Écume des jours* est-il un roman qui se détourne de la réalité ?

2 types de plans

Plan analytique	Plan dialectique
L'objectif est d'**illustrer** la thèse proposée par la question. • **Chaque partie** de la dissertation **envisage un aspect de la réponse.** • Les **connecteurs logiques** qui structureront les parties seront : *tout d'abord, ensuite, enfin.*	L'objectif est de **discuter** la thèse proposée par la question. • **La première partie valide la thèse et la seconde partie la nuance.** • Les **connecteurs logiques** qui structureront les parties seront : *certes, mais.*
I. Tout d'abord, *L'Écume des jours* est un roman qui dénonce la guerre. **II. De plus**, il dénonce la religion. **III. Enfin**, il dénonce le monde inhumain du travail à l'usine.	**I.** *L'Écume des jours* est **certes** un roman fantaisiste et surréaliste, qui rompt avec les normes de la réalité. **II. Mais**, par le biais de la fantaisie, Boris Vian dénonce bien la dure réalité.

→ Les **parties** doivent être **équilibrées.**

→ Le plan doit progresser **de l'argument le plus simple vers le plus complexe,** du plus évident au plus subtil.

→ **Dans le cas d'un sujet qui appelle un plan dialectique,** votre plan répond à la question posée par la problématique. Quelles visions du monde le roman *L'Écume des jours* propose-t-il ?

S'approprier

Identifier les différents types de plan

1 Lisez les sujets de dissertation suivants.

Sujet 1

« Et les descriptions ! Rien n'est comparable au néant de celles-ci », affirme André Breton dans le *Manifeste du surréalisme* en 1924. Cette citation correspond-elle à votre lecture des descriptions du roman de Zola, *Thérèse Raquin* ?

Sujet 2

Qu'est-ce qui fait de Rieux, dans le roman *La Peste* de Camus, un personnage héroïque ?

Sujet 3

Selon vous, pourquoi Racine a-t-il souhaité mettre en scène le personnage de Phèdre ?

Sujet 4

Dans *Le Royaume*, paru en 2014, Emmanuel Carrère fait dire à l'un de ses personnages : « J'aime, quand on me raconte une histoire, savoir qui me la raconte ». Pensez-vous que connaître la vie et les combats personnels de Victor Hugo soit utile au lecteur et au spectateur pour apprécier sa pièce de théâtre *Hernani* ?

Sujet 5

Dans *Ouragan* de Laurent Gaudé, le personnage du révérend s'interroge : « Faut-il que les hommes aient peur pour qu'ils ouvrent leur cœur ? » En quoi, selon vous, l'ouragan révèle-t-il à eux-mêmes les personnages du roman ?

Sujet 6

La comédie de Beaumarchais, *Le Barbier de Séville*, n'est-elle qu'une « comédie gaie » comme annoncé par l'auteur dans sa *Lettre modérée* ?

a. Pour chaque sujet, surlignez les mots interrogatifs ou toute autre manière de poser les questions.

b. Quels sujets imposent un plan analytique ?

....

c. Quels sujets imposent un plan dialectique ?

....

d. Pour quels sujets les connecteurs *certes* et *mais* permettent-ils de construire un plan de réponse ?

....

e. Formulez une problématique pour les sujets qui imposent un plan dialectique.

....

....

....

....

....

....

2 Voici trois plans. À vous de formuler le sujet de dissertation qui a été donné pour chacun d'eux.

a. **I.** Inconvénients des tirades et des monologues dans la pièce : exposition fastidieuse, situation artificielle, moments trop statiques.

II. Avantages : meilleure connaissance des états d'âme des personnages, moment théâtral pour l'acteur, valeur littéraire.

III. La mise en scène des tirades et des monologues : tirades en mouvement, équilibre, choix des metteurs en scène pour éviter le statisme.

Sujet : ....

....

....

b. **I.** Certes, l'œuvre de Voltaire est l'héritière des contes à la mode au XVIIIe : *Candide* baigne dans le merveilleux qui dépayse le lecteur.

II. Mais ces contes merveilleux sont parodiés dans l'œuvre de Voltaire qui se met au service d'une dénonciation sociale, morale et philosophique.

Sujet : ....

....

c. *Le plan ci-dessous traite de la pièce de Molière* L'École des femmes.

I. Agnès et Horace : de la maladresse et de l'ingénuité, à l'éveil à l'amour et au monde.

II. Agnès et Arnolphe : de la soumission à la révolte.

Sujet : ....

....

Sélectionner des arguments pour construire un plan

3 Lisez le sujet de dissertation suivant.

Sujet

Les libertins sont-ils des êtres libres ? Vous répondrez à cette question grâce à votre lecture du roman de Laclos, *Les Liaisons dangereuses*.

a. Surlignez les mots-clés de la question.

b. La question invite-t-elle à étayer ou à discuter la proposition du sujet ?

....

....

c. Quelles idées parmi les suivantes n'allez-vous pas conserver ? Pourquoi ?

1. *Les Liaisons dangereuses* est un roman à visée moralisatrice : il met en garde contre le danger de certaines relations néfastes.

2. Les relations entre les deux libertins Valmont et Merteuil sont fondées sur la complicité certes, mais aussi sur la rivalité, les devoirs et le défi permanent entre eux pour savoir qui illustrera le mieux les principes du libertinage.

3. Les lettres donnent une authenticité à ce roman puisqu'elles sont présentées comme réelles.

4. L'intrigue suit un déroulement linéaire qui l'apparente au schéma tragique : tout conduit vers le dénouement, la machine infernale de la fatalité se clôt sur les libertins pris au piège de leur propre jeu machiavélique.

5. Le libertin Dom Juan, mis en scène par Molière, est totalement libre : il remet en cause la religion, la fidélité, le respect des Anciens, le mariage…

6. Valmont triomphe de pouvoir aimer qui il veut, quand il veut, le temps qu'il veut.

7. Les passions telles que l'orgueil, le désir, la jalousie et la haine, desquelles ils ne peuvent se défaire, conduisent les libertins à leur perte.

8. Le roman n'est pas dénué de comique : la naïveté de Cécile, l'aveuglement de sa mère, la parodie des romans sentimentaux à la mode.

9. La campagne est un lieu de refuge pour le libertin Valmont contre l'ennui, la solitude et la chaleur de Paris durant l'été.

10. La libertine Mme de Merteuil manipule Mme de Volanges, dévoie Cécile, s'insinue dans la romance entre Valmont et Tourvel, elle est maîtresse de tous les fils de l'intrigue.

11. Mme de Merteuil condamne l'éducation des filles reçue au couvent, l'éducation mondaine qui réduit les femmes à la passivité, le mariage précoce, elle est une féministe en puissance.

....

....

d. À partir des idées que vous avez conservées, proposez un plan de réponse au sujet de dissertation.

....

....

....

....

....

....

....

....

....

....

....

....

....

....

50 Rédiger un paragraphe argumenté

Tuto BAC

Retenir

→ Une **dissertation** est une **démonstration. Chaque paragraphe** ajoute **un argument** à votre démonstration.

→ Chaque paragraphe se compose de :

1. Une annonce de l'idée directrice du paragraphe	• Commencer par un **alinéa**. • Ne pas passer à la ligne entre les étapes du paragraphe.
2. Au moins deux exemples littéraires développés	• **Situer précisément le passage** sélectionné **dans l'œuvre**. • Souligner le titre des œuvres.
3. Une conclusion partielle	• Utiliser les **connecteurs** : *ainsi, en somme, pour conclure, donc, finalement…*
4. Une transition vers le paragraphe suivant	• Utiliser les **connecteurs** : *mais au-delà, cependant, toutefois, néanmoins, pourtant, or, ce qui nous amène à…*

S'approprier

Identifier les étapes d'un paragraphe argumenté

1 Lisez cet extrait de copie d'élève, qui correspond au sujet suivant.

Sujet

Quelles réactions Romain Gary cherche-t-il à provoquer chez les lecteurs de ses nouvelles extraites du recueil *J'ai soif d'innocence* ?

Pour conclure cette première partie, si les réactions des lecteurs peuvent être des émotions spontanées comme le rire, la compassion ou la surprise, elles peuvent aussi être des réflexions plus générales et à plus long terme.

Romain Gary cherche à faire réfléchir le lecteur sur les travers de la nature humaine. Dans toutes ses nouvelles, l'auteur met en scène un personnage défaillant, représentant un vice. Dans J'ai soif d'innocence, le narrateur veut apparemment vivre en toute innocence, humblement et de manière altruiste, mais il n'hésite pas à vouloir vendre des toiles utilisées par Taratonga pour emballer des gâteaux, qu'il croit peintes par Gauguin en espérant gagner beaucoup d'argent, pensant que les autochtones ne comprennent rien à l'art. Il va tout perdre... Taratonga, l'artiste ayant peint ces tableaux en imitant Gauguin, piège le narrateur, révélant ainsi son appât du gain, son hypocrisie et son ignorance en matière d'art ! Dans Le Faux, S. veut défendre coûte que coûte l'authenticité des œuvres d'art, mais est-ce vraiment pour la bonne cause ou pour se faire beaucoup d'argent en gagnant des procès ? Le monde est rempli de bonnes intentions mais chacun s'accommode volontiers des mensonges lorsqu'ils permettent de vivre plus confortablement. Ainsi, Romain Gary offre une vision de l'homme et du monde négative et masque à peine ce pessimisme sous un vernis ironique qui fait rire jaune le lecteur, qui peut parfois se reconnaître.

a. À quoi correspondent les quatre premières lignes ?

....

....

b. À quel indice reconnaissez-vous qu'un nouveau paragraphe commence ? ....

c. Quel est l'objectif de la première phrase du nouveau paragraphe ?

....

....

....

d. Combien y a-t-il d'exemples ? À quoi le voyez-vous ?

....

e. Quand commence la conclusion partielle du paragraphe ? À quel indice le voyez-vous ?

....

f. Placez des barres obliques qui marquent les différentes étapes du paragraphe et nommez-les.

....

....

g. Quelle étape manque-t-il ?

....

Structurer un paragraphe

2 Les éléments ci-dessous constituent un paragraphe de dissertation et répondent au sujet suivant. Ils ont été mélangés : replacez-les dans le bon ordre.

Sujet

Quelle image des parents les *Contes* de Perrault mettent-ils en scène ?

a. Dans *Le Petit Chaperon rouge*, la fillette est seule dans la forêt, sans armes pour repérer les astuces du loup. La mère, évoquée au début, n'apparaît pas dans la fiction.

b. Les *Contes* de Perrault offrent une vision négative des parents.

c. On observe la même chose pour le père de Cendrillon. Une fois veuf, on ne parle plus de lui mais de la marâtre et de ses deux filles.

d. En premier lieu, ceux-ci sont souvent absents, ils peuvent délaisser ou abandonner leur enfant.

e. Mais au-delà de leur absence, les parents sombrent parfois dans des accès de violence.

f. C'est le cas dans *Le Petit Poucet*, où les parents cherchent à se débarrasser de leurs enfants. La misère est telle qu'elle les conduit à cette extrémité. L'abandon peut être indirect, involontaire, mais il met tout autant en danger l'enfant.

g. Les parents sont donc des maillons bien faibles, souvent impuissants à protéger leurs enfants.

h. Enfin, dans *La Belle au bois dormant*, les parents ne sont pas parvenus à la protéger contre la prédiction de la fée.

....

3 Le paragraphe suivant, rédigé par un élève, comporte des erreurs. Justifiez les annotations du professeur.

Les objet dans Le Barbier de Séville de Beaumarchais contribuent à la satire sociale que le dramaturge souhaite exprimer. Par exemple, la jalousie dans laquelle Rosine est enfermé est rendue visible par l'enfermement de la femme et c'est pareil pour la bourse donné à Bazile, lui qui aime je cite les motifs d'un grand poids. Beaumarchais veut dénoncé la corruption. X

....
....
....
....
....
....
....
....
....
....
....
....

Rédiger un paragraphe argumenté

4 À partir du sujet suivant et des extraits de deux fables de La Fontaine, rédigez un paragraphe dont l'idée directrice pourrait être : une justice arbitraire et un pouvoir injuste. Vous respecterez les critères de rédaction d'un paragraphe de dissertation.

Sujet

Quel tableau de la société de son temps La Fontaine offre-t-il au travers de ses fables ? Pour répondre à cette question, vous vous appuierez sur votre lecture du recueil des *Fables*.

Texte 1

Le loup rencontre l'agneau et l'accuse de tous les maux.

[…]

« Qui te rend si hardi[1] de troubler mon breuvage ?
Dit cet animal plein de rage :
Tu seras châtié[2] de ta témérité[3].
– Sire, répond l'Agneau, que Votre Majesté
Ne se mette pas en colère ;
Mais plutôt qu'elle considère
Que je me vas[4] désaltérant
Dans le courant[5],
Plus de vingt pas au-dessous d'Elle ;
Et que par conséquent, en aucune façon,
Je ne puis troubler sa boisson.
– Tu la troubles, reprit cette bête cruelle,
Et je sais que de moi tu médis l'an passé.
– Comment l'aurais-je fait si je n'étais pas né ?
Reprit l'Agneau ; je tette encor ma mère
– Si ce n'est toi, c'est donc ton frère.
– Je n'en ai point. C'est donc quelqu'un des tiens […].

« Le Loup et l'Agneau », livre I, fable X, 1668.

1. Audacieux. – **2.** Puni. – **3.** Arrogance. – **4.** Vais. – **5.** Courant de l'eau.

Texte 2

La peste fait des ravages. La cour cherche un coupable à sacrifier au bénéfice de la « guérison commune ».

[…]

L'Âne vint à son tour et dit : J'ai souvenance
Qu'en un pré de Moines passant,
La faim, l'occasion, l'herbe tendre, et je pense
Quelque diable aussi me poussant,
Je tondis de ce pré la largeur de ma langue.
Je n'en avais nul droit, puisqu'il faut parler net.
À ces mots on cria haro sur le baudet[1].
Un Loup quelque peu clerc[2] prouva par sa harangue[3]
Qu'il fallait dévouer ce maudit animal,
Ce pelé, ce galeux, d'où venait tout leur mal.
Sa peccadille fut jugée un cas pendable.
Manger l'herbe d'autrui ! quel crime abominable ! […]

« Les animaux malades de la Peste », livre VII, fable II, 1678.

1. On condamna l'âne. – **2.** Appartenant au clergé. – **3.** Discours.

....
....
....
....
....
....
....
....
....
....
....
....
....
....
....
....
....

51 Rédiger l'introduction et la conclusion

Tuto BAC

Retenir

→ La lecture de votre **introduction** donne à votre correcteur **une première impression.** Elle doit être particulièrement soignée et **travaillée au brouillon.**

→ **Conclure** montre au lecteur de votre copie que **vous avez su gérer votre temps.**

→ L'introduction et la conclusion se composent de :

Introduction

- Une **phrase d'accroche** (ou **amorce**) : référence au genre, au thème abordé, contextualisation de la citation ou du sujet.
- La **reprise de la citation** si le sujet en comporte une.
- La **reprise du sujet** et son **explicitation** (définition des mots-clés, reformulation).
- La **formulation de la problématique.**
- **L'annonce du plan**, rédigée au futur de l'indicatif. Il est possible d'employer le « nous » ou le « je ».

Conclusion

- La **réponse à la problématique**, qui reprend **le plan** de la démonstration. Elle est rédigée au passé composé.
- Une **ouverture** : il est possible d'**élargir la réflexion** à d'autres époques, la nôtre par exemple, pour **mettre le sujet en perspective.** On ne terminera jamais par une question.

S'approprier

Distinguer introduction et conclusion

1 Lisez les deux extraits de dissertation rédigés.

1. Nous avons donc montré en quoi les conflits dans la pièce Andromaque de Racine étaient de natures diverses : familiaux, amoureux, amicaux et politiques. Ils se manifestent également sous la forme de dilemmes internes aux personnages.

2. Si l'ouragan déclenche des réactions de colère, de repli dangereux ou de folie, nous verrons également qu'il est l'opportunité pour d'autres personnages du roman de Laurent Gaudé d'ouvrir leur cœur et de comprendre l'essentiel.

a. Quel extrait correspond à une introduction ? À quelle étape de l'introduction ?

....

....

b. Quel extrait correspond à une conclusion ? À quelle étape de la conclusion ?

....

....

....

Maîtriser la structure d'une introduction

2 Lisez les trois sujets et amorces suivants.

Sujet 1

Vous étudierez dans quelle mesure la mise en scène du corps intéresse Racine dans sa pièce Phèdre

Sujet 2

« Et les descriptions ! Rien n'est comparable au néant de celles-ci », affirme André Breton dans le *Manifeste du surréalisme* en 1924. Cette citation correspond-elle à votre lecture des descriptions du roman de Zola, *Thérèse Raquin* ?

Sujet 3

Qu'est-ce qui fait de Rieux, dans le roman *La Peste* de Camus, un personnage héroïque ?

Amorce 1 Oran. 1940. La vie quotidienne des habitants bascule. La peste ravage la ville et la coupe du monde extérieur. Évoquer la peste, c'est l'occasion pour Camus de travailler sur une forme d'analogie entre cette épidémie et le nazisme qui s'est propagé. Tous les personnages du roman ne vont pas réagir de la même manière.

Amorce 2 Lire un roman, c'est entrer dans une intrigue, suivre une aventure, imaginer des hypothèses sur la suite de l'histoire. Souvent, les descriptions sont perçues comme freinant le récit puisque par définition, elles constituent des pauses dans la narration.

Amorce 3 Dans le célèbre sonnet de Louise Labé, la poétesse évoque les signes physiques de l'amour : « Je vis, je meurs ; je me brûle et me noie / J'ai chaud extrême en endurant froidure [...] Tout à coup je ris et je larmoie [...] Ainsi Amour inconstamment me mène. » Le corps a en effet son langage.

a. À quel sujet correspond chaque amorce ?

Sujet 1 : ....

Sujet 2 : ....

Sujet 3 : ....

b. À vous de rédiger une amorce pour le sujet suivant.

Sujet

Dans sa préface à *L'École des femmes* de Molière, Joy Sorman, romancière française, dit que la pièce « consacre le triomphe de la raison du cœur, […] le triomphe de la jeunesse ». Ces propos correspondent-ils à votre lecture de la pièce ?

Conseil : Vous pouvez faire quelques recherches sur Joy Sorman pour contextualiser sa citation.

…………………………………………………………………

…………………………………………………………………

…………………………………………………………………

…………………………………………………………………

3 Transformez ces questions directes en interrogatives indirectes.

a. En quoi le roman de Victor Hugo, *L'Homme qui rit*, est-il un roman moderne ?

Nous nous demanderons …………………………………………

…………………………………………………………………

b. Le sentiment du tragique ne repose-t-il que sur une fin malheureuse ?

Nous nous demanderons …………………………………………

…………………………………………………………………

c. Dans quelle mesure la présence du corps dans la pièce est-elle une question importante ?

Nous nous demanderons …………………………………………

…………………………………………………………………

4 Transformez ces interrogatives indirectes en interrogatives directes.

a. Nous nous demanderons si le récit autobiographique peut rendre compte de la vérité d'une vie.

…………………………………………………………………

…………………………………………………………………

b. Nous nous demanderons si le thème du voyage dans l'œuvre n'est à associer qu'au dépaysement.

…………………………………………………………………

…………………………………………………………………

c. Nous nous demanderons pourquoi les personnages de confidents ont un si grand rôle dans *Cinna* de Corneille.

…………………………………………………………………

…………………………………………………………………

5 Lisez les phrases suivantes. Elles constituent les étapes d'une introduction mais ont été mélangées.

1. Nous nous demanderons si *Candide* de Voltaire, inspiré des contes merveilleux et des récits d'aventures, est une œuvre destinée à avertir ou à divertir les lecteurs.

2. Le sujet nous impose donc de travailler sur les grands enjeux de *Candide*.

3. Les verbes *divertir* et *avertir* sont deux composés antithétiques de la même racine latine *vertere*, qui signifie « tourner ». Ils qualifient deux mouvements opposés de la pensée : *avertir*, c'est *se tourner vers*, l'action indique une concentration, un mouvement convergent alors que *divertir*, c'est *se séparer de*, l'action indique qu'on se tourne vers l'extérieur. L'œuvre ne serait qu'une simple distraction qui détourne de la réalité.

4. Nous verrons que ce conte dépayse le lecteur, le plongeant dans des aventures romanesques et fantaisistes assaisonnées d'humour. Cependant, nous étudierons également en quoi ce conte philosophique porte un regard critique sur les dysfonctionnements sociaux, les questions politiques et philosophiques, invitant le lecteur à se tourner de manière plus attentive sur ces problèmes de fond liés aux injustices d'une époque, celle des Lumières.

5. Les contes, les fables, les histoires plongeant le lecteur dans un ailleurs féérique sont souvent lus aux enfants pour les faire rêver ou les plonger dans un monde merveilleux ou inquiétant. Pourtant ces histoires contiennent des enseignements qui intéresseront autrement le lecteur plus âgé.

a. Formulez le sujet de dissertation qui a été donné.

…………………………………………………………………

…………………………………………………………………

b. Nommez chacune de ces étapes de l'introduction.

…………………………………………………………………

…………………………………………………………………

c. Replacez les étapes dans l'ordre pour rétablir la structure correcte de l'introduction.

…………………………………………………………………

Rédiger l'introduction

6 Le plan de dissertation suivant traite de la question des déguisements dans *Le Barbier de Séville* de Beaumarchais.

I. Les types de déguisement dans la pièce : on peut déguiser son corps, sa voix, son discours.

II. Les déguisements provoquent le rire et la mise en scène peut accentuer les effets comiques.

III. Masquer les identités renforce la tension dramatique.

À votre tour, rédigez l'introduction de la dissertation.

…………………………………………………………………

…………………………………………………………………

…………………………………………………………………

…………………………………………………………………

…………………………………………………………………

…………………………………………………………………

…………………………………………………………………

…………………………………………………………………

…………………………………………………………………

…………………………………………………………………

…………………………………………………………………

…………………………………………………………………

…………………………………………………………………

Tuto BAC

52 Analyser le sujet et formuler une problématique

Retenir

→ L'essai est un **écrit argumentatif**. Sa forme est plus souple que celle de la dissertation. Il vise à **démontrer un point de vue, grâce à une argumentation organisée.**

→ Vous devez vous appuyer sur **la contraction de texte** de la première partie de l'épreuve, sur **vos connaissances**, sur **l'objet d'étude, l'œuvre étudiée** et **son parcours**, ainsi que sur **votre propre culture** pour construire votre argumentation.

Étape 1 Analyser le sujet

- Identifiez les **mots-clés** du sujet.
- Proposez une **définition** de chacun d'eux.

Étape 2 Déterminer le type de sujet et la réponse attendue

- Le sujet peut prendre différentes **formes** :
  - une **question** ou une **formule** sur le programme ;
  - une **citation** extraite de l'œuvre au programme ou d'un texte du parcours associé, du texte source de la contraction…
- Certains sujets :
  - exposent une **thèse formulée explicitement**, généralement sous forme de **citation** : vous devez alors **commenter et expliquer le sujet** ;
  - engagent à une **réflexion personnelle**, sans thèse donnée : vous devez alors trouver **vos propres arguments** et **exemples**.

Étape 3 Organiser votre réflexion

- Selon la formulation du sujet, vous devez proposer une réflexion organisée :
  - soit de manière **analytique** (*« Dans quelle mesure... »*) ;
  - soit de manière **dialectique** (*« Pensez-vous que... »*).
- Cette formulation déterminera votre **plan**.

Étape 4 Discuter le sujet

- **Reformulez le sujet** en plusieurs phrases, qui commenceraient par *« le sujet dit que... »*.
- **Discutez ensuite ces affirmations** en cherchant à mettre le sujet en perspective, à élargir la réflexion : *« Le sujet ne dit pas que... »*.

Étape 5 Formuler votre problématique

- À partir des étapes précédentes, formulez une problématique, c'est-à-dire une question qui permet **d'expliquer** le sujet et de le **dépasser,** afin de le traiter sous un **angle plus personnel.**

S'approprier

Comprendre et définir le sujet

1 Lisez les sujets suivants.

a. Surlignez les mots-clés et définissez-les.

b. Analysez le type de sujet et le mode de raisonnement attendu.

Sujet 1

Simone de Beauvoir affirme dans *Le Deuxième Sexe* (1949) qu'« il est certain que [les femmes] accéderont d'ici un temps plus ou moins long à la parfaite égalité économique et sociale, ce qui entraînera une métamorphose intérieure ». Selon vous, cette affirmation s'est-elle avérée juste ?

....

Sujet 2

En quoi l'exigence de beauté est-elle omniprésente dans notre quotidien ?

....

Sujet 3

« La liberté d'expression a un prix, celui de la vigilance éternelle. » Discutez cette affirmation du journaliste Philippe Pujol.

....

Discuter le sujet et trouver une problématique

2 a. **Reformulez les sujets ci-dessous (« le sujet dit que... ») en réfléchissant au type de plan attendu. Puis discutez-les (« le sujet ne dit pas que... »).**

b. **Cherchez une problématique possible.**

Sujet 1

Selon vous, une transition écologique est-elle encore possible ?

Le sujet dit que ....

Le sujet ne dit pas que ....

Problématique possible : ....

Sujet 2

Dans quelle mesure l'arrivée d'Internet comme nouveau média de communication a-t-elle changé les règles du journalisme ?

Le sujet dit que ....

Le sujet ne dit pas que ....

Problématique possible : ....

Sujet 3

Philippe Aldrin affirme dans un article intitulé « Rumeurs : il n'y a pas que la vérité qui compte », que « le phénomène des rumeurs fascine, passionne, intrigue ». Selon vous, qu'est-ce qui nous fascine autant dans les rumeurs ?

Le sujet dit que ....

Le sujet ne dit pas que ....

Problématique possible ....

Sujet 4

De nombreuses œuvres ont été censurées au cours de l'Histoire. Pensez-vous qu'il est légitime de faire le procès d'une œuvre d'art ?

Le sujet dit que ....

Le sujet ne dit pas que ....

Problématique possible : ....

Analyser un sujet

3 Lisez le sujet suivant et procédez aux étapes de son analyse.

Sujet

Alfred de Musset définit le journalisme comme le « droit quotidien qu'un sot a de berner / Trois ou quatre milliers de sots, à déjeuner ». Selon vous, est-ce une définition pertinente du métier de journaliste ?

A. **Les mots-clés**

Journalisme ....

Droit quotidien ....

Sot ....

Berner ....

Pertinente ....

B. **Le sujet annonce** ....

C. **La formulation amènera à un plan** ....

D. **Le sujet dit que** ....

Le sujet ne dit pas que ....

E. **Problématiques possibles** ....

Tuto BAC

53 Construire un plan et organiser sa rédaction

Retenir

Étape 1 Trouver des arguments et des exemples

- Cherchez vos arguments et vos exemples dans :
  - la **culture générale,**
  - la **littérature d'idées,**
  - le **texte support de la contraction** s'il est en lien avec le sujet de l'essai ;
  - **votre propre réflexion.**
- Notez vos idées par rapport à la réflexion portée par le sujet.

Étape 2 Choisir son plan et donner un titre aux parties

- Le plan est déterminé par la **formulation du sujet** et le **type de réflexion** attendue (➜ fiche 52).
- Votre plan devra proposer **deux ou trois grandes parties,** elles-mêmes composées de **deux ou trois sous-parties.**
- **Les types de plan possibles :**

1. Les plans dialectiques
   - **Le plan concessif :** on argumente en faveur d'une thèse, puis on la nuance.
   - **Le plan commentaire-discussion :** on explique le sujet, puis on le discute.
2. Les plans analytiques
   - **Le plan thématique (ou explicatif) :** permet de décrire un phénomène, sans le remettre en question.
   - **Le plan causal :** expose une situation ou un constat en proposant de l'expliquer par l'analyse des causes.

Étape 3 Organiser sa rédaction

- Votre devoir doit comporter trois étapes :

1. L'introduction :
   - commence par une phrase d'accroche sur le thème,
   - reprend le sujet et formule la problématique,
   - annonce le plan.
2. Le développement :
   - chaque partie = une idée principale.
   - chaque sous-partie = un paragraphe argumenté qui :
     - annonce l'idée secondaire de l'argument,
     - développe l'argument,
     - s'appuie sur un ou des exemple(s).
3. La conclusion, rapide, propose :
   - un bilan de votre développement,
   - une ouverture éventuelle vers un sujet voisin.

- Reliez les paragraphes par des **connecteurs logiques** (*Tout d'abord, ensuite, enfin...*).
- **Sautez des lignes** entre les parties.
- Vous pouvez utiliser les pronoms « je » ou « nous », selon votre préférence.

S'approprier

Chercher des arguments et des exemples

1 Pour chacun des sujets ci-dessous, surlignez les mots-clés qui indiquent le thème de l'essai, et cherchez des arguments.

Sujet 1

Où en sommes-nous de l'évolution de la condition des femmes dans nos sociétés actuelles ?

....

....

....

....

....

....

....

....

Sujet 2

En quoi la conscience écologique peut-elle être considérée comme un nouvel humanisme ?

....

....

....

....

....

....

Sujet 3

Selon vous, l'accès à la connaissance est-il une nécessité pour accéder à la liberté ?

....

....

....

....

....

....

....

....

Choisir son plan

2 a. Lisez le texte et le sujet proposés ci-dessous.

b. Notez des arguments possibles et des exemples empruntés à la littérature d'idées (essais, presse, articles scientifiques, discours…) et à votre culture générale.

c. Définissez un plan détaillé en précisant quel type de plan vous choisissez.

> *Cette œuvre relate les six mois d'isolement de l'écrivain en Sibérie.*
>
> La cabane, royaume de simplification. Sous le couvert des pins, la vie se réduit à des gestes vitaux. Le temps arraché aux corvées quotidiennes est occupé au repos, à la contemplation et aux menues jouissances. L'éventail des choses à accomplir est réduit. Lire, tirer de l'eau, couper le bois, écrire et verser le thé deviennent des liturgies. En ville, chaque acte se déroule au détriment de mille autres. La forêt resserre ce que la ville disperse.
>
> **Sylvain Tesson, *Dans les forêts de Sibérie*,** 2011, © Gallimard

Sujet

Selon vous, la vie dans la nature permet-elle de revenir à l'essentiel ?

Type de plan : ……………………………………

……………………………………

……………………………………

I. ……………………………………

1. ……………………………………

……………………………………

2. ……………………………………

……………………………………

……………………………………

……………………………………

II. ……………………………………

……………………………………

1. ……………………………………

……………………………………

……………………………………

2. ……………………………………

……………………………………

……………………………………

……………………………………

III. ……………………………………

……………………………………

1. ……………………………………

……………………………………

2. ……………………………………

……………………………………

……………………………………

……………………………………

Rédiger son essai

3 a. Reprenez le travail effectué dans l'exercice 3 de la fiche 52 sur la citation de Musset (p. 109).

b. Définissez le type de plan détaillé de votre essai.

……………………………………

Rappel de la problématique choisie : ……………………………………

……………………………………

I. ……………………………………

……………………………………

……………………………………

……………………………………

……………………………………

……………………………………

……………………………………

……………………………………

II. ……………………………………

……………………………………

……………………………………

……………………………………

……………………………………

……………………………………

……………………………………

III. ……………………………………

……………………………………

……………………………………

……………………………………

……………………………………

……………………………………

……………………………………

c. Rédigez votre introduction.

Accroche : ……………………………………

……………………………………

……………………………………

Rappel du sujet : ……………………………………

……………………………………

……………………………………

……………………………………

……………………………………

Problématique : ……………………………………

……………………………………

Plan : ……………………………………

……………………………………

……………………………………

……………………………………

……………………………………

54 Lire à haute voix

Retenir

1 Traduire les émotions des personnages

➜ Lorsqu'un personnage prend la parole, il peut exprimer des **émotions fortes** (joie, colère, tristesse, peur...). La **ponctuation** ainsi que le **lexique** utilisé renseignent le lecteur sur le ton à prendre pour traduire ces émotions.

➜ Le lecteur doit faire entendre la force du **style** d'un auteur. Ainsi, une succession de **phrases courtes** ne produira pas le même effet de souffle ni de rapidité, à la lecture, que des **phrases longues** (périodes). Elles ne se liront donc pas de la même façon.

2 Pour lire avec efficacité et conviction

Vous devez vous entraîner :
- à **réguler votre respiration** avant de prendre la parole ;
- à **poser votre voix** ;
- à **lire les mots difficiles** et les **phrases** ;
- à **articuler.**

S'approprier

S'entraîner à articuler

1 Entraînez-vous à dire à voix haute, de plus en plus rapidement, en articulant bien, chacun des « virelangues » proposés ci-dessous.

a. Je veux et j'exige d'exquises excuses.

b. Ces cyprès sont si loin qu'on ne sait si c'en sont.

c. Cinq chiens chassent six chats.

d. Ton thé t'a-t-il ôté ta toux ?

Adapter le ton à chaque passage

2 Lisez le texte suivant.

Oh ! par pitié pour toi, fuis ! Tu me crois peut-être
Un homme comme sont tous les autres, un être
Intelligent, qui court droit au but qu'il rêva.
Détrompe-toi ! je suis une force qui va !
Agent aveugle et sourd de mystères funèbres !
Une âme de malheur faite avec des ténèbres !
Où vais-je ? je ne sais. Mais je me sens poussé
D'un souffle impétueux, d'un destin insensé.

Victor Hugo, ***Hernani*****,** acte III, scène 2, 1830.

a. Quel type de phrase est majoritaire ?

....

b. Que traduit cette ponctuation ?

....

c. Quel est le mètre utilisé ? Comment faut-il le lire ici ?

....

....

....

3 Pour chacun des extraits ci-dessous :

a. Notez l'émotion mise en valeur.

b. Entraînez-vous à lire les passages avec fluidité et force.

Texte 1

Je marche. Je connais le chemin. C'est mon pays ici. Je marche. Sans lever la tête. Sans croiser le regard de ceux que je dépasse. Ne rien dire à personne. Ne pas répondre si l'on s'adresse à moi.

Laurent Gaudé, ***Cris*****,** Éd. Actes Sud, 2001.

a. Émotion mise en valeur : ....

b. Caractéristiques du texte et effet produit :

....

....

....

Texte 2

Mademoiselle Albertine est partie ! [...] Il y a un instant, en train de m'analyser, j'avais cru que cette séparation sans s'être revus était justement ce que je désirais, et comparant la médiocrité des plaisirs que me donnait Albertine à la richesse des désirs qu'elle me privait de réaliser, je m'étais trouvé subtil, j'avais conclu que je ne voulais plus la voir, que je ne l'aimais plus.

Marcel Proust, ***Albertine disparue*****,** 1925.

a. Émotion mise en valeur : ....

b. Caractéristiques du texte et effet produit :

....

....

....

55 Mener une explication linéaire à l'oral

Retenir

1 Une analyse structurée

→ La lecture linéaire consiste à **interpréter un texte en suivant l'ordre des phrases.**

→ Mais l'explication peut être structurée par un **plan**, et éventuellement orientée par un **projet de lecture**, c'est-à-dire l'**angle** selon lequel vous mènerez votre explication linéaire (Comment le comique surgit-il dans ce texte ? En quoi ce passage est-il tragique ?).

2 Les étapes de votre explication

1. Lisez le passage proposé (→ fiche 54), puis établissez votre **plan**:
– **délimitez** 2 à 4 mouvements qui correspondront aux parties de votre analyse ;
– **titrez** chaque partie.

→ **2.** Dans votre **introduction**, présentez:
– le **texte** (auteur, contexte, œuvre, enjeu du passage),
– le **projet de lecture**,
– les étapes du **plan**.

→ **3.** Appuyez votre explication sur des **citations du texte : analysez et interprétez-les**, en suivant **la progression du texte. Liez toujours la forme** (procédés d'écriture…) au **fond** (effet sur le lecteur…).

→ **4.** En guise de **conclusion**, répondez en une phrase à votre projet de lecture.

→ **5.** Terminez en répondant à la **question de langue** (→ fiche 56).

→ **Attention :** N'analysez pas chaque mot, mais uniquement **les éléments les plus pertinents.**

S'approprier

Relever et interpréter des procédés d'écriture

1 Dans chacune des phrases suivantes, relevez les principaux procédés d'écriture, nommez-les et interprétez-les.

a. « Ma jeunesse ne fut qu'un ténébreux orage traversé çà et là par de brillants soleils. » (**Ch. Baudelaire**)

b. « Loupez chez le petit soutier d'en face : c'est le moins foreur du panier… » (**J. Tardieu**)

c. « Les filles, élevées dans la niaiserie, sont désarmées tout exprès pour être mieux trompées : c'est cela qu'on veut. » (**L. Michel**)

Délimiter les mouvements d'un texte

2 Un coup de timbre les fit tressaillir ; et, d'une secousse, ils s'éloignèrent l'un de l'autre.

Elle murmura : – Ce doit être Laurine.

L'enfant parut, puis s'arrêta interdite, puis courut vers Duroy en battant des mains, transportée de plaisir en l'apercevant, et elle cria : – Ah ! Bel-Ami !

Mme de Marelle se mit à rire :

– Tiens ! Bel-Ami ! Laurine vous a baptisé ! C'est un bon petit nom d'amitié pour vous, ça ; moi aussi je vous appellerai Bel-Ami !

Maupassant, *Bel-Ami*, 1885.

a. **Délimitez les trois mouvements du texte par des crochets.**

b. **Donnez un titre à chacun.**

c. **Rédigez votre introduction.**

Présentation du passage :

Projet de lecture et plan :

56 Répondre à la question de langue à l'oral

Retenir

Présentation	Types de questions	Étapes
• Cette question est notée sur 2 points. • Vous prenez connaissance de cette question lors du tirage. • L'examinateur vous interroge sur **la syntaxe d'une courte phrase** ou d'un segment de phrase **issu du texte sur lequel porte la lecture linéaire** (➜ fiche 55).	• Les questions encouragent l'élève à **manipuler** la syntaxe. L'examinateur pourra vous demander de procéder aux actions suivantes : – déplacements, – substitutions, – effacements, – ajouts, – encadrements.	• Vous devez : – rédiger votre réponse durant **le temps de préparation dédié à l'explication linéaire** (30 minutes en tout) : il ne faut donc consacrer que quelques minutes à cette question de langue. – répondre à la question de langue **après avoir procédé à la lecture linéaire.**

S'approprier

Procéder à des déplacements, des substitutions

1

Je vis, je meurs ; je me brûle et me noie ;
J'ai chaud extrême en endurant froidure :
La vie m'est et trop molle et trop dure.
J'ai grands ennuis entremêlés de joie.

Louise Labé, *Œuvres complètes*, « Je vis, je meurs », 1981.

a. Soulignez les verbes conjugués à des modes personnels.

b. Combien y a-t-il de propositions dans cette strophe ?

....

c. Réécrivez le vers 2 en commençant votre phrase par « *Bien que…* ». Que constatez-vous d'un point de vue syntaxique ?

....

....

....

....

....

....

2 a. Dans les phrases suivantes, remplacez les deux propositions indépendantes par une proposition principale et une subordonnée.

b. Donnez la nature et la fonction de la subordonnée.

a. « L'amour, vous le savez, cause une peine extrême. » **(A. de Musset)**

....

....

b. « Cet homme, on [peut] dire, n'a pas l'instinct du style. » **(Flaubert)**

....

....

3 Déplacez le groupe en gras ailleurs dans la phrase, tout en gardant un sens correct : est-ce possible ? Pourquoi ?

« Il y a dans le vin et le pain, mêlés ensemble, une vertu sympathique, **qui fait parler.** » **(Molière)**

....

....

Procéder à des effacements

4 a. Supprimez les groupes syntaxiques en gras dans la phrase suivante.

b. Dites si la phrase reste correcte et déterminez la nature et la fonction des groupes supprimés.

« Voilà pourquoi l'artiste, ayant choisi son thème, ne prendra dans cette vie encombrée de hasards et de futilités **que les détails caractéristiques utiles à son sujet**, et **il rejettera tout le reste** […]. » **(Maupassant)**

....

....

....

....

....

Procéder à des encadrements

5 a. Dans chacune des phrases suivantes, soulignez le terme mis en valeur par un procédé de mise en relief.

b. Réécrivez ces phrases sans mise en relief.

a. « Toi qui […] / Suis l'instinct d'un plaisir » **(Hugo)**

....

b. « Ce n'est pas cela qui fait le malheur des hommes. » **(Barjavel)**

....

c. « voici mon cœur qui ne bat que pour vous » **(Verlaine)**

....

57 Justifier le choix d'une œuvre à l'oral

Retenir

1. Présenter l'œuvre

- **Vous avez le choix de l'œuvre** que vous présentez le jour de l'oral, durant l'**entretien.**
- Votre présentation doit être rapide : **2 à 3 minutes.** Mais il ne s'agit pas de résumer le livre.
- L'examinateur approfondira les raisons de votre choix : vous devez donc **bien préparer vos arguments.**

2. Se poser les bonnes questions

1. Contexte général
- Qui est l'auteur ?
- À quelle époque a-t-il vécu ?
- Quels sont les mouvements politiques, littéraires et intellectuels dominants ?

2. L'œuvre dans son contexte
- Dans quelles conditions l'œuvre a-t-elle été créée ?
- Comment a-t-elle été reçue lors de sa publication ?
- À quel genre ou sous-genre littéraire appartient-elle ?

3. L'œuvre
- Quels sont les thèmes principaux ?
- Les personnages essentiels ?
- Les enjeux de l'œuvre et son actualité ?

4. Votre lecture
- Quelles activités d'appropriation avez-vous faites autour de l'œuvre?
- Quels passages ou personnages vous ont le plus marqué ?
- Pour quelles raisons ?
- Pourquoi et comment conseilleriez-vous à un ami de lire cette œuvre ?

3. Justifier son opinion, être convaincant

- Pour être convaincant, **nuancez votre propos,** en utilisant des **modalisateurs** et des **verbes d'opinion.**

Verbes : Je pense / Je crois / Je trouve / J'imagine que… Il me semble que…
Expressions : À mon avis… Selon moi… J'ai le sentiment que… J'ai l'impression que…

- **Justifiez vos émotions** face au texte ou aux personnages.

– J'ai été touché par le personnage…, parce que…
– Ce moment de tension m'a ému pour les raisons suivantes…
– Les enjeux contemporains de l'œuvre, qui parle de…, m'intéressent beaucoup car…
– Il m'a semblé que tel personnage était particulièrement attendrissant dans ses réactions, au moment où…
– À l'inverse, tel personnage m'a semblé énervant au moment de…

S'approprier

Choisir son œuvre

1 a. Sélectionnez deux œuvres que vous avez lues cette année dans le cadre du cours de français, une par objet d'étude.

b. Pour chacune, nommez un ou deux personnages marquants (récit, théâtre) ou un thème fort (poésie, littérature d'idées).

c. Formulez une phrase qui explique en quelques mots pourquoi chacune de ces œuvres vous a plu ou déplu.

Œuvre 1

Titre : ……………………………………………

Personnages ou thème marquants : ……………………………………………

……………………………………………

Avis sur l'œuvre : ……………………………………………

……………………………………………

……………………………………………

Œuvre 2

Titre : ……………………………………………

Personnages ou thème marquants : ……………………………………………

……………………………………………

Avis sur l'œuvre : ……………………………………………

……………………………………………

……………………………………………

Défendre son point de vue

2 En suivant les consignes suivantes, formulez des phrases, à l'aide de connecteurs logiques, pour justifier votre opinion.

a. Présentez un personnage qui vous a beaucoup plu, en utilisant une expression traduisant votre émotion.

……………………………………………

……………………………………………

……………………………………………

……………………………………………

b. Expliquez pourquoi une œuvre vous a marqué, en utilisant un verbe d'opinion.

……………………………………………

……………………………………………

……………………………………………

……………………………………………

c. Argumentez sur les enjeux contemporains d'une œuvre, en expliquant en quoi son sujet est toujours d'actualité. Utilisez une expression nuançant votre propos.

……………………………………………

……………………………………………

……………………………………………

……………………………………………

……………………………………………

58 Prendre la parole en public

Tuto BAC

Retenir

1 Travailler la posture et la voix

→ Adoptez une **position du corps stable** :
– Maintenez le **contact visuel avec le public.**
– Tenez-vous droit(e), sans monter les épaules.
– Ayez les pieds à plat, écartés de la largeur des hanches.

→ Soyez attentif(ve) aux **marqueurs de la voix.** Pour cela, adoptez :
– une bonne **articulation,**
– le bon **volume** (ni trop fort, ni trop faible),
– le bon **rythme** (ni trop lent, ni trop rapide),
– la **ligne mélodique** : posez votre voix, évitez les voix stridentes ou trop graves,
– la **portée** : adressez-vous à l'ensemble de l'auditoire.

2 Prendre la parole...

Lors d'un exposé

- Alternez entre des moments (rapides !) où vous pouvez **lire vos notes** et des moments où **vous regardez l'auditoire.**
- Ne lisez jamais mot à mot vos notes, ni les éléments de votre document PowerPoint projeté à la classe.
- Parlez en adoptant un débit **fluide, vivant,** en vous raccrochant de temps à autre à des éléments écrits.
- **N'allez pas trop vite** : la classe doit pouvoir prendre des notes.

Dans un débat

- **Faites-vous entendre** tout en **laissant la parole aux autres.**
- Ne haussez pas **trop le ton, restez calme.**
- **Articulez** bien.
- **Soignez vos arguments** : présentez-les de manière claire, en vous appuyant sur des exemples lorsque cela vous paraît nécessaire.

Dans un discours

- De nombreux rhétoriqueurs ont défini, depuis l'Antiquité, les meilleures **techniques** pour être écouté et pour convaincre (→ fiche 62). Vous devez :
- **organiser votre discours** selon des étapes définies (exorde, narration, confirmation, réfutation, péroraison),
- alterner entre **persuasion** et **conviction,**
- savoir **placer votre voix** selon l'émotion du passage,
- **utiliser votre corps** pour capter l'attention de l'auditoire.

S'approprier

Travailler sa voix : articulation, volume et rythme

1 Lisez trois fois les phrases suivantes, en adoptant successivement :
– un débit normal, puis rapide, et lent.
– un volume normal, puis de plus en plus fort (*crescendo*), et très bas (*decrescendo*).

a. Que lit Lili sous ces lilas-là ? Lili lit l'*Iliade*.

b. Natacha n'attacha pas son chat Pacha qui s'échappa, ce qui fâcha Sasha.

c. Trois petites truites cuites et huit huîtres pour la huit !

Travailler sa voix : portée et ligne mélodique

2 Lisez ce texte en posant votre voix et en vous faisant entendre de toute la classe. Faites de courtes pauses aux virgules, et laissez entendre l'exclamation finale.

Jusque-là, rien n'était parvenu à ralentir la marche de ma mère. Rien n'était venu à bout de son entêtement de femme jouée. Jouée et perdue. Rien, ni la fatigue, ni la mer, ni les sables.
Personne ne nous dira jamais combien de temps aura duré notre traversée, combien de nuits ces enfants qui suivaient leur mère ont dû dormir en marchant !

Carole Martinez, *Le Cœur cousu* © Éd. Gallimard, 2007

Prendre la parole lors d'un exposé

3 Voici des extraits d'un exposé portant sur les Lumières.

a. Surlignez les passages qui définissent les Lumières.

b. Soulignez ceux qui précisent à quoi ces philosophes s'opposent.

c. Entraînez-vous à présenter ce mouvement culturel à vos camarades sans lire ces notes.

1. Éclairer les esprits

On appelle « Lumières » le mouvement de pensée européen qui connaît son apogée entre la mort de Louis XIV (1715) et la Révolution française (1789). Cette métaphore désigne le principe de raison, d'intelligence, de tolérance et d'esprit critique qui s'oppose à l'obscurantisme caractérisant en partie les siècles précédents. Les philosophes des Lumières remettent en cause la monarchie absolue et les excès du pouvoir religieux.

2. Un nouvel humanisme

Héritiers de l'humanisme du XVIe siècle, les Lumières ont foi en l'homme et mettent la connaissance et la raison au cœur de leur réflexion. Dieu n'est plus le centre de tout. Ils combattent ainsi les superstitions et le fanatisme religieux.

Prendre la parole lors d'un débat

4 a. Cherchez (sur Internet, au CDI, dans votre culture personnelle) des arguments en faveur d'une démarche individuelle allant vers le « zéro déchet », et d'autres contre ce principe.

b. Présentez, tour à tour, vos arguments à la classe, en laissant la parole aux autres, tout en étant le plus convaincant possible.

Pour : ....

....

....

....

....

....

....

....

Contre : ....

....

....

....

....

....

....

....

Prendre la parole lors d'un discours

5 Lisez les extraits de discours suivants.

a. Précisez s'il s'agit de l'exorde (début du discours) ou de la péroraison (fin du discours).

b. Déterminez la tonalité du passage.

c. Entraînez-vous à lire ces passages à voix haute, en essayant de ne pas lire le texte mot à mot. Vous serez attentif à votre posture et à votre voix.

d. Apprenez-en un et récitez-le face à la classe.

Texte 1

Ces valeurs, celles qui fondent nos démocraties, sont aujourd'hui bafouées en Europe même, sous nos yeux, par les adeptes de la « purification ethnique ». Sachons tirer les leçons de l'Histoire. N'acceptons pas d'être les témoins passifs, ou les complices, de l'inacceptable. C'est le sens de l'appel que j'ai lancé à nos principaux partenaires, à Londres, à Washington, à Bonn. Si nous le voulons, ensemble nous pouvons donner un coup d'arrêt à une entreprise qui détruit nos valeurs et qui, de proche en proche risque de menacer l'Europe tout entière.

Discours de Jacques Chirac au Vel d'Hiv, le 16 juillet 1995.

....

Texte 2

Monsieur le député, j'avoue que malgré toutes ces années passées, vous conservez pour moi quelque chose de mystérieux. Je me demande si, lorsque vous affirmez certaines choses, vous y croyez vraiment. Si c'était du temps de ma fringante jeunesse, j'aurais supposé un sentiment contrarié. Mais cet hémicycle tout entier a déjà constaté à quel point je vous obsède, dans toute votre expression publique, avec une constance qui appelle quand même l'admiration.

Discours de Christiane Taubira à l'Assemblée nationale, le 23 juin 2015.

....

....

Texte 3

Je ne suis pas, messieurs, de ceux qui croient qu'on peut supprimer la souffrance en ce monde ; la souffrance est une loi divine ; mais je suis de ceux qui pensent et qui affirment qu'on peut détruire la misère. Remarquez-le bien, messieurs, je ne dis pas diminuer, amoindrir, limiter, circonscrire, je dis détruire. La misère est une maladie du corps social comme la lèpre était une maladie du corps humain ; la misère peut disparaître comme la lèpre a disparu.

Discours de Victor Hugo contre la misère, le 9 juillet 1849.

....

....

Texte 4

Alors, il faut nous battre pour accomplir toutes leurs promesses. Il faut nous battre pour libérer le monde, pour renverser les frontières et les barrières raciales, pour en finir avec l'avidité, avec la haine et l'intolérance. Il faut nous battre pour construire un monde de raison, un monde où la science et le progrès mèneront tous les hommes vers le bonheur. Soldats, au nom de la Démocratie, unissons-nous tous !

Charlie Chaplin, *Le Dictateur*, discours final, 1940.

....

....

Texte 5

Si j'interviens aujourd'hui à cette tribune, ministre de la Santé, femme et non parlementaire, pour proposer aux élus de la nation une profonde modification de la législation sur l'avortement, croyez bien que c'est avec un profond sentiment d'humilité devant la difficulté du problème, comme devant l'ampleur des résonances qu'il suscite au plus intime de chacun des Français et des Françaises, et en pleine conscience de la gravité des responsabilités que nous allons assumer ensemble.

Discours de Simone Veil en faveur de la légalisation de l'IVG à l'Assemblée nationale, 26 novembre 1974.

....

....

59 Prendre des notes

Observer

1 Il ne m'a jamais semblé possible que l'homme et la femme fussent deux êtres absolument distincts. Il y a diversité d'organisation et non pas différence. Il y a donc égalité et non point similitude. J'admets physiologiquement que le caractère a un sexe comme le corps, mais non pas l'intelligence. Je crois les femmes aptes à toutes les sciences, à tous les arts et même à toutes les fonctions comme les hommes.

George Sand, *Discours au comité central*, 1848.

a. Surlignez les termes importants du passage, et délimitez sa structure par des barres obliques.

b. Par quels signes pourriez-vous remplacer les expressions suivantes ?

« Il y a » : ....

« non point » / « non pas » : ....

« comme » : ....

Retenir

1 Prendre des notes pour aller plus vite

Au lycée, les professeurs dictent souvent leur cours, sans toujours écrire au tableau. Votre prise de notes doit donc être **rapide** et **efficace**, pour relever tous **les éléments essentiels du cours.**

A. Abréviations et symboles

- Cette prise de note s'appuie en particulier sur l'abréviation des termes ou de la fin des mots les plus usuels et sur certains symboles. Voici les plus courants :

Lettres grecques
- Physique ou philosophique : φ
- Psychique ou psychologique : ψ
- Infini : ∞
- Micro : μ
- Théâtre : θ
- Dieu : Δ

Abréviations courantes
- C'est-à-dire : Cad *ou* ie (*id est*)
- Par rapport à : /
- Beaucoup : Bcp
- Population : Pop°
- Homme / Femme : ♂ / ♀
- L'Homme en général : H
- Augwwmentation / Déclin : ↗ / ↘
- Mort : †
- Travail : W
- Paragraphe : §
- Voir p. 8 : cf p. 8

Symboles mathématiques
- Existe / N'existe pas : $\exists$ / $\nexists$
- Appartient / N'appartient pas : $\in$ / $\notin$
- Inclus dans / Exclu de : $\subset$ / $\not\subset$
- La somme de : Σ
- Supérieur / Inférieur : $>$ / $<$
- Environ : $\approx$
- Identique à : $\equiv$
- Absent, rien, aucun : $\varnothing$
- Réel, réalité : R

Fin des mots
- -tion : t°
- -isme : ^{m} (*exposant*)
- -aire : R
- -ique : ^{q} (*exposant*)

B. Phrases courtes et présentation aérée

- Pour rendre visible la structure du cours, pensez :

– à utiliser des **phrases averbales**, plus courtes, en utilisant la **nominalisation** (un verbe devient un nom de la même famille) ;

– à **aérer la présentation de votre cours**, en allant régulièrement **à la ligne**, en utilisant des **puces**, des **numéros**, des **symboles**, des **surlignements** ou **soulignements**…

2 Prendre des notes pour mieux comprendre

Il vous faut écouter le cours tout en en dégageant les idées essentielles. Pour y parvenir :

- Ne notez pas tout !
- Faites-vous confiance : à force d'entraînement, votre esprit saura comprendre ce qu'il faut retenir : notions clés, liens de cause à effet, étapes d'un raisonnement, *etc.*
- Dans le cas des **énumérations**, ne conservez que le terme le plus générique, ou remplacez l'énumération par un **hyperonyme**. Les philosophes, les romanciers, les journalistes = Les écrivains

S'approprier

S'entraîner à aller plus vite

2 Remplacez les termes ou expressions ci-dessous par des outils spécifiques à la prise de notes, en suivant les contraintes indiquées entre parenthèses.

a. Ils rejettent les règles du théâtre classique. (*Nominalisation + lettre grecque + abréviation*)

b. Les féministes rédigent un manifeste important. (*Abréviations*)

c. L'homme et la femme se confrontent dans la scène. (*Nominalisation + symboles + abréviations*)

3 Transcrivez les phrases suivantes en utilisant vos propres outils de prise de notes.

a. Victor Hugo est le chef de file du romantisme, un mouvement essentiel du XIXe siècle.

b. Louise Labé a été l'une des plus importantes poétesses du XVIe siècle, à la sortie de la période humaniste.

S'entraîner pour mieux comprendre

4 Lisez le texte ci-dessous, et notez l'essentiel de ce qu'il faut en retenir en suivant les étapes suivantes.

a. Placez des barres obliques pour en délimiter la structure et soulignez les connecteurs logiques et temporels qui organisent le texte.

b. Surlignez les idées essentielles, les mots clés.

c. Entourez les termes qui peuvent être remplacés par un symbole.

En premier lieu, plutôt que d'opposer épanouissement et apprentissage scolaire, il faut souligner leur imbrication. En effet, selon le Larousse, s'épanouir, c'est « se développer dans toutes ses potentialités » et donc, en particulier, dans celles qui permettent aux enfants de s'engager dans les apprentissages scolaires et de réussir. Pour que cela soit possible, il n'y a pas d'autre alternative que de centrer délibérément la réflexion, le débat, les perspectives, les propositions, les innovations, les projets… sur la « personne-enfant », en interaction avec l'enfant et autour de l'enfant, et non pas d'abord sur l'écolier ou l'élève. Il en est de même pour la « personne-adolescent ». Ce sont l'enfant et l'adolescent qu'il faut installer au cœur des sensibilités, préoccupations et projets de l'école, sans oublier, bien évidemment, les maîtres et les familles, tout en donnant toute leur place à la pédagogie, aux apprentissages dits fondamentaux et à l'instruction […].

Hubert Montagner, « Des enjeux majeurs pour les enfants et l'école », © *Journal du droit des jeunes*, 2012/9 (N° 319).

d. Établissez une fiche en prise de notes pour résumer ce texte.

S'entraîner pour mieux retenir

5 À partir des notes suivantes, rédigez une phrase complète.

a. ♀ du 17e s. = 1^{e} « féminist^{e} » ; cf. en partic. Précieuses.

b. θ romant^{Q} → bouleversmt règles θ class^{Q}.

c. Sonnet : forme fixe poét^{Q} (< Pétrarque, Italie, 14e s.).

6 a. Rendez-vous sur un site de podcast radiophonique, par exemple sur les grands courants littéraires, à l'adresse suivante : https://tinyurl.com/wjj4zf3

b. Écoutez l'émission et, après les premières minutes d'introduction (à partir de 2'50 pour cette émission), prenez-la en notes en appliquant toutes les techniques proposées.

Méthode

60 Les différentes techniques de mémorisation

Retenir

1 Les types de mémoire

→ On différencie **trois types de mémoires : visuelle, auditive, kinesthésique.** Nous les sollicitons toutes les trois, mais nous possédons au moins un type de mémoire principal et un type secondaire.

La mémoire visuelle

- Vous retenez plus facilement ce que vous avez **vu** (schémas, photos ou mots-clés écrits au tableau).
- Vous préférez travailler à l'aide d'**images**, avec beaucoup de détails : elles vous aident à comprendre le fonctionnement des choses.
- Vous retenez surtout en **relisant** votre cours en **silence**.

La mémoire auditive

- Vous retenez surtout en **relisant** votre cours **à voix haute**.
- Vous préférez les **explications courtes** sans trop de détails.
- Avant de mémoriser, vous avez besoin de **trier** les idées principales des moins importantes.

La mémoire kinesthésique

- Vous êtes sensible aux **émotions**, aux **ambiances** et aux **événements** qui vous entourent.
- Vous aimez les **choses concrètes** et les **expériences**. Vous connaissez les réponses mais avez parfois du mal à expliquer le raisonnement.
- Vous retenez surtout en relisant votre cours en **bougeant**, en **marchant**.

2 Bien apprendre pour mieux retenir

→ Pour mémoriser une information, il ne suffit pas de la répéter en boucle. Il faut également faire en sorte **que l'information reste ancrée dans notre cerveau.** Voici des exemples de techniques de mémorisation :

Le palais de la mémoire

- Cette technique, utilisée par les orateurs grecs et romains pour mémoriser leurs longs discours, utilise la **mémoire visuelle abstraite** pour retenir un grand nombre d'informations.
1. Visualisez un lieu que vous connaissez bien.
2. Associez une pièce, un décor de ce lieu à une information.
3. Répétez l'opération (une nouvelle pièce, une nouvelle information, un nouvel élément, etc).
- Chacun de ces éléments constitue le palais de la mémoire que vous devrez **reparcourir dans l'ordre** pour restituer l'ensemble des informations.
- **Variante** : vous pouvez procéder de la même façon non pas dans un lieu, mais en vous inventant une **histoire**.

Les phrases et acronymes

- La fameuse phrase « Mais où est donc Ornicar » permet de retenir les conjonctions de coordination (mais, ou, et, donc, or, ni, car).
- Sur ce modèle, inventez vos propres **phrases** ou **acronymes** (sigles qui se prononcent comme des mots).
- Notez les éléments communs d'une couleur différente (**mémoire visuelle**) ou récitez-les à voix haute (**mémoire auditive**).
Par exemple, pour retenir les noms des poètes de la Pléiade :
Une **jo**aillière à la **belle** **tiar**e **ron**de **ba**ille en **bala**yant des **pel**ures.
→ **Jodelle, Belleau, du Tyard, Ronsard, du Baïf, du Bellay et Peletier.**

Rythme, chanson

- **Les phrases rythmiques** : cette technique de **mémoire auditive** utilise les rimes pour favoriser la mémorisation.
1. Composez une phrase.
2. Inventez un rythme pour la répéter à voix haute.
- **La chanson** : calquez les informations à retenir sur la mélodie d'une chanson que vous appréciez.
Vous pouvez également **inventer** votre propre chanson ou **mettre en musique** les **poèmes** à apprendre.
Le sonnet de Du Bellay, « Heureux qui comme Ulysse », mis en musique par Riddan.

S'approprier

Définir son type de mémoire principal

1 Répondez aux questions suivantes et tentez de définir votre type de mémoire principal.

Vous mémorisez mieux :

a. Les schémas et formules (géographie, mathématiques).

b. Les notes que vous prenez vous-même.

c. Les cours qui racontent une histoire (histoire, littérature).

Quel est votre « truc » pour mieux mémoriser les cours ?

a. Avoir des notes claires et colorées.

b. Répéter le cours à haute voix.

c. Apprendre votre cours en circulant dans la pièce, en imitant un professeur par exemple.

Votre attitude au travail :

a. Très concentré sur les cours et exercices à faire.

b. Facilement déconcentré par les bruits alentours.

c. En mouvement, vous relisez vos cours en marchant.

....

....

....

Construire un palais de la mémoire

2 a. Créez votre palais de la mémoire pour retenir le cours d'histoire littéraire portant sur le conte au XVIIIe siècle. Vous replacerez les informations suivantes : *Mme Leprince de Beaumont*, La Belle et la Bête, *merveilleux, apologue*, Candide, *Voltaire, 1759, conte philosophique.*

....

....

....

....

....

....

....

....

....

....

....

....

....

....

b. Parcourez ensuite ce palais à voix haute, devant vos camarades.

3 a. Inventez une histoire qui vous permette de retenir le cours d'histoire littéraire sur les philosophes des Lumières. Votre histoire commencera par « Il était une fois... ».

....

....

....

....

....

....

....

....

....

....

....

b. Racontez ensuite cette histoire à vos camarades.

Inventer des phrases et des acronymes

4 Relevez les auteurs classiques qui se cachent dans la phrase suivante : « La corneille sur la racine de la bruyère boit l'eau de la fontaine Molière. »

....

....

....

5 Inventez une phrase qui vous permette de retenir les auteurs réalistes et naturalistes suivants : *Balzac – Flaubert – Huysmans – Maupassant – Zola*

....

....

....

6 Sur le modèle suivant : « MoVoRoDi : Montesquieu, Voltaire, Rousseau, Diderot », inventez votre propre mot vous permettant de retenir :

a. les auteurs de la poésie du XVIe siècle.

....

....

b. les drames romantiques de Victor Hugo.

....

....

7 a. Entraînez-vous à lire à voix haute les notions de versifications suivantes, en vous appuyant sur un rythme répétitif (pensez au rythme des tables de multiplication !).

b. Choisissez l'une des notions, strophes ou mètres, et inventez votre propre chanson pour la retenir.

Notion 1 : les strophes

1 vers : monostiche ; 2 vers : un distique ; 3 vers : un tercet ; 4 vers : un quatrain ; 5 vers : un quintil ; 6 vers : un sizain ; 7 vers : un septain ; 8 vers : un huitain ; 9 vers : un neuvain ; 10 vers : un dizain.

Notion 2 : les mètres

1 syllabe : monosyllabe ; 2 syllabes : dissyllabe ; 3 syllabes : trisyllabe ; 4 syllabes : tétrasyllabe ; 5 syllabes : pentasyllabe ; 6 syllabes : hexasyllabe ; 7 syllabes : heptasyllabe ; 8 syllabes : octosyllabe ; 9 syllabes : enneasyllabe ; 10 syllabes : décasyllabe ; 11 syllabes : hendécasyllabe ; 12 syllabes : alexandrin !

8 Mettez ce rondeau en musique pour mieux le retenir, et chantez-le à vos camarades. Faites bien entendre le refrain (en gras).

Le temps a laissé son manteau
De vent, de froidure et de pluie,
Et s'est vêtu de broderies,
De soleil luisant, clair et beau.

Il n'y a bête ni oiseau
Qu'en son jargon ne chante ou crie :
Le temps a laissé son manteau ! [...]

Rivière, fontaine et ruisseau
Portent, en livrée jolie,
Gouttes d'argent, d'orfèvrerie,
Chacun s'habille de nouveau :
Le temps a laissé son manteau.

Charles d'Orléans, *Rondeaux*,
« Le temps a laissé son manteau », XVe s.

Méthode Méthode

61 Les outils pour réviser : cartes mentales, nuages de mots, *flash cards*...

Retenir

1 Les fiches de révisions

→ Les fiches vous permettent de revoir en un coup d'œil les **notions essentielles** d'un cours.

→ Pour être **efficace**, la fiche ne doit porter que sur une notion ou un sujet précis. Il existe **différents types de fiches** :

Les fiches traditionnelles

- **Numérotez** votre fiche.
- **Notez son titre** de manière claire.
- Utilisez une couleur par rubrique et **par niveau de titres**.
- Soyez le plus **synthétique** possible : utilisez **des mots-clés**, des listes à tirets, à points ou à numéros.

Les cartes mentales

- Les cartes mentales permettent de **visualiser** en un coup d'œil les **éléments essentiels** d'une notion, et les **liens** qu'ils entretiennent entre eux.
- **Placez au centre** le thème principal.
- **Reliez** chaque notion au thème principal, sous forme de branche courbe et colorée.
- **Hiérarchisez** vos idées en les écrivant en plus ou moins gros, dans un cadre plus ou moins épais.

Les *flash cards*

- Sur une fiche bristol, notez :
– **une notion sur le recto**
– **et les connaissances liées à cette notion sur le verso.**
- Le but des *flash cards* est de **réactiver** facilement et régulièrement **le lien entre deux informations** : un personnage et son rôle dans l'histoire, ou son portrait ; un écrivain et son mouvement littéraire ; une œuvre et sa date…

2 Les aide-mémoire

→ Certains modèles de fiches, très simples et rapides à réaliser, servent surtout d'aide-mémoires.

Les nuages de mots

- Un nuage de mots est un assemblage de mots ou d'expressions, portant sur un même sujet et ayant un rapport entre eux.
- **Sélectionnez** les mots que vous souhaitez retenir et qui permettent de **définir simplement les grandes idées** du thème (œuvre, notion…).
- Rendez-vous sur un site de création de nuage de mots (ils sont nombreux et souvent gratuits) : nuagesdemots.fr…

Les exempliers

- Il s'agit d'une **liste d'exemples** destinés à mieux comprendre ou retenir une notion.
- Il peut s'agir de **citations**, de **mots**, de **noms**…
- C'est très utile pour retenir des citations par thème et s'en servir dans la dissertation sur œuvre.

Les abécédaires

- À chaque **lettre de l'alphabet est associée** une **notion spécifique** à un cours, un roman...
- Présentez chaque lettre de manière colorée, comme des lettrines.
A comme **A**rgumentation
R comme **R**omantisme
- Toutes les lettres ne doivent pas obligatoirement être utilisées !

S'approprier

Créer des fiches de révisions

1 a. Sur le modèle suivant, inspiré par l'étude de *Candide* de Voltaire, créez vos fiches de révisions sur le roman que vous étudiez en classe.

b. À l'aide de vos cours ou de votre manuel, complétez la fiche de la colonne de droite.

Fiche 1 : Histoire/La monarchie au XVIIIe siècle
Fiche 2 : Histoire littéraire/Les philosophes des Lumières
Fiche 3 : Le conte philosophique/Définition du genre
Fiche 4 : Le conte philosophique/Passages essentiels de *Candide*
Fiche 5 : Les personnages/Candide
Fiche 6 : Les personnages/Maître Pangloss

Fiche 2 : Histoire littéraire

Les philosophes des Lumières

- Montesquieu ....
....
- Voltaire ....
- Diderot ....
....

Leurs idées

- ....
- ....
- ....
- ....
....

2 Remplissez les cases de la carte mentale suivante.

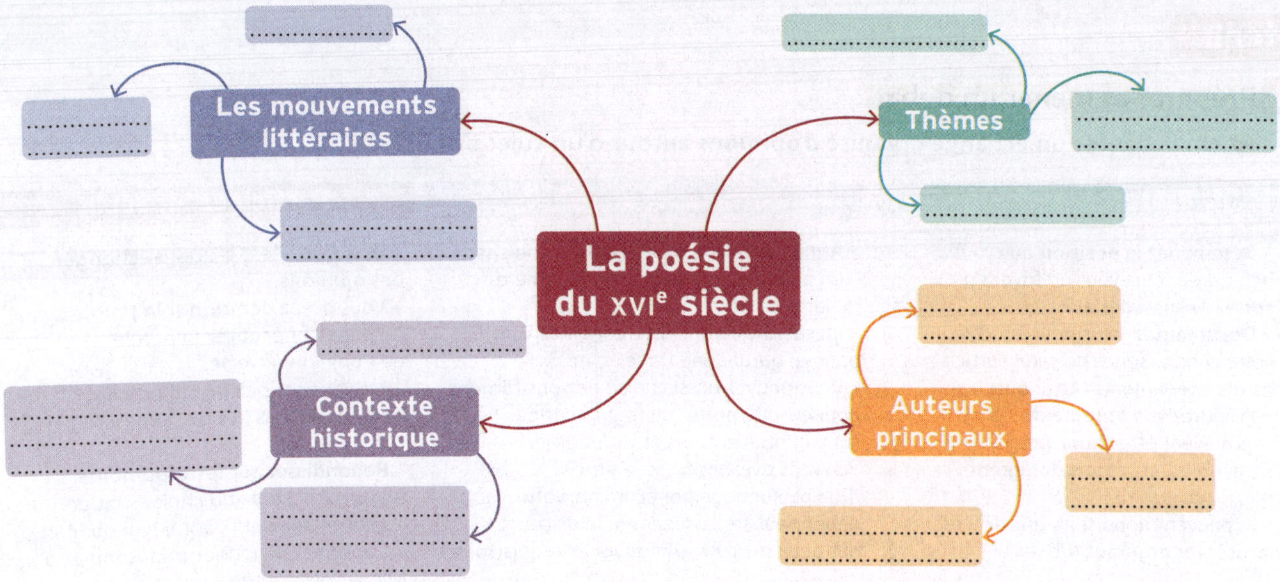

3 Notez sur le verso de la *flash card* suivante les informations qui vous paraissent importantes concernant l'auteur et l'œuvre proposée.

Recto

Dom Juan

Verso

- ....
- ....
- ....
- ....
- ....
- ....

Créer des abécédaires

4 Créez un abécédaire autour du sonnet de Ronsard, « Mignonne, allons voir si la rose... », à partir des lettres suivantes.

A..
C..
C..
J..
L..
M..
O..
P..
T..

5 Créez un abécédaire autour de la pièce de Camus, *Les Justes*, à partir des lettres suivantes.

C..
D..
H..
K..
R..
R..
S..
S..
S..
T..

Créer un nuage de mots

6 Sur le modèle suivant, créez un nuage de mots autour du drame romantique. Vous pouvez par exemple utiliser le site : nuagedemots.co

....
....
....

62 Préparer un débat ou un discours

Retenir

1 Préparer et mener un débat

➜ Un débat est un **échange organisé d'opinions** autour d'un sujet donné.

Préparer un débat	Organiser un débat	Participer au débat
• Déterminez la **position** que vous défendrez : êtes-vous en **faveur** ou **contre** le sujet défini ? • **Documentez-vous** pour enrichir votre connaissance du sujet : articles, essais, événements historiques... • **Préparez vos arguments** : – ils doivent être **clairs, précis, recevables,** et **jamais dénigrants** pour l'adversaire ; – ils peuvent appartenir aux différentes **stratégies argumentatives** (➜ fiche 34).	• Afin de mener à bien le débat, choisissez : – un **président de séance** qui régulera la parole, – un **secrétaire** qui notera les interventions pour en garder une trace écrite. • Vous pouvez aussi choisir de vous **filmer** pour ensuite porter un regard critique sur vos interventions et vous corriger. • Si vous avez organisé le procès d'un personnage par exemple, votre débat peut se terminer par le discours des deux avocats (**plaidoyer** et **réquisitoire**).	• Débattre, c'est d'abord **échanger** des **opinions.** • Vous devez **demander la parole** avant de parler, et **écouter** la parole de l'opinion adverse. • Ne vous **coupez pas** la parole, ne **haussez pas** la voix démesurément (➜ fiche 58). • **Rebondissez sur les arguments** de vos opposants en choisissant parmi les vôtres celui qui contre leur opinion. • Conservez un langage **soutenu et poli.** Mieux vous tournerez vos arguments, plus vous serez convaincants !

2 Rédiger et prononcer un discours

➜ Les théoriciens de l'Antiquité (Aristote, Cicéron, Quintilien...) ont formulé des **règles** précises qui aident **à la rédaction d'un discours convaincant.**

A. Préparer le discours

1. L'invention	2. La disposition	3. L'élocution	4. La mémoire	5. L'action
• **Trouver les arguments** sur le thème choisi, et des **exemples** sur lesquels s'appuyer.	• **Organiser** ses arguments et ses exemples (➜ les 5 étapes ci-dessous).	• **Travailler le style** de son discours : lexique, figures de style, rythme des phrases, questions rhétoriques...	• **Apprendre** son discours par cœur.	• **Prononcer** son discours à voix haute (➜ fiche 58).

B. Les cinq étapes du discours

La disposition

L'exorde	La narration	La confirmation	La réfutation	La péroraison
Introduction qui capte l'attention de l'auditoire et annonce le thème.	Énoncé des faits.	Développement des arguments et éventuellement des exemples qui soutiennent les faits.	(facultative) Critique des argument adverses.	Conclusion du discours, qui récapitule le propos et cherche à emporter l'adhésion de l'auditoire par l'émotion.

C. Convaincre ou persuader ?

Il existe **deux grands types de discours judiciaires :**

Le plaidoyer	Le réquisitoire
• Discours par lequel on **défend** une cause ou un individu, en plaidant en sa faveur. • Le plaidoyer peut faire appel à la **persuasion.**	• Discours par lequel on **attaque** une cause ou un individu, à l'aide d'arguments le critiquant. • Le réquisitoire fait généralement appel à la **conviction.**

S'approprier

Préparer un débat

1 Au CDI ou sur Internet, cherchez des arguments « pour » et « contre » autour des questions suivantes.

a. Le travail est-il essentiel pour vivre heureux ?

Pour : ....

Contre : ....

....

b. Les réseaux sociaux sont-ils une chance pour la jeune génération ?

Pour : ....

....

Contre : ....

....

c. La poésie est-elle utile ?

Pour : ...

Contre : ...

d. Le théâtre doit-il être vu ou lu ?

Théâtre vu : ...

Théâtre lu : ...

Organiser un débat

2 Organisez un débat autour de la question « La poésie est-elle utile ? ».

a. Désignez un président de séance, un secrétaire, deux groupes opposés (l'un qui défend l'utilité de la poésie, l'autre qui défend son inutilité), et éventuellement un public qui pourra voter en fin de débat.

b. Organisez votre salle de classe de manière à pouvoir débattre en face-à-face.

c. Le président donne la parole alternativement aux deux groupes, les arguments doivent se répondre.

Préparer un discours

3 a. Lisez les extraits de discours suivants.

b. Surlignez et nommez les procédés efficaces pour convaincre (analogie, anaphore, énumération, ponctuation…).

a. Jusques à quand abuseras-tu de notre patience, Catilina ? Combien de temps encore serons-nous ainsi le jouet de ta fureur ? Où s'arrêteront les emportements de cette audace effrénée ? **(Cicéron)**

...

b. Les femmes doivent-elles participer un jour à la vie politique ? Oui, un jour, je le crois avec vous, mais ce jour est-il proche ? Non, je ne le crois pas, et pour que la condition des femmes soit ainsi transformée, il faut que la société soit transformée radicalement. **(George Sand)**

...

c. Que la cloche de la liberté sonne du haut des merveilleuses collines du New Hampshire !
Que la cloche de la liberté sonne du haut des montagnes grandioses de l'État de New York !
Que la cloche de la liberté sonne du haut des sommets des Alleghanys de Pennsylvanie ! **(Martin Luther King)**

...

d. Remarquez-le bien, messieurs, je ne dis pas diminuer, amoindrir, limiter, circonscrire, je dis détruire. La misère est une maladie du corps social comme la lèpre était une maladie du corps humain ; la misère peut disparaître comme la lèpre a disparu. Détruire la misère ! Oui, cela est possible ! **(Victor Hugo)**

...

4 Préparez un discours, en suivant les étapes suivantes.

a. Choisissez un thème qui vous tient à cœur, vous intéresse, que vous souhaitez défendre.

...

b. Formulez la thèse que vous voulez soutenir en une phrase, et cherchez des arguments et des exemples qui la soutiennent (*invention*).

c. Organisez vos arguments, du moins convaincant au plus convaincant (*disposition*).

d. Travaillez le style de votre discours (*élocution*), en utilisant des procédés argumentatifs efficaces. Vous pouvez en particulier chercher des figures d'analogie marquantes, jouer sur les questions rhétoriques, utiliser des anaphores, varier le rythme de vos phrases…

e. Rédigez entièrement votre discours en suivant les cinq étapes (ou les quatre si vous choisissez de ne pas faire figurer de réfutation).

f. Apprenez votre discours par cœur (*mémoire*) et mettez-le en voix face à la classe (*action*).

...

Rédiger un plaidoyer ou un réquisitoire

5 Rédigez les discours des avocats à la fin d'un procès intenté à un personnage littéraire que tout accuse (par exemple Meursault dans *L'Étranger* de Camus, Emma Bovary dans l'œuvre de Flaubert…) :

– En s'appuyant sur des éléments précis tirés des œuvres, une partie de la classe rédige un plaidoyer en sa faveur, une autre partie rédige un réquisitoire. Ce travail peut se faire individuellement, en binôme ou en groupe.

– Lisez votre discours à voix haute, devant la classe.

63 Le carnet de lecteur

Retenir

Fonctions

- Le carnet de lecteur vous permet de conserver une trace de la **culture littéraire et artistique** que vous allez construire au fil de vos années lycée en 2de et en 1re, en vue de l'**entretien oral du bac**.
- Il remplit donc un **double objectif** :
  – garder une trace de vos découvertes,
  – servir d'outil de révision pour le bac.
- Sa tenue demande **rigueur et organisation**, mais aussi **créativité**.

Forme

- Le carnet est **personnel** : il s'adapte à votre goût.
- Il est également voué à évoluer dans le temps.
- Choisissez donc un format qui corresponde à votre façon de travailler et qui vous donne envie de remplir votre carnet durant l'année.
- Ce **format** peut être :
  – **papier** (carnet à spirales, cahier, classeur, boîte…)
  – **numérique** (traitement de texte, diaporama, blog, site Internet…).

Contenu

- Faites figurer dans votre carnet les différents **éléments** qui vous permettront d'**ancrer vos découvertes** dans votre culture personnelle :
  – **écrits d'appropriation**, parfois corrigés par votre professeur,
  – **comptes rendus** de lectures, de spectacles, de films, de visites…
  – **analyses de documents artistiques** (peintures, photographies, sculptures…),
  – **créations personnelles** : illustrations, collages, photographies, dessins…
  – dans le cadre d'un carnet numérique, pourront également apparaître des **documents audio ou vidéo**.

S'approprier

Choisir une page de garde

1 a. Sélectionnez parmi les images suivantes celle qui pourrait illustrer la couverture de votre carnet en justifiant votre réponse.

b. À votre tour, prenez-vous en photo, ou faites-vous prendre en photo en position de lecture afin d'illustrer la couverture de votre carnet.

Faire un compte rendu

2 a. Choisissez une pièce de théâtre à laquelle vous avez assisté avec votre classe, vos parents, ou que vous avez visionnée en vidéo.

b. Rédigez dans votre carnet un compte rendu de cette pièce en revenant sur les éléments suivants. Pour chaque élément, précisez si vous avez apprécié les choix du metteur en scène ou pas, en argumentant.

– Nom de la pièce et année de création originale : ....

– Nom du metteur en scène et année de représentation : ....

– Choix des décors : ....

– Choix des lumières : ....

– Choix des costumes : ....

– Analyse des sons (bruits, musique…) : ....

– Jeu des comédiens : ....

– Fidélité à la pièce d'origine : ....

– Avis argumenté sur la pièce et sur la mise en scène : ....

c. Vous pouvez ensuite illustrer votre compte rendu à l'aide d'images provenant de cette mise en scène, de votre ticket du spectacle, du programme distribué lors de la représentation…

S'approprier une œuvre littéraire

3 Rédigez une quatrième de couverture à propos d'un roman que vous venez de lire et qui vous a plu :
– résumez rapidement l'ouvrage, sans dévoiler la fin ;
– présentez les personnages principaux en quelques traits accrocheurs ;
– expliquez pourquoi ce livre vaut la peine d'être lu à l'aide d'arguments convaincants.

....

4 Rédigez une lettre à l'auteur d'une œuvre qui vous a particulièrement ému. Vous devrez suivre les contraintes de la lettre :
– Identité et adresse de l'émetteur et du destinataire.
– Date et lieu de rédaction de la lettre.
– Formules de politesse en début et fin de lettre.
– Style adapté à votre interlocuteur.
– Arguments personnels développés pour justifier votre émotion face à l'œuvre, en vous appuyant sur des citations de quelques phrases clés de l'œuvre.

5 Appropriez-vous une œuvre, qu'elle vous ait plu ou déplu, en la modifiant dans votre carnet de lecture :
– Donnez-lui un nouveau titre.
– Récrivez la fin.
– Changez le caractère d'un personnage.

6 Appropriez-vous une pièce de théâtre :
– Créez un décor sous forme de dessin ou de maquette.
– Proposez des planches pour les costumes (couleurs, échantillons de tissu, dessins…).
– Rédigez la note d'intention du metteur en scène (comment mettriez-vous cette pièce en scène, et pourquoi).

7 Illustrez un recueil de poèmes en choisissant un tableau ou une photographie qui vous paraît représenter l'ensemble du recueil. Justifiez votre choix et faites apparaître la légende de l'œuvre dans votre carnet.

S'approprier une œuvre artistique

8 Inventez une histoire autour d'un tableau étudié en classe ou qui vous a plu lors de la visite d'un musée :
– Imaginez l'identité et la vie des personnages présents sur l'œuvre.
– Imaginez la situation (ce qu'il vient de se passer, ce qu'il se passe sur l'œuvre, ce qu'il va se passer ensuite).
– Choisissez un type de narrateur et de point de vue (→ fiche 36), et rédigez votre récit.

Crédits photographiques

Couverture :
De haut en bas et de droite à gauche
1. Philippe Lebas dans *Britannicus* de Racine, mise en scène de Christine Joly, Artistic Théâtre, 2019, Paris. Pascal Victor/ArtComPress/Leemage **2.** *Les Comédiens italiens*, huile sur toile, Watteau (1684-1721), vers 1720. BIS/Larbor **3.** *L'Avocat plaidant*, aquarelle, encre et gouache, Honoré DAUMIER (1808-1879), entre 1843 et 1846. BIS/Larbor **4.** *Les Deux Marianne*, Plantu, 2018. **5.** *La Tasse de thé*, André Derain (1880-1954), 1935, Collection du Musée National d'Art Moderne Centre Georges Pompidou. Leemage – ADAGP, Paris 2020 **6.** Miniature, vers 1305-1340. LA COLLECTION **7.** *La Gamme d'amour*, Watteau (1684-1721), 1717, National Gallery, Londres. © BIS/Ph. Eileen Tweedy/ © Archives Larbor.

Plat II - Frise
De haut en bas et de gauche à droite
Les Ambassadeurs, 1533, Hans Holbein le Jeune, peinture à l'huile sur toile, BIS/Ph.© Archives Nathan ; La fontaine de Trevi, SHUTTERSTOCK/© Nicolas Forenza ; Vue du Château de Versailles, École française du XVIIe s., peinture à l'huile, BIS/Ph.Hubert Josse © Archives Larbor ; *Portrait d'homme*, 1766-1770, Jean Honoré Fragonard, peinture à l'huile, BIS/© Archives Larbor ; Pierre de Ronsard (1524-1585), BIS/Ph.Studio J.J. Morlan © Archives Larbor ; Jean de La Fontaine (1621-1695), BIS/ Ph.J. Arland © Archives Larbor ; Joachim du Bellay (1522-1560), BIS/ Ph.Coll. Archives Larbor ; Pierre Corneille (1606-1684), BIS/ Ph.H. Josse © Archives Larbor ; Molière (1622-1673), BIS/ Ph.H. Josse © Archives Larbor ; Marivaux (1688- 1763), BIS/ Ph.H. Josse © Archives Larbor ; Racine (1600-1650), BIS/ Ph.Canonge © Archives larbor ; Beaumarchais (1732-1799), BIS/Ph.Guiley-Lagache © Archives Larbor ; Montaigne (1600-1699), BIS/ Ph.© Archives Nathan ; Diderot (1713-1784), BIS/ Ph.H. Josse © Archives Larbor ; La Bruyère (1645-1696), BIS/ Ph.Hubert Josse © Archives Larbor ; Voltaire tenant un exemplaire de *La Henriade*, BIS/Ph.© Archives Nathan ; Rabelais (1494-1553), BIS/Ph. H. Josse © Archives Larbor ; Mme de La Fayette (1634-1693), BIS/Ph.Coll. Archives Larbor ; Montesquieu (1689-1755), BIS/Ph.H. Josse © Archives Larbor.

Plat III - Frise
De haut en bas et de gauche à droite
Le Voyageur au-dessus de la mer de nuages, 1818, Caspar-David Friedrich, peinture à l'huile, BIS/Ph.Ralph Kleinhempel © Archives Larbor ; *Les Foins*, 1877, Jules Bastien-Lepage, peinture à l'huile, BIS/© Archives Larbor ; *Composition N°IV, avec rouge, bleu et jaune*, 1929, Piet Mondrian, Huile sur toile, BIS/ Ph.© Stedelijk Museum, Amsterdam - Archives Larbor ; *N°6, Violet, Greenand Red*,1951, Mark Rothko, peinture à l'huile, BIS/Ph.L. Joubert © Archives Larbor © Kate Rothko Prizel and Christopher Rothko – Adagp, Paris 2020 ; Apollinaire, BIS/Ph.Coll. Archives Nathan ; Césaire, © Sophie Bassouls/ Leemage ; Baudelaire, BIS/ Ph.Coll. Archives Nathan ; Rimbaud, BIS/Ph. © Etienne Carjat - Archives larbor ; Breton, Roger-Viollet/Ph.Liphitzky ; Musset, BIS/Ph.Hubert Josse © Archives Larbor ; Rostand, BIS/ Ph.Fermina - Coll. Archives Larbor ; Ionesco, BIS/ Ph.Jeanbor © Archives Larbor ; Pommerat, ADOC-PHOTOS/© Fred Kihn ; Hugo, BIS/Ph.Nadar © Centre des monuments nationaux, Paris ; Zola, BIS/Ph.Coll. Archives Larbor ; Sartre, PHOTO12. COM/Ullstein Bild ; Camus, ROGER-VIOLLET/© Ullstein Bild ; Stendhal, BIS/Ph.H. Josse © Archives Larbor ; Flaubert, BIS/Ph.Coll. Archives Nathan ; Proust, BIS/Ph.Luc Joubert © Archives Larbor ; Maupassant, BIS/Ph.Coll. Archives Larbor ; Yourcenar, Leemage/© Marcello Mencarini ; Duras, © Rue des Archives/AGIP ; Ndiaye, ROGER-VIOLLET/© Jean-Pierre Couderc.

Intérieur
Page 116 : © tynyuk / Adobe Stock
Page 126, *de haut en bas et de gauche à droite* : © Yolya Ilyasova / Adobe Stock; © LIGHTFIELD STUDIOS / Adobe Stock; © Marek Uliasz / Adobe Stock; © Sefa / Adobe Stock; ©rasstock / Adobe Stock.

Conception graphique : Clémentine Largant
Mise en page : STDI
Infographie : Renaud Scapin
Couverture : Clara Dupré
Iconographie : Annie-Claire Auliard, Gaëlle Mary
Fabrication : Kévin Magar
Édition : Valérie Antoni, Clémentine Coudray

MIXTE
Papier issu de sources responsables
FSC® C022030

Nathan est un éditeur qui s'engage pour la préservation de son environnement et qui utilise du papier composé de fibres naturelles, renouvelables, fabriquées à partir de bois provenant de forêts gérées de manière responsable et contrôlée.

Achevé d'imprimer en mai 2021 par l'Imprimerie IPS a Pacy-sur-Eure, France

Dépôt légal : avril 2020 N° de projet : 10275290